序

在我国古代，对教师职责最权威的论断，无疑是唐代著名散文家、教育家韩愈的那句名言："师者，所以传道授业解惑也。"在那个时候，道传得深刻，业授得扎实，惑解得透彻，因而在施教范围内产生了广泛的影响，赢得了良好的声誉，便成了"名师"。到了近代，我国传统教育的精髓与从欧美、日本等国家引进的新的教育学说相互沟通、交融，对于"教师"角色的定位又有了新的更科学的认识，对于"名师"的要求也有了新的内容和标准。

我国历来重视师道的传承关系。所谓"名师出高徒"，短短五个字，道尽了师徒关系的全部奥秘：要被承认是"名师"，必须要有实绩，必须要能用科学的、有效的方法培养出一批又一批的"高徒"来；"名师"与"高徒"之间，前传后承，关键在一个"出"字，怎样才能"出"？怎样便不能"出"？现代教学法的精髓就在于努力探求这"出"的规律和"出"的艺术。

说到"传承"，还有个方式和渠道的问题。先秦时代，为万世师表的孔子，留下了一部《论语》。"课堂实录"，在中国，最早的恐怕就是这部《论语》了。到20世纪，这种教学实录也还流行并有所发展。如梁启超20世纪20年代在东南大学作长篇讲演，其讲义经听讲人记录后成为他唯一的一篇论述中学以上语文教学问题的重要论文：《论中学以上作文教学法》。后来，夏丏尊、叶圣陶曾经应邀到上海广播电台就阅读和写作问题作了几次广播讲座，讲稿后经整理便成了他们合著的《阅读与写作》。这是现代传媒第一次成了传播语文教学经验的渠道，这也是现代版的"名师讲语文"之一例，那已经是20世纪40年代的事了。

改革开放以后，最早通过课堂教学实录传播"名师讲语文"的，当推由华东师范大学教育学教授瞿葆奎主编，1980年3月由人民教育出版社出版的《优秀语文教师上课实录》。出版之后，立即风行全国。随着社会经济的进一步发展和教育教学改革的逐步深入，各种以"优秀教师""特级教师"等"名师"名义编辑出版的"教学实录""教育文库""名家丛书"等纷纷出版，与各种讲习活动和竞赛活动相配合，掀起了一股向"名师"学习的热潮。其中以江苏教育出版社于1996年7月出版的《中国著名特级教师教学思想录》丛书为代表，从中可以看出这种"名师"读物的基本格局。因为标明是"教学思想录"，所以每位特级教师的介绍都分两大部分，第一部分是"特级教师"本人"夫子自道"，详尽地讲述自己对语文学科的特点和规律的认识，以及自己从事语文教学实践的基本经验（即编者认为的"教学思想"）；第二部分是精选一篇课堂教学实录，具体展示这位特级教师的课堂教学实况，便于读者从“实况”中进一步领会这位特级教师是如何把自己的教学思想付诸实践的。这显然是在瞿编本“上课实录”的基础上有了新的发展。

不过，“名师”具有历史性，累代“名师”，都反映出他们所处时代的风貌和特色。就20世纪而言，第一代“名师”，工于文史的，就有章太炎、王国维、梁启超、鲁迅等；第二代“名师”，就有黎锦熙、胡适、陈望道、夏丏尊、叶圣陶等；第三代“名师”，就有张志公、张中行、向锦江、冯钟芸、张毕来、刘国正等；第四代“名师”，便有斯霞、于漪、霍懋征、钱梦龙、沈蘅仲、章熊、鲁元等。以上只是举其荦荦大者，碍难尽述。如今是第五代、第六代了。对于这些新生代的“名师”，该怎样通过新的传媒和新的编著来传播他们的教学思想和教学经验呢？语文出版社特别策划了一套《名师讲语文》丛书。其“特别”之处主要表现在：

一、选录的都是新生代的语文教学“名师”。20世纪末和21世纪初，正是新一轮课程改革有力推进的历史阶段。在这新的历史阶段，必然要涌现出一批新的、在改革过程中搏浪前进并作出新贡献的教学“名师”。对于新的课程改革、新的语文课程标准，以及根据新课改精神和新课标要求实施语文教学，许多语文教师感到困惑，感到无所适从，这些新生代名师会结合自身体验给他们解惑的钥匙和指路的明灯。

二、结构新颖，内容丰满。该丛书拟出20册，每位“名师”一册，具体书名是《×××讲语文》。每册由四大板块（现今“板块理论”大流行）组成。第一大板块是“我的语文人生”。这一板块，我特别赞赏。前几天，我收到属于第四代“名师”系列的福建省语文特级教师陈日亮先生的一部新著，书名赫然是《我即语文》！他认为语文教师，除了会教语文以外，他的一言一行都应该在语文运用方面堪为典范，语文教师的人生应该是与语文结缘的一生。这大概就是语文出版社诸公此番策划《名师讲语文》时设计第一讲为“我的语文人生”的根本意图。第二大板块是“我的语文理念”。新一轮课改十分重视教育教学理念的更新，那么，新生代的“名师”讲一讲自己的“语文理念”，讲一讲自己对语文和语文教学的认识，当然是题中应有之义。第三大板块是“我的语文实践”，就是以实录的形式呈现原生态的课堂教学过程和内容，再加上主讲者自己的“反思性和说明性”文字，这就同瞿编本和苏教本又有所不同了。更具新意的是第四大板块“我的教学语录”，这是以往任何一种“实录”“文库”“丛书”都没有的，就是新生代的名师，以条目的形式汇集自己富有个性色彩的教学言论。我希望这些语录，至少主要部分应该说得既符合语文和语文教学规律，又确确实实富有个性色彩。

我们期待这套新的丛书能以新世纪特有的风貌呈现在读者的面前。

顾黄初

2007年5月22日于扬州瘦西湖畔

MINGSHI JIANG YUWEN
WANG JIANWEN JIANG YUWEN

名师讲语文

王建稳讲语文

于漪　刘远　主编

王建稳　著

语文出版社
·北京·

图书在版编目（CIP）数据

王建稳讲语文 / 王建稳著. — 北京：语文出版社，2013. 2
（名师讲语文 / 于漪，刘远主编）
ISBN 978-7-80241-709-0

Ⅰ. ①王… Ⅱ. ①王… Ⅲ. ①中学语文课-教学研究 Ⅳ. ①G633. 302

中国版本图书馆CIP数据核字（2013）第030414号

责任编辑 邵燕鸿
装帧设计 刘姗姗
出　　版 语文出版社
地　　址 北京市东城区朝阳门内南小街51号 100010
电子信箱 ywcbsywp@163.com
排　　版 语文出版社照排室
印刷装订 北京鑫海达印刷有限公司
发　　行 语文出版社 新华书店经销
规　　格 787mm×1092mm
开　　本 1/16
印　　张 15. 25
字　　数 282千字
版　　次 2013年2月第1版
印　　次 2013年2月第1次印刷
印　　数 1-4, 000
定　　价 27. 50元
本书如有质量问题请与本社发行部联系 ☎：010-65251033

一分耕耘，一分收获

肖 川

我听过王建稳老师的课。她是那种一看就会让你觉得她一定是个好老师的人：谦和，朴素，温暖，知性，洁净，婉约……

那次她讲的课文是汪曾祺先生的《胡同文化》，这篇课文是汪先生为摄影艺术集《胡同之没》写的序言。要帮助今天居住在高楼大厦里的孩子理解汪先生带着“对胡同文化喜爱但并不迷恋，对其消亡感伤但并不悲惜”这样一种复杂的心情为正在消失的老胡同、已经枯朽的旧文化唱的一首哀而不伤的挽歌，是非常不容易的。但是，她做到了。她引领学生品内涵——文化变迁的内涵，品作者对胡同文化的那份复杂的感情，品表达的机趣。

一个好的语文老师一定是勤于并且善于写作的。我曾断言：能够写好文章的人一定能够上好课，对于语文老师尤其如此。这一点在王老师的身上再一次得到了验证。

从王老师的努力和成就中，我体会到两点：一是功夫不负有心人。“一分耕耘，一分收获”，这是自然的法则。只要我们用心付出，收获的不仅是生命成长和专业素养的提升，还有成长的足迹——那几十万字的智慧与汗水的结晶。二是当我们把职业当成事业并为之持之以恒地努力时，回报就在付出之中。能够享受工作过程的乐趣，这是事业带给人的最宝贵的回报。当付出缺乏回报时，内在的动力就可能慢慢耗尽。回报有多种多样，能够享受过程，不仅是对于我们付出的最好的回报，而且也不妨碍获得其他的回报。

在基础教育阶段，语文是重要的学科。如果一个班的同学能够有幸遇到一个好的语文老师，那这个班的学风、班风都会更好，整个学业成绩以至整个发展也会更好。研究表明，语文成绩与其他学科成绩的相关系数是78%。那什么样的语文老师是一个好的语文老师呢？除了好老师共同的特征以外（如热爱教师这个工作，并对所教的课程有强烈的兴趣），他一定是一个语言丰富而且表达精当、勤于并善于写作、有比较强的对丰富信息提炼和概括的能力的人。这些特征我们都能从王建稳老师的文字中感受到。

“因为热爱生活，所以热爱语文；因为喜欢学生，所以喜欢生命课堂；因为钟情教育，所以幸福地坚守在三尺讲台上……”这是王老师新学年的第一节语文课在黑板上写下的用来介绍自己的三句话。生活，语文，学生，生命，教育，幸福，一个教师职业生涯中的关键词就这样相互关联着，一切因为热爱，一切从热爱开始，努力着并且幸福着。我相信王老师的学生会因为她的幸福而幸福。

一个人的发展受到这几方面的影响：受到了怎样的教育（培训），读了什么样的书，结交了什么样的人，经历了怎样的事，到过哪些地方。一个人受到了怎样的教育很重要的一点表现在是否学会了反思和总结。这一点的欠缺一定会影响到后面几点对一个人成长和发展的价值。王老师就是善于反思和总结的人，也是在教学中善于去培养学生这种意识和能力的人。我相信用心的读者一定会认同我的这个评价。

衷心地祝愿王建稳老师幸福地走在专业成长并进而惠及整个生命成长的路途上。

目　录

我的语文人生

我的语文理念

我的语文实践

我的教学语录

导读：天光云影共徘徊

因为热爱生活，所以热爱语文；

因为喜欢学生，所以喜欢生命课堂；

因为钟情教育，所以幸福地坚守在三尺讲台上……

新学年的第一节语文课，我在黑板上写了上面几行字来介绍自己。第一句话是我的语文教育观——语文是用来提高自己生活和生命质量的学科，它和生活密切相关；第二句话是我的课堂教学观——课堂是洋溢着生命热情和创造激情的师生对话平台，它以学生为主体；第三句话是我行走在语文教学路上的真切体验和感受。

从 1985 年师范毕业至今，我在语文教学的路上行走了 27 个年头。如果把语文教学比作半亩方塘，那么这塘似乎并不宽广，然而它却承担了语言运用和文化传承的重任。在这半亩方塘里，我们可以表达思想、交流情感、传递文化。语文学科的工具性要求我们必须下工夫去寻觅其中的一招一式，以脚踏实地、敏锐而缜密的理性思维去探求其中的隐性智慧。语文学科的人文性更需要我们仰望星空，用浪漫的情怀去发现那熠熠生辉的诗意，用崇高的追求去实现语文教学中厚重的关怀。回望自己走过的语文之路，尽管肩头沉甸甸，然而心里总是热乎乎的，有一种说不出的快乐和幸福。在这条路上行走的时间越长，对语文的爱就越深切，对教师这个职业也就越眷恋。很多昔日的同学不理解我为何要在粉笔堆里经营自己的人生。说心里话，我不敢想象，一旦离开教师这个职业，自己还能做什么；一旦离开语文教学这半亩方塘，我还能到何处觅得更多的阳光。

走在语文的路上，左手教学，右手人生，且行且珍惜。很喜欢宋代词人张炎的诗句："杨花点点是春心。"杨花虽没有花的香气和色泽，但它飞舞的每一种姿态都是为了回报春天的爱。我的"语文人生"恰似一个动态的"杨花"乐章，很多内容似乎与语文教学无关，但生活即语文。如果语文教学只是停留在书卷，止步于课堂，这半亩方塘就会成为死水，不会有徘徊的天光和云影。当语文融入生活时，教学才会放射出灵动的光彩。读书的感悟、行走的思考、师友的交往、同学的对话，乃至写给学生的点点希望和嘱托……这些都是一个语文教师成长的生活轨迹，都是一个教师与语文结缘后的成长见证和生活写真。对语文的爱源于对生活的爱，心贴在语文上，就会发现生活中更多的真善与美好。我用语文滋养生命，也把语文赠给我的理念、思想和情感回赠给生活，回赠给身边的每一个人。这组从生活中飘来的零散音符，弹响的是我对语文教学的点点忠诚。

初秋的早晨，天空格外湛蓝，风轻云淡，白云舒展。金色的阳光透过玻璃洒落在教室里。早读课上学生们正朗声诵读徐志摩的《再别康桥》。看着认真投入的正在成长的学生，我有种宁静的喜悦。孟子说，君子三乐之一是得天下英才而教育之。我不奢求得天下英才，只希望在每个孩子的成长之路上播下爱与美的种子、沉淀丰厚的语文素养。

行走在语文教学路上真是一件幸福美好的事情。回首来时路，路途中收获的点滴恰似半亩方塘中的天光云影，风景无数……

我的教育叙事

选择师范学院

1981 年 9 月 1 日，捧着大学录取通知书，15 岁的我跟着哥哥走进河北师范学院的校门，成了中文系的一名新生。

哥哥当时是河北师院历史系大三的学生，当他把我带到宿舍时，同学都以为我是随哥哥来闲玩的小妹妹，谁都没有想到会是同校就读的大一学生。其实，我和哥哥都读师范的一个重要的因素是家庭生活对我们的耳濡目染。

我出身于一个教师世家。祖父是当年的秀才、私塾的先生。父亲、母亲师范毕业后，都做了中学教师。母亲教语文，写一手好字，唱一口好京剧。父亲教历史，写一手好文章，拉一手好京胡。两个人都是校区有名气的老师。尤其是做语文老师的母亲，深受学生爱戴，深得同事尊重。1968 年“文革”时期，父亲无端遭批斗，母亲受牵连。我们从清河城中心校区被下放到威县城郊的一所乡村中学，直到 1978 年粉碎“四人帮”后，户口才转回城。

清楚地记得，母亲的学校只有两个初中教学班，附近四五个村庄的初中生都集中到这里读书。母亲对学生一如对自己的孩子，母亲的学生对我也一如兄长姊妹。无论有多大的风雪，只要有一个学生到校，母亲也要守在学校等着为他上课。乡村没有幼儿园，我也没有按部就班地读过一年级。准确地讲，我是在母亲的中学课堂上长大的。在母亲的课堂上，我记住了一串英雄的名字：杨根思、罗盛教、黄继光、邱少云……我记下了“一桥飞架南北，天堑变通途”“待到山花烂漫时，她在丛中笑”“人固有一死，或重于泰山，或轻于鸿毛”等名句。在跟着他们的文艺排练中，我几乎学会了所有的样板戏唱段。当小学的孩子还只会唱“戴花要戴大红花”时，我已经会唱“五洲四海风雷起，我们的朋友遍天下”了；当同龄的孩子只知道“英雄小雨来”和“雷锋”时，我已经从母亲经常锁着的书柜里偷偷翻看了《钢铁是怎样炼成的》《青春之歌》《上海的早晨》《金光大道》等大厚本的书。在物质文化生活都极其贫乏的年代，这些都是我最早的文学启蒙，而母亲是我的第一位启蒙老师。

每年春节前夕，我们家总是挤满了一批又一批往届毕业的学生。常常是欢声笑语不断，满院喜气洋洋。参军的学生威武，工作的学生神气，务农的学生憨厚质朴，但他们在母亲面前都是同样的真诚快乐。从学生的爱戴中，我感到了母亲作为教师的幸福和满足。

高考成绩公布后，母亲建议我报考哥哥所在的学校。一是年龄太小，兄长可以照顾，二是师院的历史、中文专业师资都很雄厚。报考师范学院是母亲的建议，也是我自己的选择。我希望自己将来能成为像母亲一样受学生喜欢、爱戴的幸福的教师，因为母亲一直是我心中的偶像，是我最爱最敬佩的人。

流年似水，四年师范生活，快乐幸福，转瞬即逝。在金子般的青春年华里，我学到了中文专业的基础知识，培养了语文学科的基本素质。我不仅在文学的世界里自在遨游，知道了诗经楚辞、杂剧传奇，知道了钟嵘、袁枚，拜读了托尔斯泰、惠特曼，还在语文教材教法课上，在各类录像资料里，认识了中学语文教学领域的领军人物——于漪、钱梦龙、宁鸿彬等老师，领略了他们精彩的语文课堂。这些专业基础和专业心理背景，为我后来走上教师岗位打下了鲜亮的底色。

第一届学生

1985 年大学毕业，我被分配到河北威县师范学校。这所中等师范学校是 1950 年建校的老“省师”，地处威县城北十几里外的赵庄，人们都叫它“赵庄师范”。学校共有三个年级，当时有 24 个教学班，学生 1300 多人，教职员工 100 多人。学生多是初中毕业后直接升入中师的农村孩子，教师队伍以中老年男教师为主，仅有的几位女教师都已接近退休年龄。教室、宿舍一律是平房，冬天没有暖气，要自己生炉火。因学校地处偏僻，交通不便，物质文化条件落后，很少有人愿意来这里。自 1982 年开始，只有 6 位男大学生相继分配到这所学校。我到了学校，成为那里唯一的女大学毕业生。

我到这所学校一半是命运使然，一半是因为母亲。原本想分到哥哥所在的党校，但阴差阳错，未能如愿。母亲建议我进这所中师，因为这个学校底蕴厚，资历老，校长又是我上高中时的老校长，在这里工作会很稳妥，每周末还能回家团聚。我心中虽有一些抱怨，但终归还是放弃了原本设定的“美好未来”，接受了母亲的建议。

初到学校，备受关注。我住在校园南端的教师宿舍区，教工小食堂在学校的尽北头，一日三餐都要一个人拿着饭盆形单影只地长途跋涉。上班的第一周，每次经过几排教室和学生的宿舍区去买饭，邻班的学生都会驻足观望、悄悄议论，大家像看风景一般观望着这新分来的女大学生。或许是“物以稀为贵”的缘故，从领导到同事、从教工到学生也就对我有了一份特别的关注和照顾。

9月份上班，我接任了二年级两个班的《文选与写作》课。刚开始站讲台，每节课都准备得极细致、极认真，真是地地道道的“背”课。一周之后，我放松了很多，也自如了很多。从课上学生闪亮的眼神里，我读懂了他们的喜欢和喜爱；从课后的包围和追问中，我读懂了学生的满意和信任。为了验证自己的感觉和能力，我还特意把母亲接到学校，专门听了我一节《师说》。母亲微笑着听完整节课，对我说了一句话：女儿，你天生就是站讲台的。

因为在课堂上获得了自信和他信，我的生活多了很多阳光。

任课一个月后，由于工作的需要，学校让我接任151班的班主任。这个班共54名学生，班级学生活跃，班干部工作能力强，在学校小有名气。男班长比我大一岁，女班长于海霞是出了名的假小子，泼辣能干。其他学生基本与我同龄或小一到两岁。可以想象，我当时走马上任时的那种复杂的心情：几分激动兴奋，几分担心忐忑，更有几分惊慌和不知所措。十几年的学校教育使我深深懂得班主任工作的分量。我知道，这是信任，更是考验。

凭着年轻人旺盛的精力和极大的工作热情，我全身心地扑入了班里的工作。学校组织卫生扫除，我带学生一起干；组织会操比赛、文艺汇演，我陪学生一起练；每次开班会也是大讲特讲思想教育。我的工作量很大，然而收效甚微。卫生红旗丢了，会操比赛失利，文艺汇演也没有显出精彩，学生的士气明显低落。很多学生参加活动只是出于一种对新班主任面子上的照顾，缺乏根本上的积极主动性，甚至连班干部在工作中都与我发生了分歧。一时间，我的工作陷入被动，我也很茫然。学生看着我这个年轻而又无能为力的班主任，只是给予一份默默的同情。

1985年11月的日记中信手涂成的诗行，记录了我当时深深的苦恼。

总是努力地耕耘
总是寥寥的成果
是原始的土地太贫瘠
是开垦了一片无望的处女地？
年轻的耕者
她悄悄地哭了……

妈妈，告诉我
土地怎样才能变肥沃？
贫瘠的荒原上
莫非永远不会有丰硕的收获？
年轻的心流着年轻的泪……

一筹莫展的我开始苦苦思索了。仅凭工作热情是远远不够的，如何为后面的工作打开一个缺口？母亲告诉我，要赢得学生的拥护，首先不是想着如何管学生，而是要爱学生，理解学生。作为年轻的班主任，学生的同龄人，应该有效利用心理年龄相似的优势。于是，我以朋友的身份和这群与我年龄相仿的学生相处，并开始了细致的个别谈心，在生活上尽心关心他们，力争早日取得学生的理解和信任。哪个学生病了，我会及时请医生、拿药；哪个学生家里有事情，我会及时给予安慰和帮助。一次班会上，针对班里请假人数骤增的问题，我与全班同学用两节晚自习的时间做了一次长谈。首先，我对每位同学做了个性化的综合评价，然后非常坦诚地讲了自己工作的追求和苦恼，最后很动情也很真诚地问了同学这样一个问题："同学们都认真想想，如果你是一个年轻的班主任，面对现在的问题，你该怎样做?"全班54个学生一下全沉默了，仿佛这句话触及了每个人的内心。而从学生沉默的表情中，我感受到一种力量，那是一种理解，是一种信任，是一种无言的支持。

自此以后，我明显地感到学生的心逐渐向我靠拢了。学生一旦懂得了老师的苦心，他们就能把老师的要求转化为自己的内在需求，也会把老师的要求当做对自己真正的爱护和帮助去听从。学生慢慢地都在向我打开心扉，每周我都会收到学生很多的信件和创作稿件。主动找我谈心的学生越来越多，甚至连生活中的一些小秘密他们都愿意告诉我。在写给我的信件中，学生都亲切地称我为"老师姐姐"。这亲切的称呼使我感到由衷的欣慰。我用真心和爱意赢得了学生的信任，用理解换取了理解，用真诚撞击了真诚。

我在赵庄师范生活了两年，之后随学校迁到了城里的新校址。虽然那里条件很艰苦，但我心里很亮堂，过得很快乐，很幸福。20世纪80年代后期正是流行琼瑶小说的日子，我在这个乡下角落里没有追上这个流行潮，因为我大部分时间都被这班的学生占去了。但我得到了太多更真实、更纯粹的感动。学生不仅敬我、爱我，还时时处处想着呵护、保护自己年轻的老师姐姐。那一幕幕难忘的情景总是令我眼眶湿润……

因为母亲身体不好，每个周末我都要骑车回家看望她。一次，周六碰上了大雪天，班上的男学生就"强制"我不许骑车，四个男生骑车轮流载着我，一路护送到家。雪中深深的车辙里，留下我深深的感动。还有一次，周末回家时两个女同学执意要借我宿舍的钥匙，说要排练文艺节目。当我第二天返回学校时，着实被眼前的一幕惊呆了，两个学生已经把我的被褥拆洗完毕，正在笨手笨脚地赶着缝制，我噙着泪花和她们一起缝完最后一个被角。

这里的学生多是农村出来的孩子，都是住校生，往往要一个月才能回家一次。每次回来他们都要把从家中带来的最珍贵的零食与我一道分享：两个核桃、几颗大枣、一把花生，或是悄悄往窗台上放一袋护手霜，或是为我带回一个她们认为最时髦的发卡……冬天生火前，男生们早早为我打好了蜂窝煤；夏日生病时，女生悄悄跑到食堂为我买回可口的饭菜。最难忘的是在我结婚的那天，不知他们从哪儿得到的消息，很多学生逃课跑到十几里外的县城偷偷参加我的婚礼。他们用自己平时节约下来的生活费为我买来各种各样的礼品。霓虹闪烁的双猫工艺品的匾额至今还挂在我当年的新房里。

他们毕业多年后，很多学生一直与我保持联系，他们的很多信件我一直保存至今。附上左毓红毕业后写给我的一封信，信中的思念与牵挂每每让我沉入对往昔的回忆，那真诚细腻的情感每每让我感动不已。

亲爱的老师，我朝思暮想的姐姐：

你好吗？

这一段时间心里非常难过，学生也不争气。和我同年级的老师，最年轻的已有十年教龄，而我工作还不足100天。可我觉得，凡事我都应该走在前面。因为我接受了比别人多几倍的老师之爱，因为老师在注视着我，因为我年轻！但这谈何容易！可我的眼睛就这么高，我相信我行，我就应该走在前面。

老师，你对新班还满意吗？你的第二批学生对你好吗？他们理解你吗？新分来的老师还可以吗？你屋子里生火没有？早晨起得早吗？和谁一同打饭去？晚上经常干什么？上街的时候多吗？你的爸爸妈妈都好吗？他（姐夫）经常去看你吗？咱班的同学看你去了吗？你还是穿那件咖啡色大衣、黄色滑雪衫、那双小红棉皮鞋？房子还是蓝绿相间的窗帘？还是那床暗花被子和绿缎子薄被？白被巾和蓝纱巾盖被子？还有好低的枕头、蓝底白格的坐垫、黄铜的钥匙、喝水的保温杯、漱口的绿缸子、窄花条毛巾、两个盛水的盆、绿暖瓶、几根竹筷子、一小碟咸菜、眼镜、黑手套、黄手套、手绢、小皮兜、绿车筐26坤车、蓝布门帘子，这一切依然吗？用水方便吗？常看电影吗？桌上的录音机还在吗？

老师，姐姐，分别百余天，仅一张小纸，怎能写尽我心中的思念。我真想回去看看您，哪怕是匆匆一面。你能再喊我声名字吗？那熟悉的声音请你回来。我需要。

寄上一盘新磁带，我保存良久了。相识虽短暂，感情却很深厚，我敬你的学识，你的为人，你的仪态，我崇拜你！虽然我不能朝夕伴随在你的身边，但我愿意让你的声音伴我到永远。老师，姐姐，请在这盘磁带上给我留下永恒的启迪。谢谢！

永远爱您、敬您，为您祈祷。

可以说，在赵庄师范那所偏僻的中等师范学校，在这群几乎和我同龄的淳朴的学生中间，我实实在在地感受到了自己工作的意义和存在的价值，真真切切地享受到了为人师表的满足和幸福。在这段日子里，我和他们一起学，一起闹，在心智和学业上一起成长。1987 年，我的录像课《山居秋暝》获全省中师语文录像课二等奖第一名。因为没有分数的框定，没有升学的压力，中师教育更侧重对他们学习能力的培养。在学生的语文学习的具体指导上，在对语文教学的研究上，我做得很有限。经验有限，水平也很有限。当时的确少了答题规范的应试指导，但在无形中多了几分对学生人生态度的引领。一封封信件里，一篇篇作文中，一行行诗句中，学生抒写的都是最真实、最纯美的情感。我想，或许无形的指导比有形的技巧会更有益。这也是我多年来一直信奉大语文观的原因之一。

这群真诚、质朴、善良的学生，坚定了我做一个好老师的专业思想。

走进京城的中学

1990 年，丈夫博士毕业，我调入北京。走进北京农大附中，做了一名高中语文老师。先是兴奋不已，随之是忐忑不安，继而是深深的失落和对原来学校的深深眷恋。环境的改变使我昂扬的教学热情、专业信念受到重重的冲撞。

首先是学校性质的改变。中学与中师虽然需要的教学水平相当，但办学目的和理念的不同，导致课程设置、学科地位迥异。中师更重视学生的素质教育，音乐、美术、书法都是学生喜闻乐见的学科，社团组织活动是学生培养实践能力的重要场所，而语文、数学等学科更是所有学科的重中之重。中学就大大不同，语文学科始终处在夹缝中求生存的位置，从课表安排到学生心里，更多地偏向数理化。“数学虎，外语狼，专欺语文小绵羊。”语文学科地位的降低，造成我心里的第一重不平衡。

其次是生源的差异。北京的学生天生就有一种优越感，何况基本都是独生子女，更多的孩子是以自我为中心的。虽然也有不少懂事的孩子向老师表示亲近、尊重甚或喜欢，但总感觉少了农村孩子那份实实在在的朴质和真真切切的纯净。尤其是我又赶上一个纪律较差的班，个别学生不要说呵护老师，不冒犯冲撞就是给你面子。这对于我这个被学生“护”惯“宠”坏的年轻老师来说，心里自然会出现又一重失衡。

我做教师的幸福感一时丧失殆尽，我的人生陷入一个深深的低谷。虽然教语文的老校长听完我的课后总是赞赏鼓励，说是很有语文味道，但我感觉自己不适合应试，在中学无用武之地，我身上原有的阳光已经没有温度了。不知不觉中，我把教学的情感线从中学悄悄收回，把触须伸向了农大的人文学院。试讲顺利通过，用人单位马上下发调令。但老校长苦口婆心地挽留甚至出面“阻挠”。鉴于他真心赏才、爱才，我同意等一等再调关系。

于是，在完成中学教学任务的同时，我成了农大人文学院的一名兼职教师。人文学院分给我一门公共选修课《古代诗文欣赏》。为了上好这门课，为了在大学讲台上获得自信，整整两个暑假的时间，我翻阅了大量的鉴赏资料，写下了十几万字的备课笔记。因为用心准备、精心设计，加上自己又有中学站讲台的经验，教学效果空前得好。“219”几百人的阶梯教室总是座无虚席，经常有学生在过道里加座。讲《春江花月夜》时，我感觉自己像一个高明的指挥，以诗意的语言，文学的情愫，诠释着今古相通的主题，牵动学生情绪情感的起伏。教室里一会儿鸦雀无声，一会儿掌声雷动，一会儿哀婉的配乐，一会儿交响乐般几百人的齐诵……当《古代诗文欣赏》这门课程结束时，学生们排着长长的队伍等我签名，有学生问我是北大还是清华的教授，我当时虚荣地笑笑，没有告诉我的单位，只是留下了我的名字。

可以坦白地说，我在极大的满足中强烈地感受到一种幸福。这是有别于乡下孩子单纯爱戴的幸福。我意识到，那是学识让我周身灿烂起来，是教学智慧被唤醒后自身焕发的光彩。我的兼职任教持续了五六年，只为获取一种满足的感觉，一份促我踏实学习专业的动力。

但调动的事最终还是搁浅了。因为老校长认定我应该在中学语文教学上有所发展，特意为我拜下了区里的名师——语文特级方晓山老师。我不忍心辜负这份真诚的信任和厚爱，1998 年接下了高中语文教研组长的工作，开始真正用心于中学语文教学。我感谢这段不成功的调动经历，因为我有机会重拾起大学的专业知识，在古诗文鉴赏能力上有了更丰厚的储备，这为后来的专业成长打下了深厚的根基。我也由此懂得：要做一名优秀的教师，仅靠人格魅力是不够的，你必须有真本事，有真货。广博而深厚的学识，才是你站稳讲台的根基。

迷惘后的奋起

1998 年，我辞去大学所有的兼课，开始全身心地投入中学语文教学。进入京城中学后8年的时间里，凭着自己的职业道德和专业知识背景，我认真上好每一节课，用心对待每一个学生。虽然我是一个受学生欢迎的老师，但在语文教学上并没有取得什么骄人的成绩，这或许是“心有旁骛”的缘故，但在大学讲课的经历无形中成为我成长的一个准备期。经过8年的中学磨炼，我已经逐渐走出中师教学的思维模式，接受了中学语文教学的基本特点，也逐渐习惯了京城孩子的优越表现。当我以全新的心境用情去爱学生、用心去研究教学时，我发现中学的语文课堂同样充满了乐趣和魅力，我也越来越多地受到学生的爱戴和追随，越来越多地从课堂上获取到满心的灿烂、满身的阳光。

从1998年至2004年，六年勤奋苦战，踏实研究，连续五届带高三，我真正迈出了中学语文教学上的第一步。我的语文课堂不仅保留了浓浓的语文味道，也切实地关注研究学生能力的增长点，学生的高考成绩明显进步。在此期间，大量区、校级示范课、研究课的承担和举办，大大促进了我的成长。在专家的指导和引领下，我的教学水平得到明显提升，教科研能力也在课题论文评比中屡屡得到印证，很快我被聘为海淀区进修学校兼职教研员，被评为海淀区学科带头人，北京市语文学科骨干教师。常言“十年磨一剑”，而我足足用了16年时间完成了原本10年应该走完的路，也或许正是因为这种“厚积”，才为后面自己的专业发展打下了坚实的基础。

我在北京农大附中工作了15年，送走了6届毕业生，结识了一群志同道合的师长和朋友，同时，也见证了学校的成长和发展。教学楼每层教室里几乎都有过我讲课的身影，校园的每一条小路上都留有我青春的足迹。北京农大附中是我语文教学起步的真正平台，是它把我领到语文教学的发展之路上，又把我托举到更高的平台。那里的一草一木都生长着我对学校浓浓的眷恋，那里的一砖一石都凝刻着我对学校深深的感激。

2005年，由于工作需要，我调到了现在的学校——北京市八一中学。新的环境、新的视野，给我提供了新的成长契机，给我提供了更广阔的发展平台。自1998年开始，我的文章开始在《语文教学与研究》《中学语文》《中小学教学研究》《中学语文教学参考》《北京教育》《文学教育》《辽宁教育学院学报》《河北师大学报》等期刊上相继发表，人民教育电子音像出版社出版了我的《烛之武退秦师》《晋灵公不君》两节课堂实录。2008年，我被区名师工作站聘为语文学科指导教师。2007年、2009年，我连续两届被评为北京市语文学科带头人。除完成两个班的语文教学任务和教研组长工作外，我每学期都要承担区里的研究课或教材教法讲座，每个假期都要被人教社委派赴全国各地做教材培训。2010年，我被《中国教师报》特聘为教学专家，2011年，我被北京市教育学院收入教师培训专家师资库，2012年，被聘为教育部北大“国培”基础教育语文教学团队成员。我深深地体会到，荣誉带来的不仅仅是欣喜，更是压力和责任。荣誉越多，任务越多，压力越多，责任越重。

细数身后一串深深浅浅的脚印，每一个足迹都印证着我的教育理念和做人原则：潜心为学，幸福为师，真诚为伴。

我的成长底片

潜心为学

在“教育家成长工程”学员论坛上，日坛中学的一位老师说了这样一句话：“如果有人说自己的成长全部是源于个人的努力，那这个人不是脑子进水了，就是神经有问题。”此话虽然用词有点激烈，但我从心里赞同。的确，个人的努力固然重要，但不可忽略你的成长环境，不可忽略为你营造适宜环境的那些人。我在海淀教育这方沃土上健康成长，与其说得益于自己的勤奋努力，得益于书籍给我的养分，不如说是得益于专家前辈的引领，得益于学校为我提供的成长平台，这些都是培育我教育生命种子的肥沃土壤。如今，翻出记忆中的成长底片，以记下每一个学习经历，记住一路帮助过我的人。

2000 年至 2002 年，我在首都师范大学中文系参加了“课程与教学论”研究生主要课程班的学习，自己的专业知识和理论水平得到了进一步提高。与此同时，我也越来越多地致力于课堂教学的探索。2001 年到 2005 年间，我平均每学期都承担 2 ~ 3 次市区的研究课、公开课。《致橡树》《我若为王》《祖国啊，我亲爱的祖国》《氓》《杜十娘怒沉百宝箱》《牡丹的拒绝》《静女》《山居秋暝》等研究课都是我这一时期的“课堂作品”。北京教科院的文喆院长、马雪鸿老师、刘宇新老师，北师大肖川博士，教育学院的季平老师都曾亲临课堂，为我做课堂点评，区里的田福春、董晓平、陈燕、姚守梅、黄玉慧等多位教研员老师都为我做过课堂教学指导。

特别应提到我的导师方晓山先生。方老师是北京市语文特级教师，海淀区教师进修学校原中学教研室主任。他学识渊博，为人宽厚，幽默睿智，淡泊名利，心存方正，胸有天地，当年李秀臣老校长为我请来的师傅就是他。2005 年海淀区成立名师工作站，我有幸再次成为方老师的弟子。如今他虽已退休多年，却始终关心着海淀教育的发展，关注着年轻人的成长。方老师从言传到身教，从做人到做学问，以自己的人格和学识影响并引领我成长。我每接受一个任务，就会记起他“把优秀当成一种习惯”的叮嘱；每次为青年教师评课，就想起“嫩草地上不能跑马”的告诫；教科研中遇到困惑，会借助他“多叫一声哥，少爬一面坡”的劝导；每次上公开课、做讲座，总是默念他传授的十六字真经：“如虎搏兔，全力以赴；目中无人，心中有数。”他用殷切的目光铺成我成长的路，促使我自觉尽心地像他当年培养我一样培养后面的年轻人。

2004年，我被评为北京市学科带头人之后，在北京教育学院接受了三轮“市级骨干教师、学科带头人”的系统培训学习。期间得到了很多高校专家的引领和指点。北京教育学院的连劭名老师、王漫老师、霍俊明老师先后指导我完成了三篇课题论文的写作，我也在与同班学员的交流中学到了很多东西。如邓红老师的作文教学设计、周京昱老师的诗歌鉴赏指导、黄玉慧老师的小说阅读、闫存林老师的文言单元教学流程、徐稚老师的现代诗歌单元教学法、何杰老师的鲁迅作品解读、倪莉老师的散文阅读思路、李海鹰老师的文化散文探微等，都给我留下了很深的印象，给了我很多的启发。经过三轮的系统培训，我在学理层面收获了很多的知识和思考，研究意识和教学敏感度得到了很大提升。

2007年暑期，我参加了教育部“高中新课程远程培训”项目，有幸成为巢宗祺老师语文教学团队的一员。当时研修培训集合地设在凤凰岭脚下的实创中心。在此期间，我有两天请假去盘锦为人教社做教材培训。离队归来的日子里，我写了一篇研修日志，真实地记录了培训团队辛苦作战的状态，记下了我自己真切的感动。十几天的培训，每天一个专题，每个专题要出一期课程简报。教学团队要批阅学员当天的作业，查阅各地培训的情况，还要收集汇总各类问题。每天都是高强度，快节奏，大工作量。最为辛苦的是专家组成员——《语文课程简报》的三位主编。巢老师作为首席专家，每晚10点前要按时完成一篇1000多字的“作文”，解读课标精神，解答学员问题。徐思源老师、王意如老师负责栏目设计和文字编辑，她们对简报从内容到形式都追求完美，一丝不苟，精益求精。每完成一期简报，都要到凌晨一两点钟。王意如老师凝练而传神的文字，徐老师多才多艺的音乐美编，常常让人叹服不已。2008年、2009年，教育部相继组织的“高中新课程远程培训”，我又作为指导老师参加了语文课程团队。这些研修培训的日子让我受益匪浅，不仅仅是对新课程理念的渗透，对课标的理解，还有巢老师们那种专业精神、敬业精神，给了我太多的感染和感动。我深深地懂得了要成为一个优秀的人身上应该具备怎样的元素。

2010年，我被评为海淀区优秀读书人物，区教科所要求十位获奖老师每人写一份个人的读书材料。我结合自己的读书体会以及引领学生读书成长的教学实践，写下了一篇读书感言。读书与教书是永远相伴、不可分割的教师职业内涵；在读书中教书，在教书中读书，是教师职业的根本需求。当我们教而后知不足时，读书是一种知识的直接补充；当我们要丰富人生经历、提升人文素养时，读书是一种有效的拓展途径。一个不爱读书的教师，不会教出爱读书的学生；而一个爱读书的教师，他自身便是读书的典范。当读书成为教师精神的第一需要，他的学生自然会仿效。阅读不仅开启了我的教育智慧，也点亮了学生心灵。

附上我在海淀区名师工作站成立大会上的发言，以及一篇“高中新课程远程培训”研修日记，另有三篇是我的读书感悟和体会。这些文章似是零散的底片，但都是我提升个人修养、实现专业发展的感悟和收获，是我成长日志中不可省略的一笔。

名师引领我前行

——在海淀区名师工作站成立大会上的发言

尊敬的各位领导、各位专家、各位同仁：

大家好！

今天，海淀区骨干教师拜名师大会在这里隆重举行，对于我们每一位学员来说，这是一个令人激动、令人欢欣的节日。此时此刻，我内心有一种被选择的庄严感和幸福感。仿佛回到了学生时代，心中再一次升腾起对老师的感恩和对学习的渴望。在此，我谨代表全体学员，向关心支持我们成长的区教工委、教委领导表示衷心的感谢，向在座的各位导师前辈致以崇高的敬意。

海淀区是北京市乃至全国的教育先进区，重视教师队伍的建设、重视中青年教师的培养一直是我区的教育特色。在这片沃土上，厚重的人文积淀滋养了一代代、一批批的教育精英。在新课改全面推进、教师专业化发展日渐深入的今天，“名师带徒”这一举措，为新时期海淀教育的发展注入了新的活力，撑起了一片更广阔的天空。在座的各位导师前辈，都是教育界的名流、海淀区的学科权威。你们在几十年的教育生涯中积累了丰富的经验，形成了严谨踏实、开拓进取的作风，铸就了学高为师、德高为范的教育精神。你们以先进的教学理念引领着海淀中学教育学术的发展方向，以渊博的学识和精湛的教艺树起了海淀教育先进区的旗帜，以博大的胸怀和崇高的人格魅力立起了高山仰止的精神丰碑。我们对各位导师充满了仰慕和崇敬之情。能在海淀这片沃土上执教，能师从各位声誉卓著的导师，是我们的荣耀，是我们的幸运，是我们的福气，更是我们终生受益的宝贵财富。

教育蕴藏着深厚的资源。因其深而艰，因其厚而难，因其艰难而呼唤勇气、智慧、执著和奉献。作为名师的弟子，我们深感肩头多了一副担子，多了一份责任。我们背负着领导的嘱托、导师的希冀，更有全区人民对海淀教育发展的期望。厚德博学，止于至善。导师们，你们是我们心慕力追的目标，站在前面指引着我们前进。虚心、诚心、细心是我们拜师学习的态度；成长、成熟、成才是我们拜师的目的；求真、求实、求精是我们拜师的追求。希望导师们不吝赐教，严格要求，及时指出我们在教学和为人上的欠缺和不足。

我们渴盼着从您的言传身教中领悟教育的精髓，渴盼着从您的学识教艺中得到厚实的滋养。

今天的拜师会是一次教育火炬的接力，是一种教育精神的传承。我们将在导师的引领下，踏上新时期教育改革的起跑线，将海淀团结协作、开拓进取的教育精神薪火相传。用无私的奉献、真诚的爱心和一种庄严的使命感来教书育人。努力将自己打造成一名学生喜爱、家长放心、同行敬重、社会满意的优秀教师，无愧于海淀的教育，无愧于名师弟子的称号。为海淀教育事业的发展贡献自己的智慧和力量。

最后，我代表全体弟子再一次感谢为我们的成长提供机会、搭设平台的各级领导，再一次感谢在座的各位博大无私、甘为人梯、收我们为弟子的导师前辈。

名师引领我前行。扬教育理想之云帆，吟长风破浪之华章，聚生命热血之渴望，挽同仁坚实之臂膀，我们起航了。我们坚信，明天的朝阳会更加绚丽，海淀的教育将再创辉煌。

谢谢大家。

2005 年 10 月

写在归队的日子里

放不下的牵挂

在盘锦的高中新课程教材辅导培训一结束，我便匆匆赶往沈阳桃仙机场。人还未登上飞往北京的班机，心早已飞回了凤凰岭。因为那里有坚守岗位的 14 名团队成员，有 47 个班的 4000 多名在线学员……在我出发的前一天，研修平台遭到攻击。在时断时续的网络上，老师和学员们艰难地交流着。为了尽可能多地批阅作业，回复信息，团队的老师们通宵达旦地工作着。每位队员都以高度的责任感，激活自身最大的潜能，战胜疲惫，认真点评作业，进行在线研讨，连夜编写简报……两天下来，文弱清秀、一身书卷气的领军人物王意如老师为简报的编辑已熬得面色憔悴。如今离队已经两天了，培训情况进展如何？新疆昌吉学区三个班的学员在培训第一天就表现出了高涨的热情，研讨气氛异常活跃，认真负责的班主任已编辑了怎样的班级简报？指导教师周晓卿“古诗词积累好处多”的话题又碰撞出了学员怎样的灵感和火花？新疆巴州学区的老师能否正常收看视频？临行前，儒雅、谦和的首席专家巢宗祺教授一再安慰我：放心去吧，这也是在为新课程做事。但我心里依然忐忑。虽说解疑答难的“坐堂名医”厉老师已主动兼任起我的工作，可心里的这份牵挂真的放不下……

静悄悄的感动

一出机场，换上自驾车，踩足油门向着凤凰岭的方向飞驰。5 点左右，当我急匆匆地走进 1 号楼二层团队老师的办公区，整个楼道静悄悄的。这时我才记起 14 日是研修的休整时间。我放轻了脚步准备向团队报到。首席专家巢宗祺老师平日虚掩的房门紧闭，转身看看王意如老师的房间，平日忙前跑后少有片刻清闲的她，今儿破天荒地亮起了“请勿打扰”的红灯。估计徐思源老师率领的苏州军团也在作短暂的休整……一个战役打下来，大家的确太辛苦了。徘徊在楼道里，在各个房间的门前迟疑着，几次伸出手都没忍心把门铃按响……最后踮着脚尖，拎着途中买来准备“慰问”大家的两袋桃子，静静地回到了自己的房间。

迅速打开笔记本，进入我熟悉的界面：亲切、兴奋。语文课程简报点击开了：四期课程简报如四只七彩孔雀般，依次在屏幕上绽放出美丽。互动平台上学员对网络遭扰给予谅解的回帖，研修花絮中寄寓着的良苦用心的文化“印章”，“凤凰语丝”中首席专家殷切的寄语，简报览胜里蒋金花老师《辛苦着并感动着》的研修故事……相继映入眼帘的一道道亮丽的风景，无不凝聚着团队老师的热情和心血。点开邮箱，我收获了满满的喜悦和感动：五个班的邮箱里静静地排列着厉复东老师批阅过的几百份作业，一些新到的邮件正在争先恐后地对我眨着眼睛。顿时，心底涌动的阵阵热流化作一种无声的感慨：有这样负责敬业的专家团队，有这样执著进取的学员老师，语文远程研修课程的培训季节定将会有一个令人满意的收成。

静静地对着屏幕，心里悄悄地感动着……

2007 年 8 月 14 日于北京凤凰岭工作室

读出智慧　点亮心灵

——海淀区优秀读书人物读书感受

教师职业的确是一个从读书到教书，又从教书到读书，不断循环、交替推进的过程。当我们要适应信息时代知识更新的节奏，适应当代学生具有知识反哺能力的特点，适应新课程背景下的教育改革的发展形势时，坚持读书，是我们承载教育追求，实现专业发展和教育理想的必由之路。

一、增厚知识积淀，开启教学智慧。

教师家庭的出身背景，让我读着《青春之歌》《钢铁是怎样炼成的》这样的励志名著跨入大学的门槛；四年的大学中文系生活，让我久久徜徉于《简·爱》《复活》《莎士比亚戏剧》《巴黎圣母院》……那一串长长的阅读书单所构筑的文学世界里，养成了读书的习惯。从教 24 年以来，我一直都在阅读学习中。起初是延续大学的文学情结，读诗歌散文，读小说剧本；再则是愉悦性情，读知识百科，读时尚文萃；进而是解决工作中的实际问题，读优秀教学论文，读名师教案选编。随着教学经验的丰富和在教师岗位上的成长，自己逐渐明确了读书的方向。教师专业阅读不仅是开卷有益式的一般性阅读，更应该是以提升自身人文内涵、文化品位、精神品位和人格品位为目的的职业性阅读。要成为一名优秀的教师，必须在自己职业生涯中通过不断读书学习，构建系统的学科专业知识，培养深厚的教育理论修养，形成开阔的人文视野。作为引领者，教师首先通过自己的编导和解说，催生出学生对探寻知识的好奇与欲望，使他们进入并遨游于知识的天宇，领略读书之妙。作为文本的诠释者，教师的阅读量与阅读率决定了课堂上每一句话的分量，也决定着一个教师对学生的影响力和感召力。所以，想到教师的光荣，教书的严肃，讲台的神圣，每每鞭策我去撷取更多的知识；想到语文学科承载着中华五千年的璀璨文化，是引领学生继承优秀的民族精神、超越功利和迷茫而飞向未来的隐形翅膀，自己就越发感到读书是一种责任。它不仅关乎教师自身的心灵境界和生命质量，更影响着一代学子的精神成长。

2007 年，海淀区教工委配合新课程改革的推进启动了阅读工程，这一活动为教师的阅读提供了良好的外部环境，更极大地鼓舞了我的读书热情。读书心得《拓宽文化视野，提高语文素质——我和学生读秋雨散文》（《文化苦旅》）、《将亲情教育渗透到阅读写作教学中》（《我与地坛》）和《大师无言，读者有灵》（《听傅雷讲艺术》）先后在《河北师院学报》《语文教学与研究》《大众文艺》等期刊上发表。2007 年度荣获区教师读书征文一等奖。以近三年的阅读书目为例，我的阅读领域大致分为三类。

第一类：教学理论书。肖川《教育的理想和信念》、朱永新《走近最理想的教育》、王荣生《语文科课程论基础》及《教学的勇气》《当代语文教学流派概观》等书籍给我以理论的指导和方向的引领。虽然不能全部领悟书中的精要，但每每从中得到鼓励和启发，不断坚定自己的专业化发展信心。《听王荣生教授评课》《怎样听课评课》《新课程下专题课例研究》则给我以课堂教学方面的具体指点。从听评课的高度看课堂教学的设计与实施，促使我在教学反思中不断优化课堂教学策略，提升课堂教学的有效性。要从经验型教师逐渐走向学理型教师，不断学习教育理论，提升理论素养，成为自己教育教学的必要和必须。

第二类：专业知识书。阅读教育理论著作是一种对思维和知识背景的挑战，而人文领域的书则常常给人以内心触动和温暖。钱理群等的《中国现代文学三十年》，王意如的《中国古典小说的文化透视》，康震的《康震品李白》《康震评说李清照》，王充闾的《千秋叩问》，李元洛的《诗词风景》，梁衡的《觅渡》，余秋雨的《文化苦旅》《山居笔记》及《周国平散文选》《听傅雷讲艺术》《听钱钟书讲语文》等书籍的阅读，一方面唤醒旧有知识的记忆，另一方面改善原有的知识结构。“汝果欲学诗，功夫在诗外”。一个优秀的教师只读课本、只看教案、只学教参是远远不够的。因为再好的现成教案，再高水平的名师，你都不可能真正地克隆它。教学实践活动是一个人内在文化素养的外化，功夫在“书”外。文化积淀的过程就是备课的过程。良好的阅读习惯使我不断丰富自己的人文积淀，不断完善学科的知识结构，在教学过程中，相关知识能够信手拈来，驾驭课堂深感得心应手，教学特色也得以逐渐形成。由此更深切地体会到：教师学识丰富，眼界开阔，才会建构起充满魅力的知识课堂、生命课堂。

第三类：当下热销书。专业阅读并不是教师素养阅读的全部，在读专业书籍、读理论书籍的同时，兼顾大众阅读和学生阅读。如《奥巴马回忆录》《不抱怨的世界》《暗算》《明朝那些事》《小王子》《追风筝的人》《三重门》等书籍，我在很多时候只是翻阅而已，并不去刻意求其甚解。阅读目的一是为了了解新书的信息动态以满足没有老去的好奇心，更重要的则是为了了解学生的阅读方向和阅读心理，以帮助自己走进学生的内心，有的放矢、有计划地帮助学生选择适合他们阅读程度的课外读物。

特别要提到的是，校本课程的开发促使我阅读了一系列的理论和专业书。之所以有如此集中的阅读，是因为作为课程开发者有迫切的内需。当今时代，学生阅读量、信息量的不断扩大，新课程背景下教师角色的转变，对每个教师的专业素质、知识结构都带来极大挑战。王荣生《语文科课程论基础》为我们高中语文校本课程的整体构建提供了理论依据，《百家品〈论语〉》《于丹〈论语〉心得》《迦陵讲演集》《趣说红楼人物》等书目的阅读，为《来自孔子的智慧》《唐宋词十八讲》《走进〈红楼梦〉》等校本课程的开设提供了很好的知识支撑，自己的知识体系也得以重新建构。窦桂梅老师说：读书是最长远的备课。此言得之。

二、点亮学生心灵，引领全面成长。

教师的阅读是让学生飞翔的第一步，也是用一枝梅花引来春花烂漫的魔法石。教师读书在丰富生命、滋润心灵的精神需求之外，能以自己的阅读行为激活学生的阅读兴趣，以自己对读书的热情、痴迷、感悟去影响熏陶学生，则是教师阅读更高层面上的意义。基于这样的理念，我在引领学生读书方面做了一些有益的尝试。

第一，大力倡导。去年一个学年，在本校高中三个年级和初三年级分别做了“享受阅读，亲近语文”“为有源头活水来”“改善我们的学习”“读书——语文学习的第一要务”共四场语文学法指导讲座。其中贯穿的一个主要思想和理念，就是唤醒学生的读书意识，关注人文素养的提升。我们依据课程标准的要求，结合每个年级学生的阅读实际分别推荐了阅读书目，并给予必要的读书方法指导。给高中生推荐的阅读书目主要有三类。1. 中国古典及现代名著：《〈论语〉通译》《西游记》《水浒传》《三国演义》《红楼梦》《唐诗三百首》《宋词选》《古代散文选》《呐喊》《家》《围城》等著作；2. 外国文学名著：《哈姆莱特》《堂·吉诃德》《巴黎圣母院》《欧也妮·葛朗台》《复活》《普希金诗选》《泰戈尔诗选》《老人与海》；3. 人物传记、笔记及西方哲学文论等作品：《傅雷家书》《歌德谈话录》《谈美书简》《居里夫人传》《希腊的神话和传说》《从鸦片战争到五四运动》(胡绳著)、《培根随笔选》等作品。良书即益友，推荐书目意在让学生有选择地开有益之卷，以健康的思想教育人，以高尚的情操陶冶人，以科学的知识丰富人。有意识对学生的阅读兴趣正确指引，使他们从好书中认识真、善、美，树立正确的审美观。而在读书方法中要求学生做到“我摘抄，我感悟，我评点，我背诵”，从而使他们不断积累语料，积累思想，从读书中汲取成长的营养。

第二，积极鼓励。为切实有效地促进学生的读书活动，我经常把自己的读书感受与学生作交流，以带动学生的热情，激活阅读的兴趣。如《文化苦旅》《我与地坛》《觅渡》等散文集都是采用了师生共读的方式，通过周记和读书笔记的批阅交流阅读体会，收到很好的效果。同时先后成立了“金橘子”“青果林”等课外读书社团。特别想提到的就是在班级组织的“我所知道的文化名人”课前系列演讲，因为组织有序，导引得法，点评及时，学生表现出极大的热情和极高的关注度。古今中外的文化名人纷纷登场亮相，从梁衡到列夫·托尔斯泰，从曾国藩到比尔·盖茨，从屈原到惠特曼，从祖冲之到爱因斯坦……政界、商界、文人、学者、科学家等，不一而足。资源的交流和共享极大地开阔了学生的视野，激发了其读书兴趣。出于一种由衷的兴奋和感动，我用学校给的论文奖励——书票，购来我要推荐给学生的书籍，作为最有意义的奖品，奖给获演讲前十名的同学。

第三，集体交流。自2007年阅读工程启动以来，配合“书香校园”的建设，我和语文组的老师们已经连续开展了三届的“读出智慧，点亮心灵”的系列读书活动。从“书香伴夏”的假期作业布置，到班级师生的共同批阅和推荐；从读书报告内容形式的编辑，到读书成果PPT的展示，逐步形成读书活动的模式流程：推荐书目——阅读作品——形成文字——教师批阅——小组交流推荐——班级展示推荐——年级交流展示——总结反思。学校的读书活动在不断实践中改进和完善，并日臻成熟。读书报告展示成为学生的读书节日。

每一届的读书活动都是在必读书目的基础上，学生自选喜欢的作品阅读品评。读书报告中涉及的作品常常多达百部。我们在全面了解学生阅读情况的基础上，选取经典作品和关注度较高的热点作品进行读书交流展示。2007届读书报告会，集中推出《红楼梦》《追赶风筝的人》《柳永词》《论语》《三毛散文》《人间词话》《士兵突击》《周国平文集》《围城》8个专题；2008届读书报告会，集中推出《三国演义》《红楼梦》《苏东坡传》《唐之韵》《老人与海》5个专题；2009届读书报告会，主要涉及的读书专题《论语》《红楼梦》《世说新语》《永别了，武器》《灿烂千阳》《堂·吉诃德》《山居笔记》《麦田守望者》《边城》等10个专题。从荟萃中华智慧的国学经典，到洋溢着异域情调的外国作品，从散发着古典幽香的古代传世之作，到打上时代烙印的现当代美文，同学们在展示中感受读书之美，在聆听中尽享阅读之乐。享受着花朝、月夕、雪晨带给内心的感动，品味着书中浸润的生活诗意，汲取着丰润灵魂和生命的营养。

“书籍对我而言，像一张看不见的网，无论怎么变化，我都不可能挣脱，因为我的心就在这网里。我只能沉醉在这网中，用手指去拨弄，弹出属于我生命的曲子，让它响得遥远。让自己的灵魂不仅仅像是水面上的浮萍、六月里纷飞的柳絮，而是能够深沉得像紫藤萝花最深处的颜色。”——这是一名学生的读书感言。能在孩子们的心中播下热爱读书的种子，胜过自己读书的收获，我欣喜欣慰。因为，这是我们语文教师的职责！

2010年3月

大师无言，读者有灵

——读《听傅雷讲艺术》

作为一名教育工作者，需要大师在思想上的引领和点拨，需要大师的精神滋养和人格支撑。李云雷著的《我听傅雷讲艺术》（中国致公出版社），恰是一条走近傅雷大师的时空隧道，让我们走进大师曾经的时代，与大师对话。

傅雷——一个令众人仰慕的名字，一个大写的人，一位博学多闻、见识独具的文人大师。他在文学翻译、美术评论、古典音乐等方面所取得的巨大成就令人惊叹与景仰。《我听傅雷讲艺术》是以大师著作为依据，根据作者对大师的研究理解，从美术、音乐、文学以及为人四个方面，探索傅雷先生讲学的特色、欣赏艺术的角度和方法，将大师的学术思想、治学精神进行了比较全面的介绍。通过阅读我们可以获取艺术审美和做人境界的双重滋养。

一、傅雷大师的艺术观和审美观。

从阅读的第一个层面看，了解大师的艺术观和审美观，无形中可以提高我们的文学艺术鉴赏水平。无论大师讲美术还是讲音乐，我们都可以通过傅雷先生的眼睛，去了解古希腊和欧洲文艺复兴时期一批顶级艺术大师，进入大师的心灵与艺术境界，濡染大师的风采与风范。

对于达·芬奇的《蒙娜丽莎》，大师这样与你对话：——你仿佛在听一曲神妙的音乐，对象的表情和含义完全跟着你的情绪而转移。你悲哀吗？这微笑就变成感伤的，和你一起悲哀了。你快乐了吗？她的口角似乎在牵动，笑容在扩大，她面前的世界好像与你的同样光明同样快乐。——蒙娜丽莎谜样的微笑，其实即因为它能给予我们以最缥缈、最“恍惚”、最捉摸不定的境界之故。在这一点上，达·芬奇的艺术可说和东方艺术的精神相契了。对于拉斐尔的《美丽的园丁》，大师这样描述：几条水平线，几座深绿色的山冈，轻描淡写的；一条平静的河，肥沃的、怡人的田畴，疏朗的树，轻灵苗条的倩影；近景，更散满着鲜花。没有一张树叶在摇动。天上几朵轻盈的白云，映着温和的微笑，使一切事物都浴着爱娇的气韵。全幅画上找不到一条太直的僵硬的线，也没有过于尖锐的角度，都是幽美的曲线，软软的，形成一组交错的线的形象。我们知道从浪漫派起，风景才成为人类心境的表白；在拉斐尔，风景乃是配合画面的和谐的背景罢了。

大师对莫扎特这样评价：在整部艺术史上，不仅仅在音乐史上，莫扎特是独一无二的人物，没有一种体裁没有他登峰造极的作品，没有一种乐器没有他的经典文献。后世的人单听他的音乐，万万想象不出他的遭遇而只能认识他的心灵——多么明智、多么高贵、多么纯洁的心灵！“他自己得不到抚慰，却永远在抚慰别人”。傅雷心中的贝多芬是一位“超越于音乐之上的精神导师”，是部读不完的大书。“他在心灵的深度、广度上都代表了日耳曼民族在智力、感情、感觉方面的特点，也显出人格与意志的顽强，缥缈不可名状的幽思，上下天地的幻想，对人生的追求，不知其中有多少深奥的谜。贝多芬实在不仅仅是一个音乐家，无怪罗曼·罗兰要把歌德与贝多芬作为仅是日耳曼民族并且是全人类的两个近代的高峰”。

概括来讲，傅雷先生对美术或音乐的讲解，都不是简单的作品介绍，而是极富个人情趣的艺术领悟，我们会于不自觉中被领进了艺术的殿堂。傅雷先生的音乐鉴赏文章，“本身就是艺术品，优雅细腻的文笔，娓娓道来的叙述，充满着诗情画意，让人读后不禁细细品味，余味无穷”。

二、傅雷大师的文格与人格。

从阅读的第二个层面看，了解大师的为人，我们可以得到很多人生的启迪。

可以领略到傅雷先生作为一位中国文人的求实精神、铮铮铁骨和人格魅力。

“一只昂首天外的仙鹤”是著名散文家及电影剧作家柯灵对高洁孤傲的傅雷先生人格个性的赞美之词，也是傅雷先生孤傲一生的真实写照。傅雷先生的一生坎坷，但他从不向困难低头。抗战八年困于沪上，仍坚守名节，闭门不出，自述“东不至黄浦江，北不至白渡桥，避免向日本宪兵行礼”。对日本侵略者和汉奸，他表示了凛然不屈的极端孤傲，甚至不让已到学龄的孩子进当时的小学。抗战胜利后，他对国民党统治者依然表示了不屈的孤傲，“宁肯变卖遗产过活，也拒绝任何合作”。1957年反右的狂飙殃及先生，他仍然一身傲骨，出版社印行他的译著时建议他用笔名，他的回答是“不”，后来有关部门告诉他准备给他摘了右派的帽子，希望他有个认识错误的表态，他的回答还是“不”。1966年，更大的浩劫来临，面对侮辱、残害和高压，他以生命捍卫了自己的尊严，保卫了他所珍视的那些价值和财富，实现了文格与人格的统一。

作为学者专家，傅雷先生的一生又是严谨而奉献的一生。“文章千古事，得失寸心知”是傅雷先生的座右铭。傅雷先生以极其严肃的态度从事文学翻译，每每动手翻译一部作品时，他总是把原著看过四五遍，弄懂弄通了，领会了其中的神韵、风格，这才开始下笔。先生一生致力于向大众介绍西方文学艺术，并为此奉献了一生。“一个人对人民的服务不一定要站在大会上讲演或是做什么惊天动地的大事业，随时随地，点点滴滴地把自己知道的、想到的告诉人家，无形中就是替国家播种、垦植。”这番话是傅雷先生表明的一种生活态度、一种平凡而高尚的价值观。先生高度关注子女教育问题，楼适夷为《傅雷家书》序曰：“我们看傅雷怎样培育他的孩子，也正和傅雷对待其他一切一般，可看出他是怎样以高度负责的精神与心力，在对社会、祖国与人类尽自己的责任。”

大师无言，读者有灵。

2009年7月

高山仰止，景行行止

——读梁启超先生的《作文入门·中学以上作文教学法》

《中学以上作文教学法》是梁启超先生在东南大学授课时的讲演记录。全文共有七个部分，前六部分讲的作文法，论及各类文章的特点、写作方法和注意事项；最后一部分讲的教授法，是对教师教授作文的建议。几年前初读时，只觉文字简练，风格平易，尚未有特别的触动。假期再次品读，方觉意味不尽，感触颇深，心生“高山仰止，景行行止”之情。

梁先生对文章作用本质性的概括，给我以“为师”的警示。

文章开头第一句话，梁先生用最本真、最朴素的语言对文章的作用作了一个最本质的概括：“文章的作用，在把自己的思想传达给别人。”的确，写文章就是要表达自己的思想，并让别人知道自己的思想。它从来不是语文应试中的一道题目，不是无病呻吟的辞藻堆砌，不是网络日志似的随意闲聊，它最核心的要求是：思想。“所谓思想，有两种要素，一是有内容，一是有系统。”这恰是说中了当前作文教育的病灶：老师努力要求学生有思想，却往往以形式的规范、语词的雕琢代替思想的训练；学生努力想在文章中写出思想，却在对别人的模仿中、对形式的热衷中走向千人一面，千人一腔，形成了写作教学中的一个悖论。

我们常说，语文的外延与生活等同。而就作文而言，对生活的敬意则表现为对生活的关注和思考。作文写作呼唤的是活的语文，能用的语文，用来过日子的语文。换句话说，我们接受教育的目的之一是为了更好地生活。对一个现代公民来说，也许一生都不需要写诗、写小说，但思想的养育却是终生需要的修炼。作为语文教师，我暗自叩问：在长期与应试打交道的语文教学中，丧失掉思想的是不是恰恰是教师自己？失去教育理想的同时，教师是否也丧失了指导作文教学的高度？当我埋怨学生思想越来越贫乏、越来越耽溺于华词丽句的追逐时，自己是否也在失去对他们进行引领的力量？梁先生的朴素的观点给我以警示和反思。

梁先生的作文思想和治学态度，给我以“为学”的思考。

梁先生的作文指导中明确地阐释了重“规矩”去“言巧”的作文教学思想。不仅如此，细品其文，其中还蕴涵着阅读方法。他对于各类文体做法的分析，都会附之以相应的“模范”文本作为例证。例如论述写“静态”的优秀文章“能使人读他的文，便可以找他的记述，做出详明而正确的图表”，举《史记》中巨鹿之战为例，并绘制了详细的地图。在论述“记事文”“四原则”时，更是列举了《左传》《通鉴》中对十几个大小战例的记述。在讲解“论辩文”的做法时，更是大量引用了《孟子》《墨子》《荀子》及李斯、桓宽等人的诸多作品。这样的思路和分析，不单让人知道了文章的做法，也让人明了了文章的阅读法，以之为据当能更透辟地把握文章的脉理。在当今的语文教学中，“读写一体”提得很响，但是在如何打通阅读和写作的方法上缺乏具体的参照文本。这是否在某种程度上说明一个问题，那就是我们不仅在写作上缺少深入的思考，而且在阅读上似乎也有很多值得深入探讨的地方。

在对待经典上，梁先生不盲从迷信。他在讲“记人”文章的“背景”的交代时，批评了《史记》中的《屈原列传》，甚至说“史公这篇文章实在太坏，叫我看卷子，一定取不着优等，至多勉强及格”。在讲到“论辨文”写作“忌枝节”时，将孟子大大地批判了一番，说他“这种模棱两可的话，令人不知所云”，“好像问张三杀李四没有，答到人不应该杀人，真个驴头不对马嘴”。无论何时，对经典的析读都是作文教学的必由之路，但是即使是经典的文本我们也必须怀有批判的态度。但是当今，特别是随着网络对人影响的加深，又有着一种“否定经典、打倒大师”的潮流，大导演的片子一经拍出就骂声一片，百家讲坛成为口诛笔伐的对象。该如何对待经典呢？梁先生的态度告诉我们，关键并不在于歌颂还是批判，而是要表达出自己的有价值的观点来。不盲目崇拜，也不盲目贬斥，要端正态度，不浮躁浅薄，建立起自己独立的、“正大”的思想来。

梁先生的本真态度和本色人格，给我以“为人”的启发。

从梁先生的文章中，我读不出任何功利目的，没有“为了考试、为了分数、为了职称、为了自我炫耀”，也读不出当代某些作者的云山雾罩、故弄玄虚。他只是从自己的阅读和写作体验出发，谈感受，谈体会，诚恳地教给学生文章的做法，并期待着每个人有所提高。本真的指导目的中折射出大师的本色人格。

如今我们的作文教学不能不面对考试的检验，也不可能要求学生不顾分数而写作，但是仅仅以猎取分数为目的，作文就背离了文章写作的初衷，我们的学生很容易变得脆弱，教师也很难不迷惘、惆怅。梁先生以他质朴的文字告诉我们，即使是当今的语文教育环境，只要我们教师不在功利之下匍匐爬行，完全可以教给学生用正大的思想武装独立的心灵，不屈膝于功利，不卑恭于权贵，不折节于名头。或许，在中学把人培养成考试的工具、大学把人培养成找工作的机器、社会把人培养成欲望的奴隶的今天，梁先生的文字和思想可以在某种程度上救助我们老师和学生日见磨灭的独立思想和人格。

于是，我在想……在20世纪初那个不平静的年代，在传统之火燃烧殆尽之时，有那样一群心如止水、淡泊明志的人：陶行知、叶圣陶、夏丏尊、梁启超、蔡元培……他们所代表的高度常常让我惊讶，这是一种与外来的复杂“理论”完全不同的深度，它根植于我们民族的传统之中，蕴涵着一个民族教育的智慧和基因。

时至今日，尽管这些大师们留下的只是隐隐约约的背影，但仍然是我们追赶的方向。在和他们一次次的相遇中，我总能更加清晰地看到语文教育突破其瓶颈的力量所在。即使“虽不能之”，但“心向往之”。

2010年7月

幸福为师

我一直有这样一个观点：一个语文老师的优秀，不仅在于教给了学生多少知识，更在于语文兴趣的激发，在于对学生善良、美好、人性的唤醒和对生命的引领，在于对学生进行了多少热爱中华文化、传承中华文化的思想渗透。

语文教学的主阵地是课堂，以诗意和激情去唤醒，以学识和人格去引领，打造魅力语文一直是我的追求。此外，我还借助学法指导和活动寄言两个渠道渗透学科思想。

第一个渠道是学法指导。在每届学生的语文学法指导讲座中，我一直强调这样一个理念：语文不仅是高考的纳税大户，更关乎一个人的生活质量、生命质量，因为语文会跟你一辈子。语文不仅有高考的语文，语文的语文，更有生活的语文。知识的语文是让你顺利地工作、交流；而诗意的、渗透文化的语文是用来滋润生命，涵养心灵的。《读书——语文学习的第一要务》《品品语文的味道》《为有源头活水来》《改善我们的学习》等讲座，都是根据不同年级学生的不同问题和特点，确定学法指导的主题，以增强指导的针对性。同时，通过学法指导对学生渗透热爱中华文化、传承中华文化的思想。

高一学生的语文学习面临的困惑主要是初高中知识的衔接。初中升入高中后，很多学生一时无法适应高中的学习。一方面源于认识——语文见效慢，不想花费气力。另一方面是学习方法不对，很多女学生还是停留在“一心一意”学课本的阶段。如何尽快完成初高中学习的衔接，如何适应高中语文学习，如何占领语文应有的阵地，是我们每一个语文老师的责任。虽然阵地不容易坚守，但为了学生的一生，为了让他们培养出最优秀的生命元素，我领着学生一起品尝语文的味道。

高二学生的语文学习又进入另一个困惑期。经过高一的语文学习，学生基本了解了高中语文的学习节奏与方法，也认识到了语文学习的重要性，但一部分学生在数理化的高强度挤压下，几乎放弃了阅读这项“弹性作业”，不舍得花时间读书。有些学生则过早地抱起了高考题，找老师要答题规范、答题技巧。个别理科学生甚至希望从语文老师这里找到一个万能公式，像学数学一样学语文。面对种种急功近利的行为，语文老师一定要把“读书”作为“语文学习的第一要务”来引导。不仅要提供书目，还要授予具体的读书方法。同时还要以自己的阅读量和信息量影响学生，唤醒他们踏实读书的内驱力。

高三学生的语文学习进入又一个瓶颈期，不仅要有方法引领，还要有心理指导。高三面临升学压力，学生对每次大考的考试成绩都特别关注。特别的关注就会产生特别的期待，特别的期待就会产生特别的心理感受。当同学拿到试卷看到成绩后，脸上、心里都会变得阴晴不定：欣欣然、悠悠然、悻悻然或愤愤然都是正常现象。有的甚至做好了与评卷老师“战斗”的准备：凭什么不得分？个别“文科瘸腿”学生甚至想战略放弃。此时，学生首先需要静下心来，分析试卷，反思自己的问题。大喜过望者是否有侥幸的因素？差强人意者是否知识上还存有漏洞？大失所望者是否源于心理上的不平静？如何面对成绩，正确的心态很重要：不为失分找理由，要为得分找方法。

第二个渠道是活动寄言。其实，很多大型活动、重要仪式都是对学生进行人生教育的最好契机，语文老师要有这样的语文敏感度，要善于抓住这样的机会。因为生活本身就是语文。

活动寄言也就是所谓的仪式教育。迎来新高一，我会在开学典礼上真诚地致辞欢迎。当看到台下一片闪闪发亮的眼睛时，我知道，这些新高一的孩子把老师的祝福和叮咛听进去了。我很多次跟随高三毕业班，都在他们成人仪式或毕业典礼上代表老师寄语。这些嘱托平时说给他们未见得会有什么触动，但是在他们的成人仪式上，当他们被神圣感、庄严感、使命感所包围的那一刻，当你捧着心对学生讲话时，他的心就会为你敞开。师长的字字句句，他都愿意铭刻在心。或许是老师语重心长的叮咛，唤醒了他们心头深深的爱意，唤醒了他们肩头重重的责任。2009 届高三毕业生成人仪式上的讲话，结尾处祝福语我用了当年西城和宣武区“一棵开花的树”和“太阳岛上”的模拟作文材料，台下的“成人们”会心微笑，掌声久久不息。仪式结束后，很多学生都要求我把稿子送他们一份，我答应了，通过学校印在了他们的复习宝典和毕业纪念册上。几年后回学校，他们依然常念起成人仪式上的嘱托。

作为一名语文老师，如果因为你的引领，唤起了更多学生对生活的热爱，对亲情的珍惜，对生命的珍视，对文化的尊重，对社会的关注，对自然的敬畏……那么，这个语文老师应该是幸福的。以下附上三篇高中语文学法指导和两篇活动寄言。三篇学法指导都渗透了“读书是语文学习的第一要务”这一教学理念，两篇活动寄言，则抒发了一个普通教师的语文情怀。

品品语文的味道

——高一语文学法指导

当一个陌生的面孔面对一个陌生的群体时，彼此内心都会有一种猜测和某种期待。台上的老师要对我说什么？开学半个学期了，作为一名高中语文老师，很想知道，你是否已经适应了高中生活？

这个问题不需要回答，可以认真拷问自己的内心。显然有很多同学对自己的现状不满意。初中语文成绩好，高中语文成绩也会很好吗？初中生语文成绩一般在120分左右，而到了高中，很多人很长一段时间要为了成绩及格而努力奋斗。初中语文与高中语文有哪些关系？高中语文到底高在哪儿呢？带着这个困惑，我们认真审视一下语文，品品语文的味道。

一、关于语文的思考

（一）语文是什么

2002年北京会考题要求以“我看语文学习”为题，写一篇作文。究竟语文是什么？很多同学狭隘地将语文理解为：语文就是拼音写字，就是组词造句，就是词语辨析，就是修改病句……就是练习册，就是考试卷。其实，这只是进行语文量化检测的一种手段，如果仅仅停留在这种浅层面的认识上，语文就会变得面色苍白，干瘦如柴，毫无情趣，了无生机；用北大教授温儒敏先生的话讲：它可能在某种程度上败坏了你的语文学习兴趣。真正的语文，是一种诗性的光辉，一种浪漫的情怀，更是一种崇高的灵魂；是一种灵性，一种尊重，一种人格，更是一种精神。真正走进语文王国的人会感到，语文亲切、和善、厚重、博大。在座的同学有很多成绩不突出，但很喜欢语文的人。

（二）如何看待语文学习

我认为：语文学习的目标第一为人生，第二才是为应试。语文不仅是中考高考的纳税大户，关乎成绩、前途命运，更是提升素质、滋养生命的学科。它能使我们自由地“判天地之美，析万物之理”，自如地“眉睫之前卷舒风云之色，吟咏之间吐纳珠玉之声”。它在交流的同时也传承着民族的文化和精神。语文学习与我们的生活密切相关，伴随我们成长。语文修养和能力不仅关乎你的生活、你的情趣，还关乎你的生命质量。

（三）语文水平的评价标准

语文水平的测定并不单单局限于分数。但分数至少可以表明你的学习态度和习惯。分数面前，有人欣欣然，有人愤愤然，还有一种人则是悻悻然（找不到自信了）。

提醒前两种学生注意：

1. 好读书但不重基础——成绩不会理想；眼高手低，内心不服气。

2. 只重基础但不好读书——将来你的成绩一定会不理想。

小学可以拿100分，初中上95分就很不容易，高中到85分就是难得的优秀。语文经过了我国几千年文化的积淀，它的广度是任何一门功课都不好比的，中考、高考又涉及了语文知识的方方面面，大到一篇作文，小到一个字音，没有一样可以轻忽，没有一样可以轻易掌握。提高成绩的正确的态度和方法就是课内打基础，课外下工夫。

尺度：衡量语文水平和能力无非就是三个字：字、词、句；

牢：语文基础掌握得牢，掌握得准；

厚：知识积淀和思想积淀厚（知识面宽）；

好：语言感觉准确，悟性好，运用语言的能力强。

达到此目标的唯一途径就是积累。一是积累知识和语料（知识包括字音、字形、词语、文学常识、文言实词、虚词等的识记理解，语料积累指积累语言素材），培养语言敏感。二是积累情感和思想，培养生活敏感。积累的两个重要途径一是书籍，一是生活。“读万卷书，行万里路”“读书破万卷，下笔如有神”“问渠哪得清如许，为有源头活水来”，这些格言警句都包含着这个道理。

那么，高中语文高在哪里？高中三年，我们在语文学习上应该做点什么呢？

思想水平上要有一个高度上的上升；语言表达上要有一个质的飞跃；知识积累上要有一个量的突破；思维深度上要有一个纵深的发展。在初中语文学习的基础上，语文素养有个全面的提高。

二、语文学习的方法

（一）坚持积累，广泛阅读

1. 阅读的意义

语文成绩的提高有赖于语文素养的增强，这是一个循序渐进、潜移默化的过程。语文学习最重要的内容是读书。其不变法则：“得法于课内，得益于课外”。学语文仅有课本是远远不够的，课内的名家名篇，可以说仅是同学们阅读的沧海一粟。著名语言学家吕叔湘曾经说过：“语文水平较好的学生，你要问他的经验，他们会异口同声地说得益于课外阅读。”阅读作用是巨大的！它能使你潜滋暗长许多方面的好素养，只不过暂时没有明显知觉罢了。要读社会，悟人生。其实有更多的东西是无需讲解的，多读多看自能领悟、自能通神、自能提高。阅读中有文化的沉淀，有思想的碰撞，有人格的升华，它能为你的语文学习打下坚实的基础。

2. 阅读的内容

课标规定：课外自读文学名著五部以上及其他读物，总量不少于150万字。读什么书？高品位的书。中华文化璀璨的宝库中的经典作品从久远的过去传送到今天，又要流传到久远的将来，这是怎样的精华！从我国的第一部诗歌总集、现实主义源头的《诗经》到浪漫主义的屈原的《楚辞》，唱过了先秦，唱过了两汉，唱到了魏晋的陶渊明。李白唱过，苏轼唱过，唱出了唐宋诗词的两座高峰，又唱到元明清，唱到五四的女神、冰心的纸船，唱到贺敬之、郭小川、北岛、舒婷……唱到余光中……诗经、楚辞、乐府民歌、汉魏古风、唐诗宋词、元明剧曲、明清小说……这是一座座怎样神奇瑰丽的宝库啊！面对如此灿烂的文化宝库，你舍得望其墙而不入其门吗？美文、时文也要选读一些。爱看、爱听什么，可能因人而异，喜欢杂志可选看《微型小说选刊》《杂文选刊》《读者》《读书》等。

3. 阅读的方法

古人说“不动笔墨不读书”是很有道理的，写作能加强记忆、整理思维、提高认识。阅读中可广泛摘抄词语、警句、俗语、名人名言、精彩语段，还可提炼情节梗概：做作品评析、鉴赏、读后感等。真正的写作不是被动地完成任务，而是主动地创作。贵在多练笔，常坚持，抒写自己的生活感悟和情怀。

把读书作为一种享受。从现在起，对一些名家名作进行有计划的阅读，不断扩展知识面。特别提醒：相对于一些学科的有卷可交、有分可改、有成绩可统计、有名次可排序的“硬性指令”作业，阅读最具“软性指令”，常被同学们认为是可多可少、可急可缓，甚至可有可无的；一旦同时有了“硬性”作业，语文阅读便“退居二线”或被束之高阁，朗读和背诵这些最基本的“语文作业”更是如此了（例略）。因而越是硬性作业多的环境，语文学科的长进就越显艰难。郑重地告诫：自己要当学习的主人去好好把握各门学科的齐头并进，愿大家不要做“欺软怕硬”的人！

（二）持之以恒，养成习惯

这一过程依赖良好的语文学习习惯。只要大家愿意拿出你们的兴趣和热情，以良好的学习方法为指导，持之以恒，就一定能够取得不错的成绩。

1. 养成书写规范的习惯。俗话说：字如其人。尤其是汉字，在它直观、形象、概括的线条背后，凝聚着深厚的文化内涵。首先“心正则笔正”，心无杂念是执笔写字的前提；其次，点画的横平竖直则反映我们在日常的学习生活中能否一如既往，持之以恒。中国字方方正正，不仅启示我们学习要严谨踏实，也是我们做人的标准。而在考卷上，规范端正的书写更给你带来直接的利益，是对自己最大的奖赏。

2. 养成朗读背诵的习惯。朗读背诵是我国传统的学习语文的重要方法，是积累语言、培养语感的重要途径。良好的语感是提高语言表达水平的必备条件，也是衡量一个人语言表达水平的重要标志。这里尤其要强调文言文的诵读。文言文学习中，背诵是积累知识的最有效的途径。滚瓜烂熟地记上40篇经典，文言文的任何考试你就都不怕了。

3. 养成观察思考的习惯。“世事洞明皆学问”。语文学习的外延和生活的外延相等。语文无处不在，看电视、读报纸、组织课外活动、打电话、发短信、人与人之间的交流，只要你留心，你就会体验到、学习到语文知识，培养语文素养。平时多观察，多思考，多动笔，培养自己的生活敏感。所谓“知多世事胸襟阔，阅尽人情眼界宽”。语文成绩的提高有赖于语文素养的增强，语言的敏感可以帮助我们理解，生活的敏感才能真正为我们的学习提供“源头活水”。

4. 养成使用工具书的习惯。工具书的种类很多，除了字典、辞典外，还包括文献资料、索引等供查考使用的图书。最常用的工具书为字典、词典、辞典。如《新华字典》《现代汉语词典》《古汉语常用字字典》《唐诗鉴赏辞典》《宋词鉴赏辞典》等。工具书不仅可以在碰到疑难问题时查阅，而且也可以作为一般书籍一页一页地读下去，同样会大有收益的。这是研究性学习的一个发端，是做学问的开始，其意义远远大于多认识几个字。

三、结束语

语文是一门滋养生命的学科，学好语文将使你终生受益。良好的学习习惯是你终身享用不尽的财富。让朗读背诵成为我们的必修课，让阅读积累成为自己的心灵鸡汤，让语文学习成为全面提高成绩、终身滋养生命的脑白金。亲近语文，享受语文，你会因为它的回眸而赢得一生的灿烂。

2007 年 11 月

为有源头活水来

——高二语文学法指导

首先祝贺在期中考试中所有进步的班级和同学，尤其祝贺在本次考试中文理全面丰收的同学，最最祝贺以理科见长文科取得长足进步的同学。因为他们在高二阶段就清楚地意识到了语文学习的重要性，就在努力增长自己的短板，不至于像现在高三尖子班里一些数理化极具优势，语文底子“一穷二白”的瘸腿同学，眼巴巴地排在班级队伍的后面望洋兴叹。

以往有两种错误的认识导致同学对语文学习不重视：一是认为语文拉不开分，二是觉得见效慢，学不学都一样。在这里我先纠正这两种认识。第一，功利一点讲，真正理科成绩好的同学最后过招的就是语文，高考比语文才有价值——30—40 分之差。第二，语文学习自身的特点使它具有一定的生长期。你可能学了一段不见效果，但当你坚持不懈地累积，有一天你会突然觉得产生了一个飞跃——厚积薄发。抱着无所谓的态度去学语文，高三就只有徒伤悲的份了。如何才能缩短语文学习的生长期呢？今天重点谈谈语文学习的第一要务——读书。

一、读书的意义——为什么

语文最重要的作业是阅读和记诵。俞敏洪在北大2008年开学典礼上的发言中讲了这样一个故事：我进北大走进宿舍后，有个同学已经在宿舍。他躺在床上看一本书，叫做《第三帝国的兴亡》。我问他："在大学还要读这种书吗?"他把书从眼睛上移开，看了我一眼，没理我，继续读他的书。这一眼一直留在我心中。我知道进了北大不仅仅是来学专业的，还要读大量的书，你才能够有资格把自己叫做北大的学生。（掌声）所以我在北大读的第一本书就是《第三帝国的兴亡》，而且读了三遍。后来我就去找这个同学，我说："咱们聊聊《第三帝国的兴亡》。"他说："我已经忘了。"（笑声）很真实，也很耐人寻味。

学语文仅有课本是远远不够的，要读社会，悟人生。其实有更多的东西是无需讲解的，多读多看自能领悟、自能通神、自能提高。你放弃了阅读，也就放弃了语文。阅读，是语文学习的源头活水，语文知识大多是从阅读中获得的，没了阅读，你的语文就成了一潭死水，而且是一潭会随着时间的推移日渐减少变质的死水，那结果一定是语文学习的失败，你的语文最终成了你前进路上的绊脚石。

二、阅读的内容——读什么书

徐鲁《重返经典阅读之乡》（上海教育出版社）有这样一段话：

声讯时代，大多数人追求的是流行阅读，快餐阅读。这些阅读使我们获得的是感官上的轻松，表面上的享乐，而不可能进入大脑，沉淀于心。有许多人看到了，流行阅读只能使人们获得"生命中不能承受之轻"……唯一的抵抗方式：应该重返经典阅读之乡，应该"重读经典"。有一个例子很能说明问题。俄罗斯一直是充满书香的国度。据说不同的时代里（即使是战争期间），人们从未放弃经典阅读。甚至集体农庄的农妇，都可以为你背上一段普希金的诗或契诃夫的剧本台词。国民素质一直很高。然而在进入后工业文明时代后，良好的阅读传统在俄罗斯却渐渐消失了。流行阅读代替了经典阅读。结果是，人们的精神状态日渐委靡，社会风气急剧败坏，到最后，整个国家也解体了。有识之士总结说，毫无办法，这是必然的结果，意料之中的事。因为，老一辈俄罗斯人都是读着普希金、屠格涅夫、果戈理、陀思妥耶夫斯基和列夫·托尔斯泰所提供的精神养料成长起来的，他们的心灵坚强、宏大、高尚，而现在的一代人，不读这些作家的作品了，没有这样的精神养料了，所以也就有了这样的结果。他们最后得出的结论是：什么样的社会，产生什么样的畅销书；反过来看，什么样的畅销书，什么样的阅读，也产生什么样的社会。

苏联的这个教训是应当记取的，流行阅读所提供给人的东西，哪能和普希金、果戈理等所提供的精神养料相比呢？那是一种天壤之别！

美国人是聪明的，有一份资料显示美国教育机构仅为高中学生求学期间列出的必读的经典书就有20部之多。我们不妨看一下这一书目：莎士比亚的《哈姆雷特》、弥尔顿的《失乐园》、柏拉图的《理想国》、简·奥斯汀的《傲慢与偏见》、马克思和恩格斯的《共产党宣言》、陀思妥耶夫斯基的《罪与罚》、托尔斯泰的《战争与和平》、马克·吐温的《哈克贝利·费恩历险记》、惠特曼的《草叶集》、爱默生的《演讲集》等，这是美国高中在校生的必读书目，而且教育部门规定，这些书目“数十年不变，且要参加相关内容的考试”。美国为什么这样搞？当然意在培养新一代人的思想和文学艺术素养。

急功近利的浮躁世风，在阅读中表现为盲目趋时，猎奇求异，它只能得到一种短暂的心理满足，而不能作用于心灵世界，服务于人格的培养。因此，我们必须重返经典，借此改造贫乏与平庸，远离虚无和轻浮，创新自我与世界。

三、阅读的方法——怎么读

1. 文言文记诵。心理学上认为一般巩固记忆需要7遍。如果我们只是背到临界点，40%的内容会被遗忘。所以，教材指定的背诵任务要从整体上不折不扣地完成。“整体”指背诵范围上不存侥幸心理，不偷工减料；“不折不扣”指背诵要到位、准确无误。

2. 课外读写结合。古人说“不动笔墨不读书”是很有道理的，写作能加强记忆、整理思维、提高认识。阅读中可广泛摘抄词语、警句、俗语、名人名言、精彩语段，还可提炼情节梗概：做作品评析、鉴赏、读后感等。真正的写作不是被动地完成任务，而是主动地创作。贵在多练笔，常坚持，抒写自己的生活感悟和情怀——读写结合。

语文学习的要义在于勤奋和坚持。在于主动和乐知。虽然学习方法因人而异，但我认为，对任何人都适用的一点就是广泛地涉猎，艰辛地付出，不断地取人之长、补己之短。只有掌握牢固的基础知识，多阅读，多写作，才会形成良好的知识积累和文化积淀，也唯有如此，才会产生良好的语言感觉。只有源源不断地吸收活水，你的知识库存的泉底才能清澈宜人。

从书单看，美文、时文、经典作品（推荐书目略），阅读的内容是丰富多彩的。可以是自然科学的，也可以是社会科学的；可以是中国的，也可以是外国的；可以是现代的，也可以是古代的。读书可以打破时空的界限，克服个人生命有限的范围，可以与伟人、大师、巨匠对话、交流，可以触摸集中了大智大勇的高贵的头颅，可以领略融会了大喜大悲大悯大恨的博大情怀。

只有这种在范围上超越了时间与空间界限的阅读，才能使你拥有打开语文学习大门的金钥匙。

结束语：读书是语文学习的第一要务。读书能使你发现美、欣赏美、升华美，使你的品位、修养、境界得到提高，使你终生受益。请把眼光放得远一些，把目标定得高一些，把步子放得大一些，把行动落得实一些。付出精力，付出汗水，付出时间。让读书成为一种生活常态，成为滋养生命的源头活水。

2008 年 11 月

改善我们的学习

——高三第一阶段的学法指导

从第一次高三启动会到期中总结两个多月的时间里，同学们从心态及行动上都作了调整，多数同学很快进入了高三状态，从上课听讲到课下问疑，从主动求知到认真做题，都表现出高涨的学习热情。更为可喜的是越来越多的同学逐渐纠正了语文拉分不大、提高不快的错误认识，越来越清醒地意识到了语文学习的重要，开始伏下身来认真学习语文了。很多同学在这次考试中有了明显的进步。通过成绩可以看到自己的优势和不足。

一、期中成绩分析

下面两个图示直观地反映了本次考试的得分情况。(略)

优势：识记能力（字音字形、文常、背诵默写）。

诊断：多数同学目标明确，态度端正。只要做起来，我们就能拿分。

劣势：阅读理解、应用创新能力（近义词、文言实词 、小阅读、语用、写作）。

诊断：知识、认识积淀薄，思维训练不够。

结论：知识、能力亟待积累和提高；学习态度、方法有待进一步改善。

高三启动会上，老师们已经就明确目标、制订计划、端正态度等方面进行了动员和指导，在此仅就语文学科本身的规律谈一点复习建议和对策。

二、应对策略：改善我们的学习——掌握语文学习的规律与方法

(一) 积累知识 ——付出时间

语文经过了我国几千年文化的积淀，它的广是任何一门功课都比不上的，语文的高考又涉及了语文知识的方方面面，大到一篇作文，小到一个字音，没有一样可以轻忽，没有一样可以轻易掌握，都需要下大工夫，这就要求我们在高三的语文学习中尤其要注意平时的点滴积累。这积累的内容可分两个方面。

1. 基础知识的积累——增强语文敏感。在高三阶段，需准备好一本基础知识的摘录本。在平时做练习时，或在听老师讲课时，一遇到自己不曾掌握的语音、词语、成语、近义词区别法、病句识别法等都随时记录，且时常翻阅，熟记于心，这方法如能坚持半年，定能提高高考中选择题的得分。强调背诵要不折不扣地完成。

2. 写作材料的积累 ——增强生活敏感。高考作文在高考中占60分，是所有功课中的所有题目里占分最多的一道题。我们对这道题绝不能顺其自然、听天由命，一定要积极采取主动，平时做个有心人。2002年北京文科状元史小楠这样谈自己的学习感悟：

"我觉得语文的基础知识很重要。在作文方面，主要是积累素材，只要有素材以后，不管是什么题目，什么文体，都能找到相应的材料作为论据。高考之前，头脑中至少要有50个例子，这些例子就是平时看一些杂志，像《读者》《青年文摘》，或者读一些小说、散文的时候，有意识地记录下的一些例子，像一些有寓意的好的小故事，都可以记下来，然后自己用少于50字的语言，把它总结一下，记在脑子里。这样到高考时，脑子里就至少有50个例子。像我考作文的时候，就用上了我以前准备的两个例子，像我们好多同学都用上了准备的例子，都说这方法挺管用的。"

3. 坚持阅读 ——保证积累渠道的畅通。《阅读学原理》上就说过："通过阅读，读者的知识经验扩充了，这是自我在量度上的增加；读者的观点认识改变了，这是自我在本质上的提高；读者的思想情感升华了，这是自我在价值上的飞跃；读者的方法技术迁移了，这是自我在能力上的练达。"可见，阅读作用是巨大的！通过阅读，你潜滋暗长了许多方面的好素养，不过暂时没有明显知觉罢了。语文最重要的作业是阅读（和记诵）。抛开语文学科提升气质滋养生命的长远利益不说，就当下看它是纳税大户。在高三阶段，万不可以学习紧张为理由而放弃阅读。你放弃了阅读，也就放弃了语文。没了阅读，你的语文就成了一潭死水，而且是一潭会随着时间的推移日渐减少变质的死水，那结果一定是语文学习的失败，你的语文最终成了你前进路上的绊脚石。

（二）精练试题——付出精力

以前曾有杂志登了这样一则信息，说某位权威人士拿语文高考试卷在四类人中同时进行了测试，这四类人是：杂志编辑、主攻中文的大学教授、高二语文老师、高三学生。结果让人大跌眼镜，成绩最好的是高三学生。难道真的是大学教授、杂志编辑的实际语文水平比不上高三学生？我想未必。其主要原因是高三学生正经历着题海战术，熟能生巧了，而编辑和教授们没有练过。由此，我们可以知道，题海战术这方法虽有点土，却是不得不用的。否则，即使你有很高的语文水平也未必考得好。

1. 保持乐知心态。以阅读科技说明文为例。首先，要有良好的阅读心理，去除厌烦情绪。一方面，作为高中生，本身对科学技术就充满热情，阅读科技文之前，就要先激活这些热情："这是谈基因工程生命科学的，这是关于研究神秘宇宙空间的，我得好好看看。"这种自我心理暗示会很快调动你的求知欲望，排除掉因说明文的枯燥而产生的厌烦情绪。另一方面，对待科技文阅读题时，不要总强化"题"的意识，而要强化这是知识，本着吸收知识、扩大视野的心态去读科技文，也更易除去厌烦情绪。其次，逐段分析批注，不急于求成，以理清文意为本，是解除对科技文畏难思想的关键。由于我们对科技文的一些概念、道理往往都极其陌生。前后匆匆读了一遍，脑子里形不成印象。这当然就谈不上如何准确地解答后面的试题了。再次，不要拿着后面的试题直接到文中找答案，这样即使对了，对文章的整体意思也不会理解深入。不理解整体意思，就无法解决后面对文章整体意思进行考查的试题，造成时间上的得不偿失。最后，做科技文试题时，尤其不宜用自己已有的知识来判断某一说法的正误，必须严格推敲文章，如果文章中根本就没有提到，你就不宜去多考虑。

2. 懂得求同思维。我们都知道，语文是一门模糊性的艺术，它不是那么明晰和唯一。经历过语文题海战术的人都感觉到，有很多选择题的答案往往不是唯一选，而是最佳选。何谓最佳？我们暂且不要去探讨语文考试是否适合用选择题这一形式。作为老师和学生，我们要考虑的是如何去适应这一题型。我们能做的是求同思维，是尽可能地揣摩出题者的意图。分析题目时，不要为自己已被判为错误的答案找理由，因为你成心要找，在这样一门模糊性知识的学科中是一定可以找到的，但这样的找到不但不能给你带来收获，也许会让你损失更大，你离出题者的思路会越来越远。你要思考的是为什么这一答案会是标准答案，它是怎么得出的。只有顺着它去思维，你才能越来越靠近出题者的思维方式，才有利于你的高考。

3. 养成反思习惯。练也不是盲目地大量地练。每个同学要根据自己的情况，适当多练练自己的薄弱环节，已经掌握的就不必一而再、再而三地重复了。不贪多求大，匆匆忙忙地赶进度只能是消化不良。因为我们还没有进入高三最后的冲刺。高三第一学期的语文知识增长还处于积累阶段。所以要用好每一套试题。如果仅仅满足于做题，最后的总成绩很难提高。必须有反思、有消化，就阅读来讲，要学会通过揣摩答案调整自己的答题思路。

（三）提升听课效率——付出感情

每一节课，每一科老师都在争分夺秒。或讲知识、讲方法、讲思路、讲技巧，每一节课都有明确的教学目标，每张卷子都有明确的测试任务，每一篇阅读都有独到的思维训练，每一篇作文的布置都有特别的目标指向。但归根结底，只有你自己行动起来，主动思考，用心揣摩才能消化吸收。所以，特别提倡用心听课。每一节课、每一份试卷、每一篇作文都要让自己有收获。不是即时和瞬间的收获，而是真正融化为自己的能力。听课效率直接影响你的成绩。搞副业的做法绝对得不偿失（牢固度、深刻度、理解度均受影响）。

无论你在外面上了多少补习班，听了多少名师的课，你必须信服本班的任课老师。很多的例子表明，如果对老师产生信任危机，会直接影响你的语文成绩。

知识的掌握到底有无捷径？我认为一切的方法都是建立在付出的基础上，真正让知识成为自己的唯一有效的方法是付出：付出时间，付出精力，付出汗水。

三、保健处方——砥砺志行

1. 同学宣言——座右铭

高三承上启下，连接着高中和大学；高三满怀希望，光明的未来似乎触手可及；高三也沉重压抑，作业和大考小考多得难以统计。在这变幻莫测的一年，大家在班里和年级里的排名也在不断地变化。成绩差一些的同学，只要你在这一年里把握住所有学习的时间和机会，很有可能上升到前列，而成绩好的同学，如果你掉以轻心，也有落马的可能。所以对待考试的正确态度不是沾沾自喜，不是漫不经心，更不是灰心丧气、自暴自弃，而是百折不挠、再接再厉、坚持到底。

面对高三，我们应该高兴，这是一个挑战，更是一个机会。我们应该积极地响应高三的生活，即使它真的很苦，很让你疲惫，但这种付出是值得的。高三是我们为了自己的理想、为了自己的未来最好也是最有效的拼搏时间，这时应该说是最能把握自己命运的时候。其实人的一生没有多少机会是能够完全把握自己的命运的，这是没有任何外界干扰的单纯时刻，任何事情在这个时候都远远不如高考重要，我们心里要是明白而且坚守这个信念，我们就能自觉地努力。本次考试有一个题目是写一则砥砺心志的座右铭。有两位同学是这样写的：

座右铭：胸中自有青山在，流水落花何须惜。

我的性格有时缺少定力，常会为了不相干的琐事而不专注于自己的追求。立此座右铭是说要坚持心中的信念和抱负，漠视虽好看却短暂的时景。（冯腾）

座右铭：不以自己的潜力为荣，因为有潜力就意味着没实力。

我的缺点之一是理想主义，计划执行力低，总是以为自己可以做到而不去做。立此座右铭用以激励我把潜力变为实力，积极向上，活在当下。（赵可）

如果我们的生命不为自己留下一些让自己热泪盈眶的日子，你的生命就是白过的。（俞敏洪在北大2008年开学典礼上的发言）

2. 教师寄语

其实，自己的未来、父母亲的期待、社会的接纳程度就某种程度而言是一致的。高三生活尤其是高考是我们人生中的一次重要经历，我们在获得知识和思维能力的同时，也获得了抗挫抗骄抗忧的心理品质。我们从中可以得到远远超出分数本身的东西。这份经历将成为我们享用一生的财富。

期中考试的作文题是一则花与果的对话。花的美丽到果的芳香是一段生命历程。高三的我们正处在如花的青春阶段，希望每个同学都能经过能量的积蓄与高考的磨砺打造出饱满与充实的果实，打造生命的精彩。拥抱高三，预约辉煌！

致共和国年轻的公民

——写在高三成人仪式

年轻的女士们、先生们：

慢慢习惯这种称呼吧，我亲爱的同学们！

今天是你们的成人仪式。在这隆重的庆典上，在这人生庄严的历史时刻，我以特别的称呼代表所有的老师真诚而郑重地祝贺你们成人。每一个守望十八岁梦想的孩子，属于你们的季节真真切切地到来了。衷心地祝福你们！

此刻，作为老师，作为朋友，我幸福而激动，因为分享了你们成人时刻的喜悦，因为见证了你们的成长历程。

清晰地记得：入学军训营地，那稚气却挺拔的军姿；古诗朗诵会上，那深情而铿锵的吟唱；学校艺术节上，那翩飞飘转的彩裙；学期表彰会上，那喜悦而兴奋的面庞……岁月记录了你们的朝气与活力，也见证了你们的进步与成长。今天，站在十八岁的门槛上，我想知道，你们是否做好了成人的准备？

成人了，意味着从容。迈上成人路的第一站便是高考，全力以赴，从容应对。完成能量释放前的最后裂变，呈现化茧成蝶后的最终绚烂。不仅是得到踏入现代社会门槛的凭证，更为收获一份经历和从容。今后的生活中难免会有不如意，甚至是你认为的不公平，无论是事业还是情感。但是，请不要一味地挑剔抱怨。任何情况下，都不可以对人生失望，更不可以自我放弃。

请永远记住：人生没有过不去的坎儿，自己不倒，没人能把你打倒；自己不输，没人能把你战胜！

成人了，意味着担当。练就一副坚实的臂膀，做一个独立的、不依附他人的人。通过自己的努力立足于社会，这虽然辛苦却最终会带给你心灵的安适。只要你用心去努力，用良知去做人，用全身心去奋斗，这个世界就是你的。古人说：见不尽者，天下之事；读不尽者，天下之书；参不尽者，天下之理。愿你们用心阅世、读书、参理，担当成年人的责任，担当起历史赋予你的使命。以信心对自己，以诚心对他人，以恒心对事业，以热心对社会。

成人了，意味着懂爱。十八年来，家长的呵护，老师的教导，天地灵秀的滋润，日月光华的照耀……每一个十八岁的故事里都盛满了浓浓的爱。在今后的日子里，别忘了把你的爱也回赠给他人。无论你成就于国内还是海外，别忘了养育你的父母、培养你的母校；别忘了你的根在华夏，你的魂在中国。爱亲人，爱朋友，爱同胞，爱我们的祖国。其实，这并不是一个要求，而是一种特别的祝福。因为只有这里才是你情感真正的归宿；只有他们才能真正分担你的痛苦，分享你的成功。

同学们，我的青年朋友们，在十八岁的春天里播下希望的种子，从今天出发、从八一出发吧，踏上师长们用期待和祝福铺就的路径，奔向你心中的太阳岛，去写自己的故事，去绽放那一树树灿烂的花。

愿成功与幸福永远与你们相伴！

谢谢大家！

2009 年 4 月 29 日

为了更高的飞翔

——写给新高一的同学

亲爱的高一新同学：

你们好！

首先祝贺你以优异的成绩考入八一中学！我代表学校的全体老师真诚地说一声：欢迎你！欢迎你们来到八一这所历史悠久而又充满活力的学校，来到这片成就梦想、培育英才的沃土。未来的三年里，我和在座的老师将幸福地伴陪你走过人生中最美好的青春时光，成为你高中生活的同行者和见证人。

走进八一中学高中部，你的内心一定有几分新鲜，几分不安，或许是几分兴奋，几分骄傲。校长在致辞中已向大家讲了八一的历史与今天，表达了学校对你们衷心的祝福和期盼。但我们知道，你，才是自己高中生活真正的建设者。为了让你尽快适应高中的学习生活，让属于自己的每一天都过得充实、幸福、快乐。老师们再给你几点建议：

第一，要学会主动学习。哈佛大学前荣誉校长陆登庭教授说过：一流的学生仅有知识是不够的，重要的是看他是否有探索未知的好奇心。其实，这种好奇和探索就是一种主动学习的表现。高中学习的重要目标：一是善己之德，全面提高自己的品德和修养，一是修己之才，升入理想的高校继续深造。课改后的高中课程，为你提供了更广阔的学习空间；新课标下的高考方向，从学科知识扩展到了社会生活。这就需要你不仅要有知识，更要会思考；不仅要耳闻读书声，还要关心家国事；不仅要积累知识，还要积淀思想、积淀文化；把学习的视野放宽，让自己成为一个善学习、会思考、有情味、能辨识的人。

第二，要学会自我管理。迈进高中的门槛，意味着你开始了新的青春之旅，你要向自己天真的少年时代作别，要向过去的所有成绩挥手再见！无论你对曾经的自己是否满意，一切都已成为过去时。不要因升学顺利而沾沾自喜，更不必为中考失利而自怨自艾。人生的路很漫长，高高低低，甚至弯弯曲曲都是常有的事，要大气一些、宽广一些、豁达一些。不仅要学会管理自己的时间和行为，更要学会管理自己的情绪；不仅要关心自己的学业，更要关心自己的精神成长。在青春的旅途上，成长往往比成功更重要。用乐观、善良、阳光、向上涂写你心灵的底色，让自己成为一个精神明亮的人。

第三，要学会在集体中快乐地生活。汪国真有首诗《青春让我们相逢》：“总铭记青春时光，更难忘绿意同窗，相逢是笑，相逢是妙。”的确，集体生活是每个人不可缺少的生活经历，是一个人未来社会角色和公共形象的实习定位。有句话说得好：与谁同行，比去往哪里更重要。在座的400多名同学来自50多所学校，不同的学校会有不同的文化，不同的文化环境会使大家在入学之初呈现不同的个性或习惯。要形成新的集体，你要学会包容，学会谦让，学会合作，学会欣赏他人。只有每个人用真心、用爱意去建设新集体，你才能感受优秀集体的温暖，才能享受共同成长的快乐。

亲爱的同学们，八一中学独特的红色文化和开拓无前的精神气质培养激励了一代又一代人，在今后的学习中，这种特有的精神气质，也会成为你精神气质的一部分。希望你们志存高远，珍惜时光，执著进取，追求梦想，为八一增添新的荣耀，也为自己写下青春的精彩！

最后，向精心培育你成长，并将和高中老师们携手前行、一起为实现你的梦想而努力的家长朋友真诚地致敬、致谢！

谢谢大家！

2011年8月14日

真诚为伴

记不清谁说过这句话：一个人能走得很快，但一群人才能走得很远。对此我深信不疑。

作为语文教研组组长，我很庆幸自己拥有一个和谐向上的语文团队。年轻人有进取心、中年人有责任感、老教师有宽厚的心胸。语文组老师共同的追求就是：书要读厚，功要练实，讲台要站稳。不少老师开玩笑称我是语文组的“班主任”“家长”，我虽然笑着不肯承认，但我确实把语文组当成自己的家来爱、来经营。真诚尽力地帮助每一位老师已经成为我的一种习惯；听试讲，改教案，修说课稿、发言稿、讲话稿已经成为我工作的一部分。语文组像一个温暖的大家庭，老师们和谐友爱，互敬互助。哪位结婚、生子、退休、调动、生病、遇坎……组里都会及时送上温暖。家园认同意识是团队共同成长的基础。

培养年轻教师，一直是教研组建设的一个重要课题。曾分析过当今青年教师队伍有三个特点。一是起点高。基本都是研究生以上学历。在高校掌握的知识仍清晰地留在记忆里，知识新，功底厚，有丰厚的理论知识，比前些年本科生在知识功底上要高出一个层面。二是平台好。北京海淀不仅是全国的先进教育大区，更是滋润教师成长的一片人文沃土，从市区里到学校，从进修培训到基本功比赛，各级领导对青年教师的成长给予了很多的关注，也为青年教师的起飞搭建了很好的平台，青年人获得更多的成长机会。三是对手强。俗话说，有对手才能更快的进步。毕业时，年轻人知识结构相似，专业功底相当。但不同的压力决定不同的成长速度，要走上更高的讲台、舞台，要和各路高手过招，几年后心里是不是还有底气？基于这些特点，我们培养青年教师主要有两个渠道：一是借助课堂，通过教研论坛，听评课交流提升教学基本功；二是借助课题研究和课程建设，打造青年教师队伍。

新课程实施以来，我和我的高中语文团队先后参加了教育部、中语会、北京市教育学会、海淀区等多项课题研究，其中，在校本课程的建设方面取得了可喜的成绩。基于学生需要、教师特点和学校特色，我们开发了《来自孔子的智慧》《走进红色经典》《话剧的欣赏和表演》《唐宋词十八讲》《美丽汉字》《走近〈红楼梦〉》《网络散文漫步》《〈古文观止〉选读》等9门校本课程，以语文学科课程建设推动了整个学校校本课程建设的步伐。2009 年 8 月，我在太原市人教社举行的年会“教研组长论坛”上，作了《牵手新课程，我们同行》的大会发言。同年 11 月，在“北京市基础教育课程教材改革实验工作总结会”上，也作了《关于校本课程建设的实践和思考》的同主题交流。

此外，组织主题论坛，通过研究课、开放课，组织不同规模的听评课交流，也是提升团队专业水平的有效渠道。多年的教学实践，使我深切地感受到：评课过程既是一个鉴赏过程，也是一个学习和提高的过程。我的课堂随时对全组老师开放，我也时常走进年轻老师的课堂，感受他们的课堂活力和激情。近年来，除校内的课堂点评之外，还有不少市区级规模的课例点评。场合不同，人群不同，对象不同，自然在评课过程中要有一点顾忌，尤其是对刚参加工作的年轻人，更要讲究一点艺术。但只要是负责任的、中肯的课例评点对授课人和评课人都是一种专业水平的促进和提升。

附上一篇关于校本课程的发言，文中记下了我和语文团队共同成长的足迹；另有三篇课例点评，从中可以看到我和我的队友同行的身影。其中，徐德琳老师执教的《采薇》、王来宁老师执教的《蜀相》是 2008 年 10 月“祥云行动”北京市校长高研班走进八一中学的语文开放课。向玉艳老师执教的《汉家寨》是 2011 年海淀区百节录像课的内容。

牵手新课程，我们同行

——在“北京市基础教育课程教材改革实验工作总结会”上的发言

各位领导、各位老师：

大家好！

今天我发言的题目是《牵手新课程，我们同行——高中语文校本课程建设的实践和思考》。作为新一轮基础教育课程改革的重要内容，校本课程是国家课程的拓展延伸和有效补充。而如何开发语文校本课程不仅是个理论问题，更是一个实践问题。近两年来，我们学校和其他兄弟学校一样，根据新课程背景下的教学要求，针对队伍实际，在校本课程建设中做了一些有益的尝试和探索。借今天的机会，将我们高中语文组校本课程开发和实施中的一些做法和思路，与在座的同行交流分享，共同探讨，以引发我们对校本课程建设更深入的思考。主要包括思想动员篇、申报整合篇、实施完善篇、国家课程校本化、总结反思五个方面的内容。

一、明确课程意义，唤起行为意愿

2007 年，北京市高中全面进入新课程，“三级课程”的实施意味着原来属于国家的课程开发权力，部分下放给了学校。这对每所学校、每一位老师既是一个机遇更是一种挑战。因为课程的开发和教材的编写是一项非常辛苦、非常历练人的工程。对老师的知识结构、创新能力、思维水平、语言表达及意志品质都是一种严峻的考验。同时它更是学校发展、教师成长的一个重要契机。

如何抓住这个契机？如何激活本组老师对课程建设的内驱力？语文作为母语教育课程，它的外延与生活的外延相等，语文学科内容的丰富性和综合性决定了其课程资源开发的宽广空间。古语云："工欲善其事，必先利其器。"利器的关键便是从思想认识入手。在北京市和海淀区统一培训的基础上，学校召开了领导干部、教研组长、骨干教师的三级动员会，并建立了相应的奖励机制，调动老师的积极性、创造性。在学校课程小组的统一领导下，高中语文组成立了由教研组长、备课组长和骨干教师组成的六人课程开发小组，进一步研读课标，明确了开发校本课程的重要意义，明白了新课程背景下自己的角色，意识到课程建设给每个人带来的机遇和挑战，从而唤起老师们自身的行为意愿。

同时，我们有针对性地开展问卷调查。主要涉及以下几个问题：

①你的学历、专长或研究方向？

②以往你开过哪些选修课？对开设校本课程你有怎样的认识和打算？

③目前你可胜任选修课中的哪些课程？如有机会进修培训，你准备主攻哪些课程？

问卷调查意在达到两个目的：一是让老师对自己的知识结构有一个重新的审视和反思，二是了解教师的专长特点和行为意愿，使我们在布置课程开发任务时能心中有数，眼中有人。

二、申报整合课程，凸显学科思想

经过充分的酝酿准备，语文组的老师上报了20门课程，丰富多彩，面宽线长。内容涉及思想文化、文学鉴赏、影视表演、语言文字及相邻学科五大类别。考虑到老师们教学任务繁重，精力经验有限，我们在学生问卷调查的基础上，以最大限度地满足学生学习需要为前提，确定了高中语文校本课程的整合原则：坚持课程标准，凸显学科思想。以经典文选为资源，以儒家思想为主骨，以学校特色为指向，以教师专业发展为依托，以学生终身发展为目标。凸显了五个关注：

1. 关注课程本身的学科价值；

2. 关注申报教师的专业和专长；（18位教师中有7名硕士，2名在读研究生。他们分别在古典文学、当代文学、教育学、古汉语、话剧等方面学有所长，甚至有专门的研究和著述，自然成为校本课程开发的种子选手）

3. 关注学生喜欢的成型选修课；

4. 关注学校的传统和文化特色；

5. 关注学科内在的系统和逻辑。（校本课程的灵活绝不是乱开乱采，既要凸显特色，又要避免交叉，个体课程服从整体规划）

经过反复的讨论和论证，从20门中筛选整合出了7门课程。在凸显五个关注的前提下，在人员分配上兼顾人人有课题，个个展才华。因为校本建设也是打造教师队伍的重要途径，“一花独放不是春，百花盛开春满园”。同时，课程的整体规划比较清晰地显示了语文学科的系统性：语言文学兼顾，小说戏剧兼顾，中外古今兼顾，师资专长和学生兴趣兼顾。

三、实施评价反馈，完善课程构建

教材的开发并不意味着课程建设的完成。正如古诗所讲：“纸上得来终觉浅，绝知此事要躬行。”高一必修阶段，我们主要开设自编校本课程。在学校统一规定的时间内，首先教师网上挂出相关课程的内容介绍，之后是学生根据自己的兴趣爱好在指定时间统一选课，最后是在每周四上午第四、五节（校本课程统一授课时间），学生根据自己所选的课程走班上课。去年高中语文组从已整合的7门校本课程中分学段推出了4门课程：《来自孔子的智慧》《美丽汉字》《唐宋词十八讲》《话剧的欣赏和表演》。在具体的实施过程中，我们遵循这样几个原则：课程安排上，配合必修，内容适应学生心理及知识水平；师资配备上，兼顾全局，任课教师灵活调整；教法选用上，科学与趣味兼顾，预设与生成相融；评价体系上，教师与同伴结合，过程与结果并重。（多数课程采用的综合评价方式是：出勤+课堂表现+平时作业（10%）+结业笔试(70%)。其中课堂评价和作业评价采用自评、他评相结合的方式，力求客观、准确、真实。）

为使校本课程建设逐步走向科学，我们一方面不断完善已有课程，每学段结课后教师要根据学生周记和教务处问卷调查的反馈信息，对课程做适当的修订（学校在每门课程结束时都有一张问卷调查表，让学生对课程设计及任课老师进行全面评价）；另一方面在整体规划的基础上，有计划地开发和推出新课程。今年在高一推出的4门课，除《走近〈红楼梦〉》是已有课程外，《中国古代文化》《走进红色经典》《大话广告》分别是立足学校、学科和生活三个方面新开发的课程资源。从学生反馈的信息看，两年来推出的8门校本课程都收到了很好的效果。非常满意和满意的人数均在90%以上。其中《来自孔子的智慧》《话剧的欣赏和表演》《大话广告》《走进红色经典》《中国古代文化》5门课程的学生满意度达到100%。这在很多环节上为高二阶段国家课程校本化提供了借鉴。

四、选用国家课程，立足学生需要

所谓“国家课程校本化”是指在坚持国家课程标准前提下，学校根据自身性质、特点和条件，将国家层面上规划和设计的课程实践转变为适合本校学生学习需求的实践。进入高二年级选修阶段以来，我们对“国家课程校本化”做了初步尝试。因为国家课程凝聚着许多专家学者的智慧，是不可多得的教学资源。如人民教育出版社编写的五个系列的15门选修课程确实没有足够的课时开全。所谓“触目横斜千万朵，赏心只取两三枝”，我们只能割爱。在北京市规定的四本“必选”（《中国古代散文欣赏》《中国现代散文欣赏》《中国文化经典研读》《文章的写作与修改》）教材之外，我们立足学生特点，对人教社的15门语文选修教材进行了二次筛选，整合出适合八一学生学习需求和教师特点的课程内容。在学校统一安排的校本选修课授课时间（每周五上午第五节），分四个学段，先后推出了《中外传记作品选读》《先秦诸子散文选读》《中外戏剧名作选读》《外国小说欣赏》四门课程。每门整合出18讲内容，由二至三名教师共同承担。每节课有笔记，每堂课有活动，每次讨论有评价，每篇教材有学案，每个小节有作业。学生能够领略各个领域杰出人物的精神和气质，感受人类文化的博大精深，在文学鉴赏中培养审美情趣，在展示汇报、交流辨论中开阔文化视野。其中选修《先秦诸子散文选读》课程的学生满意度达100%。

五、反思不足，继续努力

一路走来，我们有成功的喜悦，也有失败的困惑。经验和困惑都引起我们反思，给了我们有益的启示。

1. 校本课程要彰显学校的文化特色。八一中学是一所在烽火摇篮中诞生的“红色学校”。开发《走进红色经典》是弘扬革命传统、建设“八一文化”的重要举措。这门课之所以得到学生的普遍认同，一方面由于所选内容都是文质兼美的优秀作品，集中反映了革命先烈的崇高品德、坚定的理想信念、可歌可泣的人生历程，更重要的是作为“红色学校”的学生，对红色有更深的情结与感悟。

2. 校本课程要凸显语文的学科特点。《来自孔子的智慧》《美丽汉字》《走近〈红楼梦〉》《唐宋词十八讲》等课程都承载着优秀文化的传承；凸显了语文的学科魅力和育人功能。对培养学生鉴赏能力、审美情趣有很好的引领和提升作用。

3. 校本课程要关注学生的兴趣爱好。像《话剧的欣赏与表演》这类融文学鉴赏与表演实践为一体的活动类型的课程，应该加大开发力度。我们正计划开发《中学生中走来的作家》这一校本课程，意在满足不同层次学生的个性发展的需要，激活学生文学创作的欲望和灵感。

4. 校本课程要挖掘周边的社会资源。或走出去培训学习，或请进来专家学者，开阔视野，进一步提升校本课程的品位和质量。本学期我们请到的北京师范大学文学院的教授（学生家长）在高一开设《中国古代文化》课，深受学生欢迎，语文组的老师也集体充电，受益匪浅。

在开发实施过程中存在的缺憾，这正是我们今后改进的方向。课程介绍不足、评价体系粗疏；教学模式有待进一步改善，国家课程校本化有待进一步探索。

通过课程建设，我们的收获也是沉甸甸的。学生在更广阔的生活空间中学语文、用语文，语文视野和学习渠道得以拓展。

从老师的层面看，老师转变了角色意识，优化了知识结构，提高了教学研究能力。更重要的是，在老师的通力合作中，我们还收获了信心和责任，收获了坦诚和友谊，收获了一个向上集体的团队精神和凝聚力。作为校本课程建设的最基层学科的引领者和实践者，我们深切意识到：校本课程的建设不仅有利于学校办学特色的形成和学生个性的发展，也是深化校本教研，促进教师专业水平提升的一个重要途径。要抓好校本课程，不仅需要具备专业的知识、清醒的头脑，更需要敢于创新的勇气。

新课程的路还很长，我们只是处于起步阶段。校本课程建设必须在反复的实践中不断地改进，才能逐步走向成熟和完善。屈原的名言：路漫漫其修远兮，吾将上下而求索。的确，前路漫漫，我们任重道远。真诚地希望在座的专家、老师能以自己的理论思想或实践经验给予我们具体的指导。

2009 年 11 月 18 日

巧设问题，厚引资料

——评徐德琳《采薇》教学课例

《采薇》选自《诗经·小雅》，是高中语文必修 2 第二单元的一篇课文。诗歌通过一位戍卒的哀怨歌唱，表现戍卒对久离家园连年征战的不满和浓厚的思乡之情。在表现手法上主要为赋比兴和借景抒情。由于诗作时代较为久远，在字面意思的理解上有一定的难度。

必修课程着眼于培养高中生必须具备的基本语文素养，是基础课程中的“共同基础”。由徐德琳老师执教的公开课《采薇》，在教学设计和实施上都能够以新课标理念为指导，立足于教材内容，立足于学生知识背景，教学定位准确，问题设计巧妙，有效地达成了教学目标。

一、问题设计“巧”，立足教材特点和学生知识背景。

1. 诗中的“我”为何而忧？从哪些诗句可以看出来？

2. 诗歌运用了哪些表现手法来表现“忧”思？

高一学生对《诗经》的内容和表现手法有一定的了解，但不够深入；教师抓住全诗的关键，以“忧”为切入点，引导学生从文本出发，把握作品的主要内容，理解诗中表现的情感，进而把握诗中的表现手法。两个问题设计简而精，呈递进式，统领全诗的主要内容，直指向本课的教学目的。同时，引导学生迈入诗歌鉴赏的基本途径：从理解—感悟—鉴赏的角度进行诗歌学习。

二、学生活动“实”，诵读有目标，讨论有实效。

1. 诵读，注重诵读是诗歌教学应该遵循的基本规律。每一次诵读都有不同的目标指向。一生读，解决字词（由于诗作时代较为久远，在字面意思的理解上有一定的难度）。二泛读，老师以柔美的声音和哀伤的语调引导学生把握诗的情感基调。三生齐读，面对全诗内容的理解。思考问题：“我”为何而忧？四读，体会本诗的表现手法。五读重点章节：“昔我往矣，杨柳依依”置身诗境，缘景明情，让学生借助联想和想象复活诗中的意境和场景。六读，在整体理解内容和情感的基础上，深刻理解作品蕴涵的情感。不仅充分欣赏了《诗经》重章叠唱咏叹往复的美感，而且在内容的理解、感情的把握上层层深入。

2. 小组讨论，学生主动参与到问题的讨论之中，有思考、有交流、有思维碰撞的亮点。所设的题目能够激活学生思维，不仅有外在形式的热烈，更有心动神动的主动参与。尤其是五个学生争先恐后地回答，反映了学生思维的有效碰撞。

三、资料引用“厚”，开阔视野，扩大积累。

高一学生古典诗歌积累较少，相应的知识储备不足。三组资料的引入有效地增加了课堂厚度。第一、二处引用宋之问的《渡汉江》“近乡情更怯，不敢问来人”及“汉乐府民歌”为同学们很好地理解诗意提供了很好的引证和更加广阔的社会背景，丰富了诗的内容，为学生准确把握诗意垫上了一个合适的台阶。第三、四处引用古人对“昔我往矣，杨柳依依，今我来思，雨雪霏霏”的评价，分别是学生的讨论活动作业拓展。通过比较鉴赏，对提升学生的古诗阅读的鉴赏力，搭设了一个很好的平台。

另有亮点：通过对诗句的教学导入，既检验了学生的知识掌握程度，又营造了进入诗境的氛围。运用讲授、对话、讨论等教学方法，有效地激活了学生思维，教师本人也显示了良好的语言素养、文学功底和课堂驾驭能力。较好地达成了教学目标，美而不失实在。

如果能够根据学生的认知速度，调整教学节奏，在鉴赏层面上再深入一步，比如在语言鉴赏层面上有所侧重，整节课的诗歌鉴赏的味道就更足了。

心中有教材，眼里有学生

——评王来宁《蜀相》教学课例

选修课教学是新课程的亮点和难点，进入选修阶段后，很多老师在选修与必修的教学目标定位及教学方法的采用上存在困惑。本学期听取了本校王来宁老师执教的一节选修课《蜀相》，很受启发。由此想就三个方面谈谈自己的听课感受。

一、目标定位准确，立足于教材内容本身和学情以及选修课的特点。

《蜀相》选自选修教材《中国古代诗歌散文欣赏》第一单元，其教学设计力图体现新课改的理念，因为必修和选修同样侧重基础知识、基本能力的落实，选修课是在必修课基础上的扩展和提升，更侧重专题教学。《蜀相》是杜甫在漂泊西南时追怀诸葛亮的“咏史怀古”之作。学生必修阶段已经学过《咏怀古迹》《念奴娇·赤壁怀古》《永遇乐·京口北固亭怀古》等咏史怀古诗词，具备鉴赏怀古诗的初步能力和基础。这首诗的学习重点不是定位在感知层面，而是引导学生在思考领悟《蜀相》一诗的情感的基础上，探究咏史怀古诗的一般特点，将必修阶段关于怀古诗的零散知识进行勾连，在选修阶段作“怀古诗类”的总结，构建关于咏史怀古诗的知识模块，目标指向符合新课改的理念。

二、问题设计有梯度，清晰的教学思路激活了不同程度学生的思维。

第一个问题，纵观全诗，你能读出杜甫对诸葛亮怀有怎样的情感？设计意图在于唤醒和固化学生在必修阶段所掌握的诗歌阅读的基本方法。第二个问题，“长使英雄泪满襟”。这里的英雄之“泪”为谁而流？指向了本诗更深刻的内涵。第三个问题，你学过的怀古诗还有哪些，探讨它们在内容和主旨上有哪些共同点。利用学生原有的知识能力储备，拓宽视野，解决探究新问题。从一怀古诗的解读到总结一类怀古诗的特征，构建怀古诗这一专题的知识模块，既符合新课改全面提升学生文学素养的理念，同时兼顾了高考的目标指向。学生能完成有意义的关于“怀古诗”这一类诗歌的知识建构，从而达成预定的教学目标。

教学环节上，三个问题层层深入，分别指向本诗的内容、学生的鉴赏能力和鉴赏怀古诗题材的总体阅读目标。从学生争先恐后的发言来看，有效地激发他们主动参与讨论的意识。尤其是最后一个问题，表面上虽然没有激起热烈的场面，但他们已经有了深层的思维活动。两位学生所归纳出的在选材和主旨上的共同点，非常到位。三条感情线，一个结合点。

三、课堂气氛和谐，对话讨论构建了平等的师生关系。

教学实施环节，在遵循诗歌教学本身的规律——注重诵读、引发学生通过想象和联想复活诗境的同时，注意到了三个层面的对话：研习文本——文本对话；问题回答——师生对话；小组讨论——生生对话。尤其是最后一个层面特别值得肯定。比如学生回答“为什么说英雄泪为国家而流”这一问题时，用到了“礼崩乐坏”这个稍显夸张的词语，另一个学生通过点评给予纠正。讨论过程显示了学生在必修阶段较好的知识积淀。

整个教学过程，教师始终以饱满的热情投入其中，既能较好地把握课堂预设环节，也很好地驾驭了课堂生成的新问题。最后以岳飞读古人作品的感悟作结，让学生理解了鉴赏怀古诗真正的意义所在，显示了教师良好的学科素养和专业功底。“一切历史都是当代史，一切往事都在继续，一切思考都指向心灵”的小结，进一步激活学生对古诗的热爱之情。在璀璨的中国古典诗歌宝库中，有如此多的经典作品，如此多的瑰宝，怎舍得望其墙而不入其门呢！引发学生的探究兴趣。这种潜移默化的知识感召有效地培养了学生正确的情感态度。

因为刚刚进入选修课教学，教师在教学内容选取、教学目标定位、教学方式选用上都是一种尝试。教学中存在一些不足：从学生自主学习来实现教学目标这个意义上看，在教学方式上有待进一步改进，自主、合作、探究的学习方式还应该更灵活多样。

以问题激活课堂，把思考引向课外

——评向玉艳选修课《汉家寨》教学课例

余映潮老师说过：一节优秀的阅读课，首先决定于设计者有质量的理性思考。从教学过程来看，其教学层次的设计应科学而又严谨，生动而又自然。今天，听完向玉艳老师执教的《汉家寨》这节课，很有感触。我觉得这节课就是一个具备上述诸多特点的优秀的教学课例。在此，我就自己听课时突出的感受谈四个亮点、一点思考。

亮点一：目标定位“准”。《汉家寨》是一篇优美的写景抒情散文，其中包含着深刻的人生哲理。文章风格粗犷而大气，深沉而内敛，语言和思想的张力给读者以强烈的冲击和震撼。向老师能够根据文章的文体特点和散文欣赏的课程要求，把教学目标确定在：梳理文脉、品味语言和深度把握主旨这三点上，体现了教师对文本的准确解读和把握能力。三个小目标各自独立，又层层递进，形成散文阅读能力目标的有机整体，很好地体现了散文阅读的教学规律，符合学生的认知特点。用课程专家王荣生教授的话讲，就是选择了适宜的教学内容。

亮点二：问题设计“巧”。首先，表现在问题设计有梯度。如第一个问题关注到学生的认知起点：“作者走进汉家寨，看到了怎样的风景？怎样的人？给你以怎样的感受？”最后一个问题“探究坚守的意义”则指向最终的教学目标。中间通过“汉家寨人为什么不离开这贫瘠的土地，他们在坚守什么”等几个支架问题的思考探讨，使学生实现了从认知起点到学习目标终点的提升和过渡。从环境描写到人物描写，再到坚守精神；从汉家寨人的坚守到民族的坚守，再到作者的坚守。教学环节清晰，环环相扣，层层推进，最后达成目标。

其次，问题设计有效地激活了学生的思维。尤其是关于坚守意义的探讨，激亮了众多学生思维的火花。而前两个问题抓住了课文语言形象的特殊性，将着力点指向文本赏析，调动学生的知识积累和生活体验，引导他们“身临其境”地去体会作者笔下的景物特点，感受那种苍凉、悲壮的氛围，体会其语言特点，上出了欣赏的味道、语文的味道。

亮点三：教学理念“新”。从设计理念上看，充分发挥了学生的主体作用。不是传统的“老师讲、学生听”“满堂灌”的那一套，也不是提几个问题、搞点启发式的那一种，而是引导学生自己去把握课文，感受语言，领悟主旨。自读—自悟—自得。课堂上出现了师生互动、生生互动、积极讨论、争抢发言的热烈、活跃景象，多次形成高潮。学生的主体性不仅表现在热情高，参与意识强，而且很好地展现了思维的开放性、思想的活跃性和认识的深刻性，深刻理解了课文中“坚守”精神对国家、民族、社会及自己人生的积极意义，并能回照自身，树立积极向上的“坚守”意识。

亮点四：教师功底“实”。适宜的教学内容反映了教师对文本的准确解读和深层把握。课堂导入的情境感创设显示了教师的创造智慧，清晰的教学环节显示了教师有质量的理性思考，学生积极踊跃的发言，教学环节的圆润、自然，显示了教师对课堂的驾驭和掌控能力。教师始终以饱满的热情催生激活了学生的热情，并感染着自己。

最想提及的是关于材料的补充和主题的探究拓展。很多时候，老师有误区，为了一味追求课堂的厚度，为了补充而补充，为了拓展而拓展。殊不知过度地介绍背景知识，会干扰学生对文本创造性的理解，而不纯净的生硬的拓展往往导致与教学目标的游离。向老师在这一点上处理得很好，补充和拓展做到了适度而必要。对文本有深度的挖掘和探究。

一点思考。关于选修课，课标中强调：选修课更强调学生对文本个性化的解读，创造性的解读，强调学生以自己的生活经验和阅读体会来丰富对作品的理解。如何在教学设计和实施中凸显这一特点，值得我们进一步思考。

2011 年 5 月

成长比成功更重要

2011年，47岁的我获得了北京市首届高中教师基本功展示比赛一等奖。在全市语文学科基本功比赛总结大会上，我作为获奖代表向老师们汇报了自己的参赛感受。我想，之所以让我发言，是因为在所有的选手中我年龄最大，参赛的过程最挣扎、最艰难。这次比赛给我最深切的体会是：成长比成功更重要。

最初看到大赛选手中有我的名字，很奇怪，因为基本功比赛一向都是年轻人参加的。我虽然积累了一些教学经验，但年华的流逝，记忆的衰退，自然也流失了很多青春的灵动和机敏。已经过了盛开的年龄，落花不可能还枝了。所以，我从心理到行为都极力退缩和推托：执意要把机会让给年轻人！其实我明白，内心最大的顾虑还是比赛不赢的尴尬……常说，光脚的不怕穿鞋的，万一比赛失利，湿了鞋子，岂不给北京市学科带头人丢脸。但是如果放弃，本身就意味着胆怯、没实力，岂不也会减损一些自信？

我内心很挣扎，恨不能向周围所有人表白自己要退出的理由。新任校长激我，说这是高中新课程实施后的第一次全面阅兵，老教师应带头接受检阅；退休的老校长、我的导师几次电话叮嘱我千万不要放弃；区教研员老师也都纷纷为我鼓劲：咬咬牙，就挺过去了。在犹豫和挣扎中，我一直在问自己：如果不能获奖，你是否能够接受。内心的答案从模糊到逐渐清晰：不要期待落花还枝，抛开名次，抛开面子试试吧。在自己近30年的教学生涯中，至少有过这样一次经历。

在大家的真诚鼓励下，在内心有了比较明朗的答案后，我终于迈进了区初试选拔考场，实现了艰难的自我突破。

比赛的三部分内容在黄皮书、蓝皮书上写得很明白。笔试共100分，信息技术操作30分；说课与答辩100分。在整个准备过程中，我感受最深的有三点：

其一，背书很艰难。笔试部分对我形成的挑战最大，一是记忆差，二是书写慢。自己在学科知识、专业技能（命题、阅卷、作文批改、教学设计）有一定的积累，或者说有一定的优势。但教育法规、政策文件、教育理论、背诵记忆是我绝对的弱项。于是黄皮书前15页的通法通则，被我翻烂了纸页，翻卷了书角。黄笔红笔一遍一遍地画，蓝笔黑笔一条一条地写；教学理论甚至是一段一段地录，开车时一节一节地听……虽然如同在沙滩上写字一般，记忆转瞬即逝，但我还是在理解的基础上吸收了很多知识。

其二，阅读很受益。常说“汝果欲学诗，工夫在诗外”。无论教学设计还是说课评课，仅仅记几篇课文是远远不够的。要体现新课程的理念，必须本质地理解新课程的内涵。我对照《课程标准》，阅读了王荣生《教授评课》《高中语文（必修）新课程课例评析》、倪文锦主编《高中新课程必修课的学与教》等系列书籍。重新学习了北京教科院基教研中心关于新课程培训的文件，重新翻阅了“关于全市高考、会考”总结的宣讲材料。用新课程的理念对近3年的高考题、会考题又进行了独立的解读和评价。阅读中习得的一些理念为后面的教学设计、评课、说课，乃至今天的课堂教学，在理论和实践上都提供了切实的帮助。

其三，“说课”很长进。最初我对“说课”这种形式不太认同，觉得它不能反映教师真正的课堂教学水平。所以第一次抽到“《鸿门宴》项羽的悲剧性格”，我只浮皮潦草地套用了个说课环节。既没有弄明说课的形式，更没有想清教材该突破的内容。教练评点后，我进行了认真的学习和反思，后来又听了王云峰老师关于说课的“漫谈式”讲座，当第二次抽到“《琵琶行》中的音乐描写”后，自己首先对文本进行了深度解读，对说课形式的核心和本质认真揣摩。不仅说目标、说方法、说设计、说流程，更侧重说自己设计的理由和依据，说为什么这样教？学生为什么这样学？有思考，有分析，有预设，有点拨，说课也就有了智慧含量。几次说课演练，让我认识到说课确实是一种很好的备课方式，教师的理论水平、文本解读力、课堂调控力、教学组织力、课堂语言的表现力、感染力等综合素质均可在说课中得到锻炼和体现。

海淀区语文学科教练团队针对比赛内容为选手组织了多次专场比赛、说课点评和辅导培训，我每场必到。跟在年轻的选手队伍里，每次练兵无论胜出还是失利，我都充满喜悦。因为我明显地感觉到自己的知识在丰富，理论在系统，技能在提升，自己实实在在地在收获、在成长。

10月下旬正式比赛。三场考试都比较顺利。精彩之处多已记不起，挥之不去的是留在考场上的一些遗憾。

第一场是笔试，在北京四中举行。试卷发下来，我首先翻到分值最大的教学设计：“《沁园春　长沙》的情感表达”。天哪，当时我几乎叫出声来。不是巧遇的兴奋，而是失之交臂的遗憾！考前最后一次说课演练，我辅导的选手恰好抽中这首诗。原想帮她把关时再一并思考，不想种种原因演练取消了。绝对的失之交臂！我的情绪顿时被搅乱。第一次点火，车憋死了。

好不容易平稳情绪，又看教学理论题：“结合奥苏泊尔有意义学习理论，简述如何帮助学生建立文言文的知识体系”。我差点儿又一个惊呼：考前恰好复习到了此题，因为没有太好的思路，原想向团队求助的，后来也因种种原因搁置了。又一个失之交臂。思维的发动机再次熄火。考场上出现了剧烈的心理颠簸，我没能集中精力，没能全面激活自己的考场状态。一个老司机，患得患失，不淡定。

第二场信息技术测试在北京教育学院朝阳分院进行。内容包括 ppt、word、excel 三个常用板块。在用 excel 计算成绩时，题目要求计算 C 列到 H 列的平均分和难度，我误以为只是计算 C 列和 H 列，结果把边上的 C 列和 H 列算出结果后，比中间 DEFG 四列长出两个格，表格的形状似是一个矮腿的小板凳。感觉好蹊跷，走出考场，同事交流答案时我才恍然。心里狠狠咒一句：该死的矮腿小板凳！审题、做工不仔细。

第三场是说课比赛。在拿到说课题 24 小时后，我走进汇文中学的比赛现场。我抽到的题目是“《再别康桥》诗歌的意象和情感”。站上讲台，除了有一点尴尬（年龄太大，对不住大家），朗读、板书、说课展示，一切比较顺利！始终微笑着，态度很温和的评委给我提了两个问题。其一：以你多年的教学经验，你认为这首诗配乐好还是不配乐好？

问题虽简单，但我有点犯难。因为评委的话意显然是不赞成配乐的，而我的教学设计恰恰使用了配乐的手段。如果迎合会使自己的教学环节站不住脚，反驳又怕僵化了气氛和情感。所以虽然委婉，我还是力陈了多媒体的立体冲击效果。当评委引导说：有没有觉得音乐有时反而限制你的感情？我才赶紧补充说，这种情况确实也有过，曾给《雨巷》配乐朗诵，因为选取的音乐节奏过于舒缓，以至于为应和节奏在“在悠长、悠长的雨巷”徘徊不出来了。

回来路上一直纠结：关键时刻咋就忘了辩证回答！

于漪老师说：“我教了一辈子书，一辈子都在学教书；我上了一辈子课，上了一辈子遗憾的课。”其实上课如此，比赛也是如此。三场比赛都留有遗憾，这些遗憾让我反思，催我进步。三个月的准备，三场不同形式不同内容的考试，对我有着特别的意义，让我得到了比奖项更有价值的感悟。

一悟：教师要全面提升学科素养。课程标准的每个条目都有科学的理论和依据，每项要求都凝聚着教育专家的智慧和思想，每句阐释都指向学科教学的本质和特点，课标绝不是单摆浮搁在那儿当标签使的。新课程对教师提出了更高的要求，教师基本功的含义已不再是局限于表层的、显性的、外在的素质，而是包含了更多理念的、隐性的、内在的学科素养，教师的学科知识素养应该是全方位发展的，教师的学习和专业成长应该是终身的。

二悟：教学要重点关注学生。准备过程中习得的理论知识、说课经验以及想法已有意无意地指导着我的教学。无论是必修还是选修，无论是常态课还是研究课，我都会立足于“关注学生”这个教学的根本点，从学生的角度追问自己：学生学什么？为什么学？怎么学？能基于学生的认知和问题设计教学。另外，我把说课形式这种特殊的备课形式移植到我们教研组、备课组建设中，以此培养青年教师，打造队伍。在说课中尤其强调关注学生的认知起点和能力发展点。

三悟：学海无涯，教无止境。这是赛后最为强烈的感受。我的每一场比赛都有不足，每一次答卷都有遗憾。正是有遗憾才会有反思，有反思才会辨清方向，有方向才会进步成长。这是我在心理品质和专业态度上的收获。

“教育家成长论坛”上一位老师曾说：如果一个人把成功都归于自己的努力，那这个人不是过分自恋就是神经有问题。用词虽不太精准，但我深以为然。《灌园叟晚逢仙女》的故事中，花神使秋先满园的落花一夜重返枝头，那么，让我实现突破，让凋谢中的落花又重新绽放的仙子是谁呢？我明白，这仙子是一个群体，是前辈的鼓励，是领导的支持，是团队的指导和帮助。真诚地感谢我的教练团队，感谢在这次比赛中给我鼓励、支持、指导和帮助的所有人。

比赛结束了，但成长没有结束。我坚信，成长比成功更重要。洛克菲勒在 70 岁时说：“我要不断地长大，否则就会变老。”我很欣赏这句话。我希望自己在语文教学的路上，能够不停地一直向前走……

导读：疏影横斜水清浅

学中文的人，大都喜欢“疏影横斜水清浅，暗香浮动月黄昏”这句诗，这是北宋诗人林逋写梅花的千古名句。山园清澈的池水映照出梅枝的疏秀清瘦，黄昏的朦胧月色也染上了清幽的梅香，景致迷人。但我经常忽略梅花枝影横斜的那种意境，偏要钟情于诗句中的两个字眼“疏”和“浅”。或许这恰恰暗合了我做课题、写论文的心境。作为语文教师，搞研究不是行家，即使实践经验丰富，教学感悟多，但毕竟在学理层面没有教育专家的高度。本卷所选的文章不是就某一问题做专门或系统的研究，而是我从教不同时期或深或浅，或“横”或“斜”的——片鳞只爪式的教学感悟。好在每一篇文字的撰写都源于我对教学实际问题的思考，每一个课题的研究都源于教学中遇到的实际困惑。如对文言文教学中文学教育的思考，对诗歌单元的教材整合，对新课程的感悟等文字都是在教学阵痛中诞生的婴儿。虽是“疏影横斜”，却也“疏”得真实，“浅”得鲜活。

高中古代诗歌选修课的单元重构：以文化主题为组织中心

一、古代诗歌选修课单元重构的教材背景

高中语文进入选修阶段后，人教版课标实验教材《中国古代诗歌散文欣赏》成为很多区、校的首选。该教材的诗歌部分，包括25位诗人的30首诗，分别编放在“以意逆志，知人论世”“置身诗境，缘景明情”和“因声求气，吟咏诗韵”三个单元。编写者意在以鉴赏方法为主线确立单元主题，让学生在必修的基础上构建起诗歌鉴赏方法的能力体系，从而真正成为一个读者，一个鉴赏者。这自有其匠心和良苦之用意，但在实际操作中存在一些值得我们思考的问题。

第一，以鉴赏方法为主线确立单元是否符合实际的鉴赏过程和规律？我们知道，多数诗歌的解读不可能单纯地依赖于某一种方法或是某一个角度，而某一种鉴赏方法或角度也很难贯穿于一首诗鉴赏过程的始终。只有综合使用多种手法、多层面地鉴赏，才能全面准确地理解作品。名篇名作更是如此。比如《旅夜书怀》被划在“置身诗境，缘景明情”单元，要鉴赏这首诗，除“缘景明情”把握诗的意境，也需要“因声求气”“知人论世”来体会诗的声韵，理解诗的主旨。同理，其他单元的其他诗篇也是如此。如果把鉴赏方法或鉴赏步骤生硬地割裂开来，理想化地确立单元主题，这与学生鉴赏诗歌的实际过程和认识规律不相符，即使每个单元的教学各有侧重，也不可避免单元主题的交叉或重复，不利于实现编者建构诗歌鉴赏方法体系的初衷。

第二，以鉴赏方法为主线确立单元是否有利于完善学生的认知结构？《高中语文课程标准》指出：“高中语文选修课是在必修基础上的拓展与提高。”这种拓展和提高不仅仅是篇目的不同，也不是语文课程目标上的根本改变，而是通过更丰富深化的语文教学内容，来进一步改善并充实学生的知识结构，让学生在自己的兴趣关注点上形成相对系统的认知。现行教材以鉴赏方法为单元主题的划分，使得“大家”的作品以及同类题材的作品支离化，如李白、杜甫的7篇诗作被零散地分布在三个单元。这对于大家的作品，对于同类题材的诗歌整体阅读而言仍是单篇教学，学生在这方面的认知无疑还会继续停留在必修阶段的片鳞只爪中。这显然不利于学生对大诗人及同题材作品的深入了解与准确把握，不利于系统认知的形成。

第三，以鉴赏方法为主线确立单元是否有利于实现古诗课程的最终目标？《中国古代诗歌散文欣赏》选取了中国历史上优秀的诗歌作品，承载着引导学生感受民族精神，担当传承民族文化的重要任务。而以鉴赏方法为单元主题的引领，很容易导致教学中过于关注鉴赏方法的建构，从而弱化甚至淡化对诗歌文化内涵挖掘的倾向。我们知道，鉴赏方法的学习固然重要，但更重要的是学习这些方法之后所要达到的最终目的。如果方法的学习没有指向生命与文化的作用，我们的教学也会走向纯技术的教导而丧失应有的价值。这显然与新课程精神以及编写者的意图是有偏差的。

基于上述考虑，古代诗歌选修课的文化主题单元重构就成为一种思路或探索。

二、古代诗歌文化主题单元重构的学理依据

我们换个思考角度，如果以古代诗歌所蕴涵的文化主题来重构单元内容，把教材现有的三个单元主题理解为解读一首诗的三个步骤或角度贯穿整个诗歌单元教学的始终，是否更有助于学生古诗鉴赏能力体系的建构，更有利于古代诗歌选修课感受文化、传承精神这一最终课程目标的实现呢？这一设想至少可以找到以下几方面的依据。

首先，文化主题单元重构依托于课程目标的定位。选修课是在必修基础上的延伸和扩展，意味着将在必修阶段的知识能力基础上有更高的要求，在思维的深度和广度上应该比必修课有明显的拓展。另外，中国古代优秀的诗歌承载着民族的优秀文化和精神，比其他教材负有更多、更重的传承文化的使命。《普通高中语文课程标准（实验）》指出："学习中国古代优秀作品，体会其中蕴涵的中华民族精神，为形成一定的传统文化底蕴奠定基础。"王荣生教授在《更好地推进古诗文的选修课教学》的讲座中对此有明确的解读：不要将经典课文当成优秀作文教，不要将选修内容当做写作的样板，要引导学生专心欣赏选修课文，感受文中博大精深的思想艺术，担当起传承文化的重任。由此可见，古代诗歌选修课在培养学生诗歌鉴赏能力的同时，应凸显其对学生进行生命教育的文化主题。如果以文化主题来重构古代诗歌选修课的单元，使学生在思维的深度和广度上有所提升和拓展，将有助于更好地实现本课程的最终目标。

其次，文化主题单元的重构依托于诗歌教学的本质。朱自清先生早就说过："经典训练的价值不在使用，而在文化。"从闻一多、梁启超、朱自清到启功、周振甫、陆侃如，再到叶嘉莹、莫励锋、孙绍振等，几代诗词教育的学者对古典诗词的教学本质有过许多深刻的思考和论述。叶嘉莹先生曾说："我以为，学习古典诗词最大的好处就是使你的心灵不死。"因为它能够使你"养成对于诗词中之感发生命的一种不能自已的深情的共鸣"。承载着中华民族传统文化和民族精神的优秀的古代作品，从久远的过去一直流传到今天，又将从今天流传至遥远的将来。不仅提供给我们可鉴赏的文本，更重要的是为我们提供了丰富的人生际遇中多样的人生之美。也就是说，古代诗歌的教学为我们凸显文化的生命的内涵提供了可能。如果以“鉴赏方法”的培养作为最高教学目标，不能充分挖掘文本的价值，教师顶多是只懂知识技能而缺少人文情怀的教书匠而已。只有弄清诗歌教学的这一本质，教学才不会停留于一种方法的传授，一种技巧的培养，才能在文字、文学学习的同时走向对文化的感悟，从而实现文本教学价值的最大化。因此，如果以古代诗歌的文化主题重构单元内容，会更符合古代诗歌教学的本质。

最后，文化主题单元重构依托于对选修课教学实践的反思。以往的人教版教材和现行的人教版必修教材，基本上是在兼顾体裁知识和大家专题的同时，侧重以文学史为线索构成古代诗歌的单元内容。这种单元构成虽然表面上给人以“重知识轻方法、多孤篇少同类”的感觉，但在实际教学中，学生至少实现了对诗歌基本知识的掌握、名家名作的认知；在鉴赏方法的形成、审美品位的陶养、文化人格的养成等方面也接近或基本实现了大纲要求。新课程背景下的教学改革，应该是在对传统的继承与思想的修正下进行，符合诗歌教学规律的单元建构，需要我们在某种程度上加以继承或改进。比如“大家专题”单元就很好地指向了古代诗歌教学的最高目标——对文化的体认感悟；而必修课中在题材类别上的整体阅读不足则需要在选修课教学中进行弥补和调整。我们再深入思考一层就不难发现，不同题材的诗作反映了不同的主题，呈现出不同特点的文化。这与诗歌史上的“李白文化”“杜甫文化”等同属文化现象。如果我们以文化主题来重构单元，形成大家和题材类别专题，则不仅能很好地解决必修课诗歌单元“多孤篇少同类”的问题，实现从必修到选修教学目标的逐层递进和深入，也能很好地完成选修教学与高考古代诗歌复习的顺利对接。

由上述分析可见，通过课程目标定位、诗歌教学的本质以及教学实践等诸多方面的思考，我们可以寻找到以文化主题重构单元的合理性。

三、古代诗歌文化主题单元重构的具体设想

我们首先确立高中古代诗歌选修教学单元重构的基本原则，再依据重构原则建构出两个文化主题单元，最后依据不同的文化主题确定教学思路。具体分三个方面谈。

（一）文化主题单元的重构原则。在充分领会和尊重编写者意图的前提下，我们这样确立单元重构的原则。即以选修课的课程目标为指向，以诗歌所蕴涵的文化精神为主线，以教材的现有内容为基本材料，以学生鉴赏的思维过程为实施依据，兼顾课时和高考两个因素，对现有篇目做个别增补，构建出两个大的文化单元。把教材原有的“知人论世”“缘景明情”和“因声求气”三个单元主题作为鉴赏诗歌的三个方法或步骤贯穿于古代诗歌选修课教学的始终。这样更加符合学生的鉴赏实际过程，也能充实和丰富学生在必修阶段的认知系统，凸显古代诗歌选修课的文化性，从而达成古诗文选修课目标。之所以强调以教材现有内容为基本材料，一方面在于它的确为我们提供了丰富的优秀作品，另一方面这些作品与必修模块的诗歌作品共同建构了古代诗歌相对完整的作品体系，不重复、不交叉，与必修互为补充。所以，为凸显文化主题单元，除增加个别篇目外，一般不做替换。另外，也防止了在创造性地使用教材时增删篇目的随意性和盲目性。

（二）文化主题单元的重构内容。现有教材为我们提供的文本资料，不仅有昂居于诗峰之巅的诗仙、诗圣之作，更有众多诗人群体所构建的丰富多彩的诗词文化风景。李白、杜甫作为中国文学史上最伟大的诗人，其诗其人的意义早已超越了文学领域，超越了诗歌本身，已经成为中国历史上一种灿烂的文化。而大漠边关的雄心与愁心（边塞诗），山水田园中的诗意栖居（山水田园诗），怅望千秋一洒泪的感慨（咏史怀古诗），命运际遇的咏叹调（咏怀诗），相思成疾的离别歌（思乡离别诗）等也都成为古代诗歌史上的一种文化现象。也就是说，除了李白文化、杜甫文化还有山水田园文化、边塞文化、离别相思文化等。因此，依据现有教材可重构出“大家作品”和“诗词风景”两个大的文化主题单元。在大单元的统领下，再依据诗歌的内容或题材特点分出小单元——共七个文化专题。其中“大家作品”包括李白、杜甫两个文化专题。“诗词风景”单元包括由不同题材类别的山水田园诗、边塞诗、咏史怀古诗、咏怀感伤诗、思乡离别诗等构成的五个文化专题。

文化主题单元一：“大家作品”

专题一：李白专题——《梦游天姥吟留别》《越中览古》《将进酒》

专题二：杜甫专题——《蜀相》《旅夜书怀》《阁夜》《登岳阳楼》《兵车行》

文化主题单元二：“诗词风景”

专题三：大漠边关——《国殇》（屈原）、《燕歌行》（高适）、《出塞》（王昌龄）

专题四：诗意栖居——《杂诗十二首（其一）》（陶渊明）、《积雨辋川庄作》（王维）《夜归鹿门歌》（孟浩然）、《新城道中》（苏轼）

专题五：命运咏叹——《咏怀八十二首（其一）》（阮籍）、《拟行路难》（鲍照）、《登柳州城楼寄漳汀封连四州刺史》（柳宗元）、《虞美人》（李煜）、《书愤》（陆游）

专题六：怅望千秋——《长恨歌》（白居易）、《扬州慢》（姜夔）

专题七：相思成歌——《湘夫人》（屈原）、《一剪梅》（李清照）、《春江花月夜》（张若虚）、《苏幕遮》（周邦彦）、《菩萨蛮》（韦庄、温庭筠各一首）、《今离别》（黄遵宪）

需要说明的是，有些诗词由于内容的丰富性，在题材的类别上是有交叉或是有争议的。比如屈原《湘夫人》既可以归入相思离别类，也可归入咏怀作品，我们可根据自己的理解归类，不必强求统一。个别诗词由于内容的特殊性，很难归入专题的某一类，如《李凭箜篌引》是纯粹描写演奏技艺、音乐美的，限于课时又不便有更多的补充，个别鉴赏即可。

最后想说，高中古代诗歌选修课的单元重构，只是基于自己教学中遇到实际问题后的一种思考。其目的仅仅是寻求一种便于教学实践操作，便于达成选修课目标的单元建构样式。文化主题单元的提法很笼统，实际效果还有待于教学实践的进一步检验。或许从学理的角度来审视还不能完全站稳脚跟，姑且把这种“重构”当做一种探索、一种尝试吧。

（原载于《河北师大学报》2010 年第 8 期，获中国社会科学院 2010 年发展论坛一等奖）

参考文献

王荣生主编：《走进课堂——高中语文新课程课例评析》，高等教育出版社，2006 年。

方智范：《高中语文选修课教学实施的若干问题》，《语文建设》2006 年第 10 期。

巢宗祺主编：《语文教学研究和案例》，高等教育出版社，2007 年。

王漫：《高中新课程怎样教 · 用“单元”的理念和方法规划高中语文教学》，北京出版社，2008 年。

俞发亮：《高中语文新课程教学实践反思》，《中学语文教学》2009 年第 12 期。

互文性视阈下《氓》的解读与教学

《氓》是《诗经》中一首著名的弃妇诗，编选在人教版高中语文必修2第二单元。全诗以女子的口吻自叙了她恋爱、结婚、被弃的全过程，表达了对负心汉氓的强烈谴责，同时也反映了古代女子对美好爱情的追求和渴望。高中生正处在学诗的年龄，他们喜欢诗歌，对纯真的爱情有一定的理解力，能够把握诗的基本内容，同情女主人公的悲剧命运。但由于生活和阅读经验的局限，在阅读时存在一些困惑，也提出了一些看似幼稚、实则深刻的问题。本人尝试引入互文性理论作为阅读的教学策略，意在让学生从前认知的感性意识顺利走向理性的思维认知。

需要说明的是，互文性是西方文学理论中一个非常复杂的概念，其内涵与外延都极为丰富，本文无意对互文性的不同说法或流变进行分辨，只是在广义的视角下，对如何以互文性理论为教学策略指导诗歌阅读进行教学层面的探讨。

一、学生前认知中遇到的困惑

学生的问题基本聚焦在对人物形象、主题及现实意义的理解和认识上。比如：

困惑一：诗中的“我”是怎样一个女子？桑女以“于嗟女兮，无与士耽！士之耽兮，犹可说也。女之耽兮，不可说也！”来告诫天下的女子，把自己悲剧的根源全部归于男子的变心，归结在性别角色上。这样的说法是否偏颇？

女生多数赞同其观点，同情其遭遇，为桑女的痴情不平，为她的悲惨命运叫屈，指责男权社会中的负心汉。认为自古以来，爱情中受伤的总是女性。男生则多数认为此说法太绝对，对男性不公平。“氓”只不过是男性中的个例，是男同胞中的败类。不能因为对氓“失望”就对爱情“绝望”，不是还有忠于爱情而自挂东南枝的焦仲卿吗？有的男同学甚至模仿《氓》的形式，以氓的口吻给桑女回写了一首诗，认为女主人公的遭弃不能全归罪于氓，或许是婚后的操劳让她自己也发生了改变：

牡丹凋零，无人赏也。汝入吾门，即为吾人。三岁食贫，吾乃知矣。初入吾门，温柔惠贤。日益久矣，无言笑矣。

三岁为主，靡日休矣。日夜耕作，靡有息矣。入门求语，汝不应我。沉默寡言，吾哀叹矣。三岁已逝，汝已变矣。

日复一日，貌已逝矣。吾心已变，往日已去。若问何故，牡丹凋矣。汝

骂汝怨，吾已淡矣。吾今远离，来世会矣。（武文韬）

困惑二：把《氓》这首弃妇诗选入高中课本，是为了让所有的女性都痛恨男子，还是要告诉女孩子不要相信爱情？选编意图是不是要以此防止中学生早恋现象的发生？

由学生的困惑可以看出，这些即将涉入而又尚未涉入爱情的高中男女学生，对爱情的话题很关注，同时又都在有意无意地捍卫自己的性别角色。他们的问题虽然显得幼稚，但问得很真诚，并引发我们一系列的思考：中国古典诗歌对今天学生的意义有哪些？除了其源远流长的艺术价值之外，经典作品的思想价值该做怎样的现代解读？就课程目标中情感态度与价值观的培养来看，阅读本诗的情感落脚点应该在哪里？怎样引导他们全面地去理解和评价人物、主题及社会意义？

二、互文性视阈下的人物形象及主题分析

互文性，又称“文本间性”“文本互涉”，通常被用来指示两个或两个以上文本间发生的互文关系。这一术语是20世纪60年代后期由法国学者朱丽娅·克里斯蒂娃提出的。按照她的观点，“读者阅读的过程，就是把自己的身份置于意指过程之中。它不仅与特定文本中的不同互文本相认同，而且还必须被化简为零，被置于一种哑然失语的危急时刻。然后，读者便可进入自由联想的过程，重构多元意义的过程，定义几乎无法定义的内涵的过程。”

从某种意义上可以说，学生们初读《氓》所形成的各种困惑恰恰是遭遇了克里斯蒂娃所谓的“危急时刻”。这就需要借助互文性理论，对《氓》进行互文性的解读，帮助他们通过“自由联想”建构一个“多元意义”的空间，从而有效地解决阅读中的困惑。我在具体教学实施中主要采取了以下三种方式：

第一，从历时性阐释主体出发，以不同时代的学者对“桑女”的评价建构互文本，引导学生深入理解《氓》的人物形象。

于是，我在探究环节设置了这样的问题：对《氓》中的女子，历来有不同评价。你是否同意他们的观点？你认为女主人公是一个怎样的人？

朱熹：“此淫妇为人所弃，而自叙其事，以道其悔恨之意也。”

钱锺书：“盖以私许始，以被弃终。初不自重，卒被人轻，旁观其事，诚足齿冷。”

鲍鹏山：“在《诗经》中最完美的女性，我以为便是那位卫国女子。”

在讨论探究中，同学们认为：朱熹是站在封建礼教的角度，维护封建礼法，对女子持完全批判的态度。他认为女主人公因感情而丧失理智，违背了礼法，由于婚后生活的坎坷，对自己的行为感到深刻的痛悔。钱锺书的观点在某种程度上沿袭朱熹的礼法思想，但已经投射出一种人道上的怜悯和同情。鲍鹏山的评价角度比较新，对女主人公给予了完全的赞美，只是对一个遭受婚姻伤害的女子没有表现出足够的同情。上述评价的相同之处全部是男性视角。

这个问题的设置，激活了学生的思维。在分析和评价前人观点的同时，学生从各自的生活和阅读经验出发阐发了更鲜活、更个性的理解。

> 辗转千年，这首诗吟唱至今。当我读过后，那份哀愁、那份美丽，带着独特而奇妙的气息感染了我。从古到今，总是多情女子负心汉。不知有多少女子和你有着相同的遭遇，又有多少女子所受苦难更为深重？我想这悲剧是因为古时男尊女卑的社会地位造成的。可是即使为社会所不容，你也要为自己的权利抗争，哪怕失败，哪怕零落成泥碾作尘，哪怕香消玉殒无人惜。
>
> 世上有一种女子，立在风雨斑驳的桥头，粲然微笑，任时光荏苒，任芳菲开落，不曾减损她分毫的风姿。她是坚强的花树，只是伫立便成风景。桑女，你就是这种如莲子般洁白的女子，今夜，我遥望那千年前的故事，千年前你的存在、你的风姿。我赞颂你！（杨鹤达）

这个十五岁的女孩子，从一个纯美的女性视角感叹并赞美了桑女追求爱情的勇气，其中融进了自己真实的爱情理想及情感追求。

再如：

> 作为恋人，桑女温柔深情，自主热烈，纯情真诚。作为妻子忠贞勤劳，善良和顺，遭遇情变后，怨恨痛苦，但被弃时并未一味自怜哀诉，而表现出决绝坚定的一面。桑女身上最耀眼的人性光辉始终没有改变：恋爱时的温柔深情和婚后的忠贞和顺、恋爱时的深情真诚和情变后的痛苦自伤、恋爱时的自主勇敢和被弃之后的决绝坚定都是一致的。面对每一次的角色转变，她都是那样的自立和自觉，虽然遭受损害和背叛，她没有一味地自伤自怜、怨天尤人，而依然保存着最初的那份真诚、善良和美好，保持着那份自主自尊。（王盟）

这段评价与鲍鹏山的观点基本一致，但对作品进行了更为具体深入的解读和理性的阐释。

第二，从共识性阐释背景出发，以同时代同主题的诗歌建构互文本，引导学生全面理解《氓》的人物形象及主题。

《诗经》中关于爱情主题的诗篇很多，既有表现爱情美好的篇章，也有表现婚姻悲剧的诗作。如《邶风·静女》，以男子的口吻写青年男女幽期密约的情景。“静女其姝，俟我于城隅。爱而不见，搔首踟蹰。”极传神地表现了一对恋人初会时的情趣。阅读《静女》可以帮助学生理解《氓》中女主人公恋爱时的单纯、痴迷，同时也可以理解“氓”最初求婚的真诚。

再如，《邶风·谷风》与《氓》同是弃妇诗，可以通过《谷风》与《氓》的对比阅读，更准确地理解女主人公的形象。两个女主人公都具有吃苦耐劳的精神，她们都是贤妻良母，为家庭付出青春，最后被喜新厌旧的丈夫抛弃。《谷风》的女主人公，毫无疾声怒颜之词，尽是殷殷相诉的哀哀之语，表现出她善良温顺又带软弱的性格。在回忆往事和述说情怀时怨而不怒，使人有"哀其不幸，怒其不争"之感。而《氓》的女主人公在性格上更为决绝果断。

通过互文本的对比阅读，学生进一步理解了人物形象和主题的悲剧意义。

> 《氓》的女主人公是一个勤劳、温柔、坚强的妇女形象。女主人公敢爱敢恨，温柔善良又性格刚烈。敢爱敢恨，敢作敢为，面对感情的是非时，绝不含糊，绝不忍气吞声。她对爱情和婚姻乃至命运的自主，在那个时代，是十分难能可贵的。在《诗经》的爱情诗中，像这样一位敢于大胆主导人生舞台的女子，又有多少呢？否则也不会被"礼制至上"的宋代朱熹称之为"淫妇"了。（张听雨）

> "女主人公的悲剧具有一定的必然性和普遍性。人类一个难以克服的也是基本的不平等，就是男女两性之间的不平等。"作为一个社会问题，丈夫因境遇变化或用情不专而遗弃结发之妻，在《诗经》中已多有反映。在男权社会中，女性在经济上、政治上都处于附属地位，她们的生活天地狭小，生活的幸福与否全寄托在丈夫身上。如果遇上一个对感情、对家庭不负责任的丈夫，那她的悲剧是不可避免的。其实，不仅是古代如此、中国如此，在现代文学与世界文学中，同样有很多类似的悲情主题。《氓》这首古老的诗，作为经典依然有着它的现实意义。（熊丽萌）

第三，从多元性阐释文本出发，以不同时代、相同主题的诗歌建构互文本，引导学生全面理解《氓》中的人物形象及社会意义。

历代诗歌中以女性口吻反映同主题的作品不少。可以有选择地构建互文本进行对比阅读。如汉乐府《有所思》的女主人公，对远方情郎的相思爱恋可谓真挚而热烈，可当"闻君有他心"的瞬间，她将那凝聚着一腔痴情的精美信物，"拉杂摧烧之。摧烧之，当风扬其灰。从今以往，勿复相思！"其行为何等愤激！又何等决绝！让人称赞，更令女性读者痛快，解气！然而诗结尾处的诸多不舍，实在是一种情感受伤的表现。

联系《氓》中女主人公的一味迁就、归顺以及受到的伤害，不难看出，迁就、顺从、果断、刚烈都不能避免感情或婚姻上的悲剧。那么由此引导学生思考一个更现实的问题：什么才是真正的爱？除了社会因素之外，作为一个生命个体，怎样才算真正具备了爱的能力？

可以通过当代诗歌《致橡树》的对比阅读，让学生进一步从前认知走向深入。诗人舒婷，以她的敏感、清醒和深刻吟唱出了女性对独立人格、健全心智、男女平等的向往和追求："我要做你身旁的一株木棉/作为树的形象和你站在一起。"这歌声是从几千年的妇女作为附属的男权社会的枷锁中挣脱而出的，是《氓》唱了几千年之后的、具有时代色彩的一种全新的女性爱情宣言。这声音和情绪里融化了多少代女子对婚姻爱情的苦苦求索。当回头再去审视《氓》中女主人公的悲剧命运时，学生便会更深刻地认识到这场婚姻悲剧的社会、性别，甚至性格根源。

我若是你，便会用强大的内心维护尊严。坚强而睿智的女子应当敢爱敢恨，爱的时候轰轰烈烈，该放手时冷静果断，不留一丝牵挂。与其在情感的沼泽地里痛苦挣扎，不如从容地放手过去，擦干眼角的泪水微笑着迎接崭新的未来。情感不是生活的全部，为情所伤而一蹶不振的人不是足够坚强。别让自己成为一个怨妇，要知道在风雨中依然怒放的玫瑰才是最令人惊叹的。（王赫文）

这位女同学的阅读视角，分明是从舒婷的《致橡树》中获得了对桑女的重新理解，对其婚姻悲剧的原因做了理性的思考。

还有的同学在读后感中对桑女悲剧原因及现实意义表明了独到的见解。

有人说，你的爱情悲剧是你一手造成的，在于你当初不理智的选择。但我想说，你是无辜的，那段爱情的结局是你宿命的注定。正是你的性格，定格了你悲情婚姻的轮廓；也正是你性格所闪耀出来的人格光辉，从古至今，一直保有着它的现实意义。你用你的经历，为现代人上了沉重而深刻的一课：很多事情是人们无法改变的，深陷囹圄时，应该做的并非悔不当初，而应保持清醒，奋力脱身，去迎接新的生活。另外，在如今男女平等、婚姻自由的时代，你的遭遇，一方面警示着人们要慎重对待婚姻，更要忠诚地对待一段爱情；另一方面也提醒着受到爱情伤害的痴情男女尽快抽身，勇敢地去追寻属于自己的真爱。（张弛）

三、学生在互文性阅读后的收获

《氓》从久远的过去唱到今天，它不仅是古代先民对爱情婚姻生活再现的经典之作，同样也是一种民族记忆和文化基因。不同时代、不同性别、不同身份的人对《氓》的解读是不同的，答案的丰富性在某种程度上恰恰证明了经典的魅力。我们花如此大的力气去阅读一首古诗，绝不是为了强求理解的一致、评价的统一，而在于要充分挖掘经典作品的最大价值。叶嘉莹说学习诗歌，能够使人心灵不死，因为它能使你“养成对于诗词中之感发生命的一种不能自已的深情的共鸣”！这也正是我们今天古典诗歌教学中极为重要的内涵。

互文视野下，学生前认知中对于人物形象和主题的种种困惑，通过互文性阅读已基本解决。学生从最初的无意识的性别角色维护走向了理性和客观的评价，从前认知走向了对文本、对形象、对主题的全面理解和把握。他们不仅丰富了知识，活跃了思维，更扩充了个人情感的文化容量。他们在爱情观上获得这样的共识：

> 爱情之路的确幸福而美好，但同样也会有痛苦和伤害。任何美好的东西往往都有等量的苦难。正因为如此，真爱才越发显得美好。不要因为怕受伤就不敢去追求幸福，对未来，对生活还是要勇敢一点。只是不要随意开始一段感情，更不能随便放弃一个曾经。无论男性还是女性，拥有独立的人格，拥有真诚负责的态度，懂得珍爱、珍重，才是具备了爱的情感能力，才能获得真正的爱情和幸福。（尹嘉辉）

这是他们在互文性阅读中的收获，也是《氓》这首三千年前的古诗，在今天，在中学教材中所实现的重要教育价值之一。

（原载《语文教学通讯》2012 年第 4 期）

高中文言文教学中文学教育之初探

一　绪论

高中文言文作为语文教学的一个重要组成部分，其地位之重要是不言而喻的。文言文作为一种历史文化现象，以简约凝练的语言承载着传统文化的精华与中华民族的思想智慧，千百年来滋养着一代又一代读书人的心灵与精神。人们甚至可以引“传承文明，孕育未来”这样大气磅礴的词语来表述它们在中华五千年文明发展中的作用。高中文言文所选录的每一篇流传至今的作品，都是经历了上千年锤炼、凝聚着中国古代文化精华的精品。其用语之凝练、结构之精巧非寻常文章可及，而其中所蕴涵的思想性、审美性和变幻多端的表现技巧更是令人叹为观止。它是提高学生的思想认识水平、文学鉴赏能力、审美能力和综合素质的一个重要途径。开创中国新文学的大师们，像胡适、鲁迅、叶圣陶、朱自清、冰心、巴金等，之所以取得辉煌的文学成就，与他们深厚的文言修养是分不开的。巴金在《谈我的散文》一文中曾写道：“这两百多篇‘古文’（指《古文观止》中的200多篇文章），可以说是我真正的启蒙先生。我后来写了二十多本散文，跟这个启蒙先生很有关系。”

高中新课标对文言文的阅读教学有两方面的要求。一是要能借助注释和工具书理解词句含义，读懂文章内容；了解并梳理常见的文言实词、文言虚词、文言句式的意义或用法，注重在阅读实践中举一反三；背诵一定数量的名篇。二是体会作品中蕴涵的中华民族精神，为形成一定的传统文化底蕴奠定基础；学习从历史发展的角度理解古代作品的内容价值，从中汲取民族智慧；用现代观念审视作品，评价其积极意义与历史局限。人教社课程教材研究所的顾之川在《新编高中语文教材答问十题》中也曾坦言：“高中生多读古代作品，既可以培养阅读浅易文言文的能力，又能培养文学鉴赏能力，还有助于吸取中国传统文化的精华，提高文化品位和审美情趣。”凡此都在证明一个共同的观点：文言文的文学功能不可忽视。

但在今天的高中文言文教学实践中，文言文的文学教育未得到应有的重视。本文立足于高中教材所选的基本篇目，力图反思当前文言文教学的现状，借鉴台湾国学教育启示，矫正文言文教学中只重知识传授，忽视文学教育的做法，正确认识文学教育在文言文教学中的地位，探讨在高中的文言教学时实施文学教育的意义和途径，充分挖掘文言文篇目的文学含量；引导学生逐渐学会解读文学形象，感悟艺术特色，品味课文中含义隽永或效果鲜明的语言，主张从文学教育的角度重新审视文言作品，充分挖掘其思想内涵、艺术特点和审美价值，从而提高学生的思想认识水平、文学鉴赏能力和综合素质。

（一）当前文言文的教学误区及其反思

“文言文教学是语文教学改革的一个‘死角’，即使在语文教学改革很红火的年代，文言文教学这块‘世袭领地’上仍然是一派‘春风不度玉门关’的荒凉景象。”（钱梦龙《文言文教学改革刍议》）即使在新课标积极推进的今天，传统教学中“字字落实，句句清楚”的“八字真经”仍被许多教师奉为至宝。重文言实词解释，轻文章思想情感的体悟；重词类活用、文言句式的讲解，轻文章意境情韵的涵咏；重古今异义、常见通假的记忆，轻文章文化内涵的开掘。常常用一种固定模式组织教学，照本宣科，一译百了。课堂缺少创新，缺少探索与研究，缺少美的意蕴。教师在讲授时常常过于注重语法教学而忽略了文字美的赏读，过于注重条分缕析而忽视了内容美的领悟，过于注重固定化的授予而淡化了形象美的感动。学生在学习中往往精于词性活用的分析而拙于优美语言的鉴赏品味，熟悉句式句段的分析而对思想内容的深度难以把握，死记翻译大意而流失了自己充分的理解感动。文言文中文学教育的缺失是教学目的的重大偏差，也直接导致了教学效果的严重弱化，在不自觉中阻碍了学生对美的追求，损害了文言文的丰富内涵。这对培养学生的语文素质极为不利。

这里无意否定文言文的词句解释的重要性，但是在教学的实际效果上，这种只重“言”而忽略“文”的方式严重地束缚着学生的思维，遏制了学生的创造力，学生不懂得自己为什么要学这些“之乎者也”，更罔谈文言文的文化意义与文学价值，优美典雅的文言文被弄得支离破碎，本该活泼的课堂气氛被搞得死气沉沉，文言文教学效率低下。也令文言文沦为学生难以接受，甚至拒绝接受的“残羹冷炙”。

造成当前文言文教学效果“少、慢、差、费”的重要原因往往来自这样一些观念：

1. 轻视文言文的文学价值。历来选入教材的文言文，绝大多数为文学作品或为取其具有文学性而入选的其他作品。进行文言文教学时，教师更应该侧重于欣赏，想象文中之景，体味文中之情，感悟文中之道，传承文中之“雅”，在掌握字面意义的基础上，理解思想内容，学习表现形式，使学生从中受到教育熏陶，学到语言表达技巧，提高读写能力。

2. 忽视了古今文章之间的文学传承性。不少教师夸大了文言文和现代汉语的差异性，其实，古今汉语之间有着千丝万缕的联系，文言文的优秀成分和修辞句法在现代汉语中得到了很多保留。鲁迅、巴金、郁达夫、林语堂等一大批文学家的作品中，无不具有中国古代散文的传统因子。这种传承是我们文言文教学的一个重要前提，然而，这个前提常常为大家所忽视。

3. 低估学生的语言生成能力和文学感悟能力。其实“时代更迭，人情如一”，即使相隔千年，并不妨碍我们领会“晴空一鹤排云上，便引诗情到碧霄”的兴致、“沉舟侧畔千帆过，病树前头万木春”的胸襟、“静看蜂教诲，闲想鹤仪形”的俊逸、“新松恨不高千尺，恶竹应须斩万竿”的豪情，当然还有“一片花飞减却春，风飘万点正愁人”的哀婉和“酒债寻常行处有，人生七十古来稀”的洒脱。关注人情人性之美的文学教学，往往可以有效地沟通古今，将文言文中深蕴的情怀送抵学生的心底。

总之，现行文言文教学仅仅滞留在“懂”的层面上，严重忽略了文言文的文学价值，没有将文言文的教学目的上升至增强学生语言功底、文学素养的高度。以为只有一字一句“落实”了，文言文的教学任务才算完成了，即使一些教师意识到现行文言文教学的弊端，也常常由于先前的一套简单易行，且应付考试尚可，也就心安理得地照旧。

（二）台湾文言文教育的启示

台湾一直沿用过去的说法，将“语文”称作“国文”，高中教材中“国文”的比例高达70%，教学设计颇有启示。例如选编《论语》部分时，在“论”后设立的“问题与讨论”栏目：

1. 既然说“匹夫不可夺志”，但是，如果一个人在志向执行上有困难，是否仍然要不顾一切地坚持下去呢？

2. 试举出历史上三位当得起“岁寒，然后知松柏之后凋也”的人物。

显然，编者在启发学生吸取传统文化价值观的同时，又将之与现代社会生活结合，引导学生去进一步思索人生所可能面对的各种复杂的境遇，把握坚持与变通的关系，而不是一味地生吞活剥。问题并没有固定的答案，旨在引导学生思考如何立身处世、提高自我修养。最可贵的是，编者并不回避古今观念的碰撞，而是启发学生如何以现代的眼光去吸取古典文化的精髓，重新审视和理解其价值，而不是一味地解词释句，将文言文看成僵死的、一成不变的东西。

在文言文试题方面，他们同样锐意改革，“文”气纵横。“台湾2001年大学联考国文科试题”选择题第 13 题：

罗董事长的三位朋友分别过七十大寿、乔迁新居、分店开幕。如果你是董事长的秘书，下面三副对联该如何送才恰当？

（甲）大启而宇，长发其祥

（乙）交以道接以礼，近者悦远者来

（丙）室有芝兰春自永，人如松柏岁长新

A 甲送乔迁新居者；乙送分店开幕者；丙送过七十大寿者

B 甲送分店开幕者；乙送乔迁新居者；丙送过七十大寿者

C 甲送过七十大寿者；乙送乔迁新居者；丙送分店开幕者

D 甲送过七十大寿者；乙送分店开幕者；丙送乔迁新居者

答案是 A。

又如 2002 年选择题中第 6 题：

“城中好高髻，四方高一尺；城中好广眉，四方且半额；城中好大袖，四方全匹帛”是一首汉代流行的歌谣，下列文句，与其意义最接近的是：

A 人弃我取，人取我予

B 入乡问禁，入境随俗

C 风行草偃，变本加厉

D 追求时髦，风尚互异

答案是 C，此题将汉代歌谣与成语对接，创造出奇妙的间离效果。

命题者处处扣紧“国文”两字，将中国传统文化的博大精深、文学的绚烂多彩，以试题的形式呈现出来，凡经史子集、诗词歌赋、戏曲歌谣、成语对联，以及现代诗歌小说散文等，均被信手拈入。古今上下，彼此融通，充满了丰富的想象力和创造力。

台湾“国文”教育中对古文文学价值的开掘、文化内涵的重视，对于纠正我们当前文言文教学的弊端极富启示意义。

（三）在文言文教学中实施文学教育的意义

中学文言文教学的一个重要目标是“借助工具书和有关资料，读懂不太艰深的古代诗文”。作为经典的文学作品，文言文的教学是否应该，或者必须渗透一些文学审美因素呢？我们民族的情感方式、思维习惯、文化心态、风情信仰、审美情趣等，在文言文中有着完整的记录和充分的反映，从文学的角度对文言文进行深入的品读甚至可以在一定程度上窥探出我国悠久的文明，以及多姿多彩的文化。正如陈建民先生所言：“汉语词语的文学内涵是指时代和历史赋予词语丰富的社会文化含义，或在词汇意义的基础上附加上文学象征意义、文学比喻意义、文化引申义和文化色彩义。”文言文教学不能脱离其文学的内涵，引导学生通过文学角度来进行文言文的学习无论如何都是一种很有必要的尝试。

荷尔德林说，“诗性的衰颓实质上是人性的萎缩”，文言文教学中“诗性”亦即文学性的缺乏必须在文化的高度被提出和被关注。一个远离文学的民族，算不上是文明的民族，如果我们继续将文言文作为语法的例句支离割裂，我们对母语的感情的研究将越来越趋于空白；如果我们的课堂教学正在偏离“美”的原则，那么，我们的心灵也正在向粗糙和肤浅、丑陋和病态的深渊滑落。

《普通高中语文课程标准（实验）》的教科书编写建议要求“要重视继承和弘扬中华民族优秀文化，理解和尊重多元文化，要有助于学生增强民族自尊心和爱国热情，有助于学生树立正确的世界观、人生观和价值观”。在全面推行新课程标准的今天，文言文教学也要改革文言文教学方式，既要有“言”，又不能忘记“文”，不能把文言文仅仅当做文言知识的例子，而要用问题探讨、活动体验和对文本的现代解读等方式把“文言”“语体”打通，不但要让学生理解作品的文字大略，更要探索作品的丰富意蕴，领悟作品的艺术魅力，学会用审美的眼光和现代的观念审视和评价文言文，用新的解读视角去发现和再认识文言文。

当然，在文言文中实施文学教育不是要把学生都培养成诗人或者散学家，但是，我们至少可以让他们爱古文、爱读古文，让他们在古典的海洋中涵泳性情，在文学的殿堂里徜徉精神，在民族文化的深厚土壤上放飞心灵。一个人在中学时代的文言阅读，注定要影响他的一生，他的心灵空间和人文视野、他的价值取向和精神旨归、他的文化胸襟和审美情趣，都是在此基础上发生发展的。文言文的文学教育就是要让学生自由出入古今，获得语文学习的解放，把学生培养成具有民族情感、懂得民族表达方式的人，让我们的语文教学带上一层文化的色彩和诗性的光辉。

二　高中文言文文学教育所关注的基本内容

针对目前高中文言文教学中过于注重语法教学而忽略了文字的赏读、过于注重条分缕析而忽视了内涵的领悟、过于注重固定化的授予而淡化了形象的感动的痼疾，文言文的文学教育力图发掘文言文之思想的厚重、情感的蕴藉、审美的趣味、语言的意韵和形象的生动，引领学生徜徉于千古佳作的神奇美妙的境界，流连于祖国文化深厚迷人的海洋，让学生在思想内容上多些感悟，多些升华，在形象技法上多些感动、多些向往，在文字上更增些品味，增些风采，从而真正提高学生的语文素质。

关注点之一：含英咀华，体味文言文语言之意韵

汉语，从古到今一脉相承，犹如一条墨写的黄河，蜿蜒至今。古代散文中有汉赋铺陈，也有史悬日月；有唐宋古文，也有明清小品。入选高中课本的篇目，历史人文色彩极为浓重，均可谓真正的“古文观止”。从语言特色来看，这些文章或音韵谐调，或整散结合；或写实朴素，或比拟夸张；或气势磅礴，或娟秀优美；或情景交融，或直抒胸臆。中国人的情趣、信念、风情、逻辑，就藏匿其中。汉语的精练、优雅和丰盈，世所公认。

我们不妨以高中课本中的先秦散文为例，赏一赏史传散文（《左传》）叙事语言的简练，品一品诸子散文（《孟子》）雄辩的语言技巧。

（一）《烛之武退秦师》语言之简练

《烛之武退秦师》是《左传》中记述外交辞令的名篇，跟《左传》中其他精彩的外交辞令一样，代表了《左传》语言艺术的最高成就。在教学中除字词疏通之外，赏析烛之武精彩的外交辞令和本文简练的叙事语言，可以使我们在教学中充分挖掘《左传》的文学价值。

1. 赏读外交辞令的精彩，体会语言艺术。老臣烛之武在国难当头的情势下捐释前嫌，勇敢地以弱国使者的身份担负起“退秦师”的外交使命。他“夜缒而出”见秦伯（秦穆公），要劝说秦国退军。怎样开口呢？从哪个角度进入说辞呢？——好的开头是成功的一半。这个开头太费斟酌了，如果一开口就低三下四地乞求秦国退军，太有失国家的尊严，秦穆公也不会轻易答应；如果一开口就数落秦、晋围郑的“不义”，反而会激怒秦穆公——因为春秋时期的那些战争无所谓正义非正义；如果一开口就说晋国的坏话，离间秦、晋联盟，这样太直露了，可能让秦穆公一开始就觉得烛之武是“说客”而拒之于门外。烛之武不愧是外交经验丰富的老臣，他深知此行干系甚大，于是一开始采取了以退为进的策略，处处为秦国考虑打算。最终说服了秦穆公退军，又瓦解了秦晋联盟，圆满地完成了这次外交使命，而且又有意外的收获——秦国反过来与郑国建立了联盟关系（这又成了之后秦晋崤之战的前奏），不但一箭双雕，而且成了“一箭三雕”，真可谓“三寸不烂之舌，强于百万之师”！

烛之武退秦师的这段说辞仅 125 个字，却是一篇脍炙人口的外交辞令。其绝妙之处在于：首先，烛之武是郑国的使臣，代表的是郑国的利益，他的目的是要挽救郑国，但整个说辞没有一句是站在郑国的利益上替郑国着想，而是处处站在秦国的利益上替秦国着想，所以能打动并说服秦穆公退军；实际上却处处为郑国

利益着想，这种迂回策略太高明了。其次，说辞的三层意思前后关联，层层深入，步步逼近。第一层先作谦卑态，以获得秦穆公的好感，并满足秦穆公好大喜功的心理；站稳脚跟后接着摆出灭郑后“邻之厚，君之薄”的利害得失，使秦穆公不得不警惕；最后揭露晋国的贪得无厌和野心，这样就彻底瓦解了秦晋联盟，达到了退秦军的目的。最后，整个说辞绵里藏针，柔中有刚，平和谦卑中露锋芒，曲折委婉中显气骨。而且每一层说辞都先用肯定语气，再用一“若”字引起的假设语气，从正反两方面去陈说利害得失，所以说理极为透彻。烛之武不愧是春秋时期杰出的外交家。他的这段外交辞令，在当时曾实实在在地发挥了作用，无疑是经过实践检验的绝妙言辞，经过《左传》作者的润色、加工、锤炼，成为千古传诵的美文。

2.《烛之武退秦师》还充分体现了《左传》叙事语言的高度凝练。文章第一段寥寥25字，却道出很多内容。第一，写出了形势：“晋侯、秦伯围郑”，两大国围一小国——兵临城下，形势严峻；第二，写出围郑原因：“以其无礼于晋，且贰于楚也”，两事与晋利害相关，和秦利害关系不大——秦可以争取；第三，写出驻军位置：“晋军函陵，秦军氾南”，分兵驻扎——郑有机会单独与秦接触。25个字所达到的效果：既营造了大军压境的紧张氛围：秦晋围郑，来势凶猛；弱小郑国，危如累卵；也为烛之武出使设置了一个背景，烘托突出其形象。既道出了秦晋围郑的原因，又暗示郑国有机可乘（秦师出无名），为“烛之武退秦师”埋下了伏笔。由此不难看出《左传》的艺术特色：在叙事语言上的简练和行文上的严谨照应。

（二）《孟子》散文语言之雄辩

《孟子》在先秦诸子散文中尤以论辩见长。孟子曾说：“予岂好辩哉？予不得已也。”（《滕文公下》）在百家争鸣的时代，要阐明自己的观点，维护自己的立场，批评其他学派，就不得不进行论辩。事实上，好辩不仅是《孟子》的特征，《墨子》《庄子》《荀子》《韩非子》等莫不如此。《孟子》的论辩文，在逻辑上也许不如《墨子》严谨，但更具有艺术的表现力，具有文学散文的性质。高中文言文教学中，《孟子》的文章有六篇。除高一学到《寡人之于国也》之外，其他几篇均在第五册的《孟子》单元。在第五册的单元总结时，有必要引领学生结合具体篇目对《孟子》散文的论辩艺术作一概括归纳，从而更好地把握并借鉴其语言风格和行文思路。比如：

1. 小题大做，借题发挥。

孟子善于从平常的小事入手，用他敏锐的目光，洞察事件本身的深刻内涵，借题发挥，因势利导地宣传自己的主张。这点在《庄暴见孟子》一文中表现得尤为突出。庄暴见孟子，曰：“暴见于王，王语暴以好乐，暴未有以对也。”曰：

"好乐何如?"孟子曰:"王之好乐甚,则齐国其庶几乎?"他日,见于王,曰:"王尝语庄子以好乐,有诸?"

齐宣王向庄暴谈了爱好音乐的事,庄暴不知道如何回答,孟子从中看到了惠王爱好音乐的隐忧:国王若一味沉溺于享乐则会荒废政事,于国不利。于是,孟子趁机向齐宣王谈起了"与民同乐则王"的道理。从小事入手,借题发挥,看似不经意,实则体现了孟子善于抓住时机,时时刻刻不忘推行自己"仁爱"学说的心态,孟子爱民之迫切之恒久,可见一斑。

2. 出其不意,引人入瓮。

孟子不愧是论辩的大家,谈话的高手,在谈话的时候,不管对方愿意还是不愿意,他都能巧妙地把对方引导到自己设计好的话题中,从而牢牢地把握住谈话的主动权,按照他自己的思路将谈话进行到底。以《齐桓晋文之事》为例,齐宣王问曰:"齐桓晋文之事可得闻乎?"孟子对曰:"仲尼之徒无道桓文之事者,是以后世无传焉,臣未之闻也。无以,则王乎?"齐宣王问"齐桓晋文之事"实际上就是问孟子如何通过武力征伐而实行"霸道"的策略。作为反对武力征伐,一心要推行"仁政"、实行"王道"的孟子是坚决反对通过战争手段来开辟疆土的,因此,"无道""无传""未之闻"巧妙地避开了齐宣王所谈的话题,而自然地转入自己要谈的"王道"的话题。

《寡人之于国也》一文。孟子把握梁惠王希望更多的百姓归附自己的心理,进行仁政思想的宣传,引导梁惠王实行王道政治。虑及惠王那尊贵的地位、心高气傲的性格,孟子先避其锋芒,再投其所好讲一个寓言故事,一步步争取了主动。王道政治的理想与魏国的社会现实相对比,孰是孰非,黑白分明。而"斯天下之民至焉"又具有极大的诱惑力,魏王接受孟子,也就在情理之中了。起篇没有直接驳斥,也不回答惠王的问题,"五十步笑百步"的故事精妙绝伦,看似漫不经心,却暗藏机锋,"循循善诱",陷惠王于被动。通过故事"迫使"惠王自我否定,在惠王无力还击的心态下,为自己正面提出主张铺平了道路之后,孟子才一发而不可收,充分透彻地阐述自己的观点。

《庄暴见孟子》一文,孟子见到齐宣王,曰:"王尝语庄子以好乐,有诸?"王变乎色,曰:"寡人非能好先王之乐也,直好世俗之乐耳。""王变乎色",说明一开始谈话就出现了僵局,对于爱好音乐这件事,齐宣王似乎也觉得不登大雅之堂,从而缺少信心,所以显得非常尴尬。孟子对谈爱好音乐这样的个人问题兴趣不大,他的谈话目的是要谈"与民同乐"的大问题,于是,孟子安慰道:"王之好乐甚,则齐国其庶几乎。今之乐犹古之乐也。"得到孟子的夸奖,齐宣王原来的窘迫一扫而空,兴致勃勃地问道:"可得闻与?"齐宣王来了兴趣,孟子就开始侃侃而谈他的"与民同乐"的话题了。

3. 想象丰富，设计场景。

孟子的文章给人以气势磅礴、摇曳多姿之感。在孟子的文章中，读者会进入一个又一个鲜活生动的场景之中，带着想象的翅膀和孟子一起去畅游他所设计的一个个场景。孟子文中的场景则是人物活动与主题思想的高度统一，透过这一个个孟子精心设计的场景，谈话者在想象中，自己去品味、去反思，不知不觉中，已经受到他思想的深深的感染。《齐桓晋文之事》一文中，“七十者可以食肉”“八口之家可以无饥”“颁白者不负戴于道路”等国泰民安远景的想象，让齐宣王在想象实行王道之后，人民安居乐业、生活富裕充实、人人懂礼仪讲仁爱，自然而然地接受了孟子“保民而王”的思想。

《庄暴见孟子》中，孟子用他驰骋的想象力，为我们勾画了两幅截然不同的画面，不与民同乐，百姓痛心疾首；与民同乐，百姓欣欣然有喜色。生动形象的画面，阐述了这样一个简单的道理：得民心者得天下，与民同乐者可称王。

4. 正反对比，深刻鲜明。

孟子喜欢用对比，以揭示矛盾，阐发观点，给人以不容辩驳的感染力，深刻地阐明道理，鲜明地表白自己的观点。如“得道者多助，失道者寡助。寡助之至，亲戚畔之；多助之至，天下顺之。以天下之所顺，攻亲戚之所畔，故君子有不战，战必胜矣。”在这里，孟子用对比的方法，阐明了道之多寡对于战争胜负的关系，启发统治者关注人心所向的大问题。再如孟子曰：“鱼，我所欲也，熊掌，亦我所欲也；二者不可得兼，舍鱼而取熊掌者也。生，亦我所欲也，义，亦我所欲也；二者不可得兼，舍生而取义者也。”孟子在设喻的基础上，通过对比，旗帜鲜明地表达了自己舍生取义的人生追求，既深入浅出，又振聋发聩。

《孟子》中的论辩文，也巧妙灵活地运用了逻辑推理的方法。孟子得心应手地运用类比推理，往往是欲擒故纵，反复诘难，迂回曲折地把对方引入自己预设的结论中。

北京大学教授王岳川说过，“古典的汉语思想无不充满诗意，语言的简洁明快、意蕴悠长，思想的辩证圆融、朴实无华，这是汉语的魅力所在。汉语思想是用母语思考祖国的现实与未来。也是用最适合自己的语言思考世界的现实与未来。选择最适合自己的思维方式来思考问题，这是汉语对中国的意义。”在文言文教学中，只有挖掘语言特色，引领学生自主感悟，倾心陶醉，体味文言文的语言之意韵，才真正抓住了文言文教学的个中三昧。

关注点之二：品读赏鉴，文言文塑造形象之手法

翻开高中文言文，我们会感动于蔺相如的深明大义、智勇兼备，廉颇的忠勇不二、知错善改；折服于信陵君的礼贤下士、顾全大局，侯生的足智多谋、重义

轻生；也会感叹于周瑜的多谋、善断的儒将风度，曹操的自负谋略、奸诈多疑。古代散文为我们提供了形象生动、性格丰满的人物长廊，所有这些，无不充满着浓重的人文气息，无不让人心驰神往。优秀的文言文往往能够刻画出鲜明生动的人物形象，百代以下的读者亦为他们的言行神思而喜怒哀乐，在与他们的共鸣中得到审美愉悦，得到灵魂的荡涤。我们要引导学生通过对人物语言、行为、神情的深入理解与讨论，细细品读鉴赏塑造人物形象的技法，让学生在把握人物性格的同时，个体的情感得到陶冶，审美得到提高，写作素养得到提升。从而全方位地汲取文学营养 。

在入选的高中文言文中，除第二册《项羽本纪》（《鸿门宴》）之外，第六册史记单元（《廉颇蔺相如列传》《信陵君窃符救赵》《报任安书》等作品）为我们提供了一组栩栩如生的历史人物形象。我们不妨以《史记》中的选文为例，通过分析一组生动传神的人物形象，引导学生探讨刻画人物形象的两种写作技法。

（一）《史记》善于选择典型事件，通过行动表现人物

司马迁在尊重历史事实的基础上，利用文学手段，对收集到的事实材料进行精心的取舍剪裁，选取典型事件，通过直接对人物在事件中的行动来表现人物形象，使人物形象在不违背基本史实的前提下具有高度的概括性和典型性，使人物雕塑般鲜明地直立起来，给读者留下深刻的印象。《项羽本纪》和《廉颇蔺相如列传》就是这方面的典型例子。

项羽是一个悲剧性的历史人物。项羽的一生经历了由成功到失败，从兴盛到衰弱的过程，项羽的性格也从在战场上的当机立断转变为在政治斗争舞台上的优柔寡断。要表现出时空跨度如此之大、性格变化如此复杂的项羽形象，司马迁在《项羽本纪》中独具匠心，选取了三个既能够显示项羽一生由盛而衰的转折过程，又能够充分表现项羽性格变化的典型的重大历史事件："巨鹿之战""鸿门之会""垓下之围"，通过对这三个典型事件的叙写，通过对项羽在这三段故事中的各种行动的直接描绘，成功地刻画出了项羽这一传颂千古的英雄形象。

"巨鹿之战"是灭亡秦朝、奠定项羽霸业的关键性重大战役。文章通过对项羽在巨鹿之战中的直接描绘和诸将侧面的烘托，项羽那勇猛决断、叱咤风云、威震天下诸侯的英雄形象跃然纸上，真切感人。"鸿门之会"是楚汉相争的一次尖锐斗争，也是项羽由胜逐步转败的关键环节。鸿门之会前，项羽闻沛公欲王关中，勃然大怒，曰："旦日飨士卒，为击破沛公军！"粗犷直率、性如烈焰的性格如在眼前。鸿门之会过程中，与刘邦一见面，项羽就心无防线地直言："此沛公左司马曹无伤言之。"把透露消息给他的曹无伤和盘托出，显示出政治斗争上的幼稚。当"范增数目项王，举所佩玉玦以示之者三"，暗示其杀刘邦时，他却"默然不应"。这一描写，既表现了项羽光明磊落、不搞阴谋的英雄本色，也揭

示了项羽在政治斗争方面“妇人之仁”的寡断特点。正是由于项羽这一性格上的弱点，使刘邦能从“鸿门之会”上从容溜走，脱身而去。项羽的这一“放虎归山”，确定了他最后失败的悲剧结局。“鸿门之会”的叙写，充分体现了项羽性格的转变及其复杂性。“垓下之围”是项羽一生中的最后一战，也是项羽的最后失败。项羽慷慨悲歌、愤激悲壮的特点跃然而出，充分地表现了项羽的威武神勇、激越壮烈的特点。

再如，《廉颇蔺相如列传》对蔺相如这一形象的刻画，司马迁也是从历史上蔺相如一生中所经历的重大历史事件中撷取了完璧归赵、渑池之会、将相交欢三个典型事件，使血肉丰满、栩栩如生的蔺相如形象站在了读者面前。完璧归赵是大家熟悉的传奇性故事。正在赵王左右为难、举棋不定之时，蔺相如献计献策，其当机立断、善于谋略、胆识过人的特点，不言而自出。到了秦廷之上，蔺相如首先有礼貌地奉璧给秦王，但当观察到“秦王无意偿赵城”时，他又胸有成竹、不动声色地施用巧计夺回和氏璧；为了防止秦王在朝廷之上强行夺璧，他又“持璧睨柱，欲以击柱”，威胁秦王，从而折服了强秦，最后终于“归璧于赵”。这一场与秦王面对面斗争的描绘，直接表现了蔺相如不畏强暴、足智多谋、智勇双全的性格特点。渑池之会是蔺相如又一次与秦王展开面对面斗争的传奇故事。渑池会上，蔺相如针锋相对，以同归于尽威胁秦王，顶住了秦王的淫威。渑池之会的描写，使蔺相如的爱国主义思想、超人的勇敢等特点得到了淋漓尽致的表现。将相交欢，是对蔺相如另一方面的品质的揭示。蔺相如博大的胸襟、宽阔的胸怀、公而忘私的品质，给人留下了深刻的印象，感染了历代的读者。

《史记》中善于撷取典型事件，通过行动叙写来表现人物形象的精彩篇章还很多，如《魏公子列传》中，以礼遇侯嬴为典型例子表现魏公子“仁而下士”的为人性格，而以窃符救赵的重大事件来突出魏公子及其门客的英雄气概和侠义节操。这许多篇章所表现的人物形象都是司马迁巧于剪裁、善于选材、精心创作的结果，千百年来为广大读者所传诵。

（二）《史记》善于提炼声口毕肖的对话语言，显现人物形象

司马迁深谙人物对话语言的作用，因此，他在《史记》中特别讲究人物对话语言的提炼，创造性地运用人物对话语言，既增强了《史记》作为历史的真实性，又形象鲜明地刻画出人物的性格。《廉颇蔺相如列传》中的人物对话语言，就是其中的典型例子。

《廉颇蔺相如列传》中，大段的对话语言占了很大的篇幅。文章中重点刻画的蔺相如大智大勇、智勇兼备和公而忘私的特点，很大部分是以对话语言表现出来的，这自不必多说，而要特别提出来的是文章中花的笔墨较少的廉颇形象，其主要是依赖于对话语言来表现出性格的。文章在叙述渑池之会、将相交欢两个典型

情节的过程中，只描绘了廉颇的三次对话。第一次，在赵王与蔺相如赴渑池之会时，“廉颇送至境，与王诀曰：‘王行，度道里会遇之礼毕，还，不过三十日。三十日不还，则请立太子为王，以绝秦望。’王许之。”廉颇的诀别话语，表现了他不仅是一位能打善战的将军，还是一位很有政治头脑的大将。他考虑到赵王此行所需的时间、可能出现的情况，更考虑到强秦的虎狼之心、赵王赴会的凶多吉少，因此，他作了最坏的打算，做好了与强秦继续斗争下去的妥善安排。第二次，在渑池之会后，赵王“以相如功大，拜为上卿，位在廉颇之右，廉颇曰：‘我为赵将，有攻城野战之大功，而蔺相如徒以口舌为劳，而位居我上！且相如素贱人，吾羞，不忍为之下！’宣言曰：‘我见相如，必辱之！’”带兵冲锋陷阵、策马千里的将军是何等的直率，但又是如此的自高自大、心胸狭窄。司马迁设置的这一情节，提炼的这段对话，于情于理，都是真实可信的。第三次，当廉颇得知蔺相如“先国家之急而后私仇”，为了国家的利益而置个人荣辱于不顾，对他处处极力退让时，他马上“肉袒负荆，因宾客至蔺相如门谢罪，曰：‘鄙贱之人，不知将军宽之至此也！’”在这里，廉颇热爱祖国、知过就改的思想得到了充分的表现，也再次突出了他坦诚直率的性格。司马迁通过这三次对话语言的安排，廉颇坦诚直率、粗中有细、知错就改的可爱形象呼之欲出。

需要指出的是，司马迁在《史记》中刻画历史人物形象时技法的运用并不是单一的技巧，而是多种技法综合运用的结果。《史记》刻画人物形象的这种种技法，不仅影响了我国的历史写作和文学创作，直到今天也还是我们在写作记叙文时的极好借鉴。

关注点之三：披文入情，领略情感之蕴藉

文言文虽已非今日之惯用语言，但其词义之美及隐喻之情，依然是今日我们得以抒发情感的方式之一。蕴藏在文言文中的情感之美，今日依然闪烁着动人的光芒。古文后面的情感与价值，依然有着强大的生命力。如《孟子》“数罟不入洿池，鱼鳖不可胜食也；斧斤以时入山林，材木不可胜用也”，这不只是美文，更传递了一种生态价值，传递了孟子对生民的关怀与悲悯。“天朗气清，惠风和畅”的淡远，“悦亲戚之情话，乐琴书以消忧”的雅趣，“相与枕藉乎舟中，不知东方之既白”的从容……浩瀚的传统文化的海洋中，情感美犹如一朵朵浪花，常开不败，留香千载。文言文的文学教育，就是要引导学生通过细致的阅读，领会蕴涵在文章中的情感美，接受情感美的陶冶，让学生的头脑、精神直至灵魂变得澄明、丰富、深刻和美好起来。

我们试以《兰亭集序》和《项脊轩志》为例，披文入情，探本求源，把着促成诗人创作动机的真实性情，领略作者的情感蕴藉。

（一）《兰亭集序》悲乐相生，真情深沉

王羲之的《兰亭集序》生动地记叙了东晋永和九年三月初三一群文人墨客游宴兰亭、临流赋诗的空前盛况，抒发了诗人对宇宙人生的深沉感喟。依情感变化的脉络可分为两大部分，第一部分写景叙事，再现欢乐场景，第二部分抒情议论，表现人生悲痛。前者叙“乐”真实，后者抒“悲”深沉。

1. 叙“乐”真切。第一部分描述人事景物，天时地利，文辞简约，意韵丰厚，多方点示，聚焦一“乐”。具体分析，其“乐”有五：

一乐名士济济，聚会兰亭。作为游宴雅集，以文会友，以酒倾心，不是比赛官位，甄别穷达，所以文中对人物的介绍只有八个字：“群贤毕至，少长咸集”。摒弃了介绍官职、地位的庸俗写法。这也表现出王羲之清高雅致的情怀。

二乐山环水绕，境界清幽。崇山峻岭，气势高峻；茂林修竹，幽深静谧；清澈溪流，洁净明朗；流水急湍，飞花溅玉。这些景物清纯明朗，晶莹亮丽，生机盎然，活力无限，字里行间无不流露出诗人流连山水的舒心惬意。写林写竹，也只言其“茂”，言其“修”，而弃其碧绿苍翠，极力营造一种素淡、雅致的格调。这样的山水，正可以涵养淡泊、宁静的心性。文字格调的淡雅正是作者人格性情的体现。王羲之舍万千风物不说，专挑茂林修竹入文，其实正暗示了作者清幽高洁、洒脱不俗的人格情操。

三乐饮酒赋诗，畅叙幽情。曲水流觞，亦歌亦咏，抒情言志，自由自在。这种群集宴饮有别于纸醉金迷、浅斟低唱的豪华气派，更多地带有文人娱情山水、放浪形骸的特点，甚至还有幽深清远的林下风流。诗人们可以毫无顾忌地坦露真实的自我。所以，“虽无丝竹管弦之盛”，但“一觞一咏，亦足以畅叙幽情”。

四乐天朗气清，风和日暖。天高气爽，玉宇澄清，微风拂拂，暖意融融，丽日晴空而视通万里，情满天地而思接千载。这份融入天地的快适舒畅非亲历者不能体会。

五乐仰观俯察，游目骋怀。有时登高远眺，只觉长天浩渺，无边无际；有时俯视山川，只见万事万物，生机勃勃。诗人们随心所欲，云游山林，目遇之成色，耳闻之成音，神清气爽，心旷神怡，“信可乐也”。由上述分析不难看出，王羲之用简练的文笔，写出了人和、良辰、美景、赏心、乐事，五乐皆备。真切地体现了诗人清幽淡雅的情怀。

2. 抒“悲”深沉。文章第二部分感叹人生短促的生死之悲。诗人由眼前兰亭游宴的欢乐，推想到普天之下朋友相处的情境：不管静躁取舍怎样不同，只要情投意合，“欣于所遇”，便会心满意足，自得其乐，不觉时光流逝，不知衰老降临。但是，世上没有不散的筵席，“所之既倦”，会短离长，情随事迁，感慨系之，自然乐极而悲。悲人生无常，欢乐短暂。由此进而想到生命短促，盛会难再，死生大限，更令人痛心。由兰亭群贤到普天之下的人们，由生离到死别，由特殊到一般，悲痛的广度大大扩展了。

不仅如此，作者更深入一层，由现在回顾过去，古人从来就为生死而悲叹，再由现在推向未来，“后之视今，亦犹今之视昔”，将来的人们也会悲叹生死。生死之感贯穿古今整个人类社会，“死生亦大矣”，深沉至极。

这种感伤，是诗人对人类终极命运的一种哲学思索，其间有积极的因素存在。如果真是可以置生死于度外，无所作为，逍遥避世，哪里还会有伤感呢？伤感当中蕴涵着对生的执著和追求。作者并不赞成当时士大夫阶级那种“一死生而齐彭殇”的虚无思想，那种“务清谈，鲜实效”的玄谈作风。他一方面对人生无常流露出一种无可奈何的惆怅情绪，另一方面又对士大夫们及时行乐、不思进取的社会风气极为不满。他的内心其实是充满了矛盾与痛苦的。结合王羲之的家族影响和他的人生经历来看，他的一生更多的是积极进取，执著追求，更多的是创造价值，奉献社会。否定庄子的生死齐观、人生虚无，实际上含蓄地表达了王羲之经世致用、有所作为的人生观。

《兰亭集序》叙乐张扬生命意趣和自由个性，叹悲穷究人生命运和宇宙天道。叙乐是尽情尽兴讴歌生之欢快，叹悲是庄重严肃地阐发生之意义。悲乐相生，蕴藉含蓄，留给后人以深深的思考。

（二）《项脊轩志》含蓄蕴藉，委婉动人

刘勰说过“感人心者莫先乎情”，所以古人在吟诗作文时总是想方设法营造出一种浓烈的情感氛围，或哀婉凄切或闲适欢愉。而在传递这种感情时，往往又不是直截了当，总是极尽委婉曲折之能事，或托物以言志，或借景以遣怀，或即事以抒情，使人如品佳茗，久久难忘。《项脊轩志》即是这样的佳作。

《项脊轩志》是明代“唐宋派”大家归有光的一篇借记物以叙事、抒情的优秀散文。文章着重叙述了与项脊轩有关的人事变迁，借“百年老屋”的几经兴废，回忆家庭琐事，表达了对物在人亡、三世变迁的感慨，以及对祖母、母亲和妻子的深厚感情。他在《项脊轩志》中正是将那种“可喜”“可悲”之情不留痕迹地融入了写景叙事当中。其抒情蕴藉含蓄、委婉动人，历来为人称道。

文章前半部着重写景，先是简洁地叙写项脊轩修葺后庭园之格局、室内的光线和陈设，后又写作者“偃仰啸歌”的情态，其喜不自胜的情感已溢于言表。接着作者把自己的喜悦之情融于景物描写之中，创造了优美动人的境界：“而庭阶寂寂，小鸟时来啄食，人至不去。三五之夜，明月半墙，桂影斑驳，风移影动，珊珊可爱。”

项脊轩的幽雅宁静是那样富有神韵，引人遐思，项脊轩的明月花香是那样沁人心脾，令人神往。尽管未用一个“喜”字，但作者那种得意扬扬的喜悦之情已跃然纸上，真可谓“不着一字而尽得风流”。

文章后半部即事抒情，而且所写之事都是一些琐屑平凡的小事。比如写老妪述说母亲的往事，“娘以指叩门扉曰：‘儿寒乎？欲食乎？吾从板外相为应答。’语未毕，余泣，妪亦泣。”写出了作者对母亲刻骨铭心的哀思，如诉如泣。又如写祖母的“吾儿，久不见若影，何竟日默默在此，大类女郎也?”将貌似嗔怪实则高兴疼爱的感情表现得淋漓尽致，它蕴涵了祖母多少殷殷期盼之情啊！尤其值得称道的是写怀念亡妻的片段：“庭有枇杷树，吾妻死之年手植也，今已亭亭如盖矣。”睹物思人，物在人非，树犹如此，人何以堪？此情此景怎不“令人长号不自禁”呢？无论是母亲的嘘寒问暖，祖母的殷殷期盼，还是妻子的“从余问古事”“凭几学书”，点点滴滴，平平常常，一枝一叶，无不关情。这些看似平常的琐屑之事却蕴涵了多么深厚的至真至切之情！老子在《道德经》中说的“大音希声，大象无形”不正是指这种平凡中的至情吗？秦兆阳也写过这样的诗句：“最应该记住的最易忘记，谁记得母乳的甘甜？最应该感激的最易忘记，谁亲吻过脚下的土地?”说得多好，谁能说归有光笔下的家庭琐事不也像那“甘甜的母乳”“脚下的土地”一样？它浸透的不正是至大至真弥足珍贵的人间亲情吗？归有光即事抒情，纡徐平淡，亲切动人，所谓“无意于感人，而欢愉惨恻之思，溢于言表”。（王锡爵《归公墓志铭》）王世贞也称赞归有光“不事雕饰而自有风味”。（《归太仆赞序》）这些都可谓对归氏即事抒情艺术的至理之论。

总之，《项脊轩志》取材细微而风神摇曳。归有光善于从生活中捕捉平淡的琐事，用典型的细节和场面，寥寥数笔，给人以深刻的印象。这些琐事、琐谈虽是一鳞半爪，但它们是人生活之树上最有光彩的枝叶，是生命长流中最动人的浪花；是作者用心灵感受过的且感受最深的、历久不忘的，所以这些寻常小事，一经作者真切再现，便具有很强的艺术魅力。作者善于借景抒情，又善于即事抒情，在看似客观平静、不露声色的写景叙事当中，把真切强烈的感情融入其中，写出情景交融的境界，委婉含蓄，生动蕴藉，一咏三叹，使那些家庭琐事的叙写和个人哀乐的抒发产生出令人荡气回肠的力量，也更体现出其抒情艺术的无穷魅力。

在教学指导中要注意本文悼亡诗一般的境界，人亡物在的意绪充溢全篇，但它用的是寓情于叙的写法，直接抒情的语句很少，而所叙皆生活中极易被人忽略的小事，如果把注意力只放在事实的细节上，就会感到兴味索然，只有放在这些绘声绘影的生活琐事所表达的“多可喜，亦多可悲”的感情上，才能品味出作者的“一往情深”。

关注点之四：涵泳心惟，感悟文言文的思想之厚重

作家伍立扬说："古人看重文章之美，不仅在文学作品中，即使是常用公文，也展现中文的独绝魅力。文言文自古人心灵出，复能滋养心灵，是与生命情怀同在的。我们谓中国文字文章之美，不仅指其雅善修辞，还更多地谓其神采、气势、风骨、韵味、格调、灵思、妙喻，这一切，又与思想息息相关。"从孔子到《史记》，从庄子到陶渊明，从"竹林七贤"到李、杜、欧、苏。古人的文章之所以深沉丰富，正是因为数千年积淀下来的思想内涵依然有着巨大的力量。应该说，这些能经得起历史考验、经过历史长河冲刷而流传下来的作品，无一不是思想文化的精华。感悟文言文中所蕴涵的厚重思想，用民族文化的精品来打造学生的精神底子，就是培养学生热爱中华民族的优秀文化，继承中华民族的精神品质。这无疑是文学教育所要关注的又一重要内容。

杜牧构思《阿房宫赋》，为的是告诫后来者，不要"后人哀之而不鉴之，亦使后人而复哀后人"；张溥写就《五人墓碑记》，五人之从容就死，"明死生之大，匹夫之有重于社稷也"。我们不妨以《阿房宫赋》和《五人墓碑记》为例，从主题和思想的角度来感悟文言作品中所蕴涵的思想价值。

（一）《阿房宫赋》深刻的悲剧意识

《阿房宫赋》之所以在众多过秦之文中被千古传诵，它深厚的思想内涵与动人的艺术魅力是起着决定性作用的。一个曾经踏平六国、雄心勃勃的秦王朝，一个曾经统一中国、叱咤风云的秦王朝，顷刻间，竟然那么容易地坍落了，毁灭了，一切竟然都转瞬即逝。这巨大的历史悲剧，激起后代多少人的思索，多少人的慨叹。杜牧也正是从这样一种强烈的悲剧感中去体味、去把握秦王朝毁灭的内在原因的。秦王朝只存在了短短的三十六年，但它的确曾经极为强大，极为昌盛，然而一旦毁灭，又何强之有？何盛之有呢？这种由极盛至极衰的悲剧，极大地震撼了作者的心灵。

深刻的沉思、无限的悲慨，酿成了作者不平凡的笔力。"六王毕，四海一；蜀山兀，阿房出。"《阿房宫赋》起笔便见不凡。四个三字句，斩钉截铁，铿锵有力，犹如飘风惊雷，忽然而至，具有力敌千钧、涵盖全文的气势。这也正是秦王朝曾经有过的气势。接着由大而小，由远及近，由广阔而具体："覆压三百余里，隔离天日。骊山北构而西折，直走咸阳。二川溶溶，流入宫墙。"寥寥数笔，阿房宫的总貌已矗立于目前。字里行间那抑制不住的奔腾之势，充分体现了秦帝国的巨大气魄。今天人们心目中的阿房宫，与其说是秦始皇征用七十余万民夫耗资费力营建起来的，不如说是杜牧用他的笔构造出来的。

宫殿如此灿烂辉煌，宫中的生活又怎样呢？迷离扑朔的气氛，绚烂媚人的色

彩，把宫中生活的华丽、奢靡写得那样浪漫酣畅，好像天上人间一般。这里潜藏着辛酸，隐含着悲哀怨愤，酝酿着焚毁阿房宫的火种！

接下去，作者大笔挥洒地写出秦的奢靡挥霍，可以说是一字一叹，一句一感慨，一句比一句更为沉重，它凝聚了作者对历史、对现实极为深沉的感受、极为深刻的思考。借一连串的对比映衬出阿房宫的奢侈、秦的残暴，揭示出在貌似强大的秦帝国中遍布于天下的干柴。六个排比句直接道出了在残暴的统治下，天下之人的“不敢言而敢怒”，道出了秦王朝的必然命运。轰轰烈烈的秦王朝，豪华富丽的秦王朝，气势磅礴的秦王朝，最终竟是可怜地结束了自己的使命，竟是被一把火就从地球上抹去了，是何等的可悲、可怜、可憾、可叹！作者是以极其磅礴的气势开篇的，现在却又大笔一收，归之于一片焦土。

如果以为作者写阿房宫的兴衰、秦的灭亡，其目的就在于单纯写“过秦之论”，那就误入歧途了。杜牧在《上知己文章启》中说：“宝历间，大起宫室，广声色，故作《阿房宫赋》。”这才是作者的本心、作者的用意。所以，在完成上文洋洋洒洒的铺写之后，作者禁不住把一腔肺腑之言尽情吐露：“呜呼，灭六国者六国也，非秦也。族秦者秦也，非天下也。”这里凝聚着足够让人回味、思索的东西，是真正有自家深刻见解的议论。作者心中最大的忧虑，那就是今人不知以亡秦为诫，仍在重蹈覆辙：“秦人不暇自哀，而后人哀之；后人哀之而不鉴之，亦使后人而复哀后人也。”这几句非常富有感染力，读起来，使人不能不为之思索、为之感慨。

《阿房宫赋》总共不过六百来字，却写出了极为深厚的内容，最充分地表现了作者对历史、对现实的深刻悲剧意识！不但警示着时政，也启迪着来者。

（二）《五人墓碑记》死生的重大意义

以张溥《五人墓碑记》为例，文章是为五位普通的平民百姓树碑立传的文字，揭示了匹夫有责、大义激昂的主题，探讨了生死价值的重大问题，具有深远的思想价值。

张溥，明崇祯进士，选庶吉士。自幼发奋读书，与同乡张采齐名，合称“娄东二张”。两人相互砥砺，崇尚节气，切磋文理，以经济天下为任，立志改革世风日下的文坛。明万历三十二年起，顾宪成、顾允成、安希范等人率众讲学东林，与一批朝野士子和衷共求，致力挽救国运、世道的衰颓。崇祯间，复社和几社传承东林衣钵，影响遍及政治、学术、文学等领域。张溥领导的复社“成于数人之志，而后渐广以天下之意”。黄宗羲和顾炎武都曾加入复社，黄宗羲与复社的联系尤为密切，他对复社的赞誉不减东林。可以说，没有明末东林党、复社对反传统政治社会化的推动，没有社会个体在这一过程中的接触、碰撞，不可能产生黄宗羲等启蒙主义思想家。张溥之所以名震天下，并非全在于他的文章学术，而是与他的政治活动密切相关。

《五人墓碑记》撰于天启四年，是著名文选《古文观止》的压卷之作。吴楚材等人评价此文：“议论随叙事而入，感慨淋漓，激昂尽致。当与史公伯夷、屈原并垂不朽。”

开篇“激于义而死”一句为全文之“纲”。以下五段便具体叙述苏州市民及五人抗暴斗争的英雄壮举，并就此发表议论。五人是为义而生，为义而争，最后为义而献身。这就使读者联想起孟子的名言——“生，亦我所欲也；义，亦我所欲也：二者不可得兼，舍生而取义者也”。可以说，本文是对大义和责任的生动诠释。

苏州市民抗暴斗争的经过，用事实印证了“激于义”三字；五人当刑从容镇定、视死如归；贤士大夫发金买五人之头，既有称颂贤士大夫之意，又从侧面烘托了五人激于义的形象；尤其是文段中“哭声震天动地”“抶而仆之”“噪而相逐”“意气扬扬，呼中丞之名而詈之，谈笑以死”“断头置城上，颜色不少变”等描写，更生动形象地表现了他们“激于义而死”。五人之死有何重大意义和社会价值呢？阅读五、六两段便可明白。

作者为了突出五人的英雄行为，以对比的手法加以表现。“大阉之乱，缙绅而能不易其志者，四海之大有几人欤”？在阉党横行天下、炙手可热之时，多数人采取了苟且偷安的做法，甚至助纣为虐，为虎作伥。而五人面对阉党的淫威，无所畏惧，视死如归。应该说，一般的老百姓对阉党的倒行逆施可以不管，因为他们不在其位。但五人以“天下兴亡，匹夫有责”的大境界投入到对阉党的斗争中去，并且慷慨赴死，义无反顾，这不能不说是一种高尚的精神。而那些身在政位，吃民膏、喝民血的“缙绅”，却在阉党的淫威下屈服了，变节了。作者问道：“而五人生于编伍之间，素不闻诗书之训，激昂大义，蹈死不顾，亦曷故哉？”这一问，多少缙绅无地自容？

第五段是该文最精彩的一段，夹叙夹议，将文章的中心升华到一个理性的高度。作者将“高爵显位”的辱人贱行，与五人的嘉节懿行比照论述，从而提出“轻重固何如哉”的问题让读者思考。接着，作者把五人的英勇就义与假设五人寿终正寝作对比，从而揭示出“亦以明死生之大，匹夫之有重于社稷也”这一富有进步性的观点。读至此，是否联想到司马迁在《报任安书》中的那句名言——“人固有一死，或重于泰山，或轻于鸿毛”。五人之死，重于泰山，与日月同辉，与山河共存。

读好文章可以净化灵魂，《五人墓碑记》就是一篇净化灵魂的文章。千百年来，中华民族生生不息，不就是靠这种不屈不挠的精神吗？

三　文言文教学中实施文学教育举隅

在文言文中实施文学教育是一种理想的教学追求。笔者在多年的教学实践中，尝试着在文言文课堂教学中渗透文学教育的理念，以近年来所作的几节公开课为例，列举几种文言文的教学思路。

（一）诵读引领感悟

吟诵是中国传统语文教学的重要教学方法，语文课堂教学与其他学科区别的标志之一就是书声琅琅。叶圣陶先生说："吟诵就是心、眼、口、耳并用的一种学习方法……不知不觉之间，内容与理法化而为读者自己的东西，这是可贵的一种境界。学习语文，必须到这种境界，才会终身受用不尽。"

文言学习能形成纯粹、典雅的汉语语感。进行文言文的文学教育，要让学生尽情朗读，读出文言文的抑扬顿挫，读出文言文的原味原汁，"声入心通""声通义解"。在诵读时，提倡"美读"和"熟读"。"美读"就是"入乎其内"，把作者的思想和情感读出来，把自己的思想和情感读进去，"激昂之处还他个激昂，委婉之处还他个委婉"。"熟读"力求"出乎其外"，反复涵泳，熟读成诵。读准字音、读通句读、读懂文意、读出语气、读出气势，才能领略到文章的精妙，才能感悟到作者的才思气质。唯有如此，才会潜移默化地提高学生阅读文言文的能力。

以陶渊明《归去来兮辞》的教学设计为例，着重体现诵读引领感悟的教学思路。《归去来兮辞》千百年来受到人们的高度评价，北宋文坛领袖欧阳修曾说，"晋无文章，唯陶渊明《归去来兮辞》一篇而已"。就了解陶渊明本人的思想生活而言，此文尤其有着重要意义。就陶渊明的一生而言，此文的主题几乎是他所有作品的基本情调，颇具有代表性。读《归去来兮辞》，不仅可以了解陶潜的隐士情怀，在某种意义上说，也是解读中国古代隐士文化的一个窗口。

新的《全日制普通高级中学语文教学大纲》规定："诵读古典诗词和浅显文言文，理解词句的含义和作品的思想内容，背诵一定数量的名篇。"

本单元的教学目标是："了解课文的思想内容，重视诵读"。依据以上两点，定两个教学目标——诵读和领悟。

[示例]

《归去来兮辞》教学设计

教学目标

诵读课文，感受陶潜的隐士情怀。

教学重点、难点

1. 理解课文的思想内容，解读陶潜的隐逸诗人的形象。

2. 对“聊乘化以归尽，乐夫天命复奚疑”的正确理解。

教学设想

1. 诵读的准备指导。

2. 诵读和领悟互相推进。

3. 总结陶潜的隐士情怀教学。

课时安排：1 课时

教学内容和步骤

预习准备

1. 明确诵读要求——读出语调、读出语气、读出语速、读出语顿、读出语意。

2. 了解背景材料（含作者生平），以课下题注为准。

3. 参照课下注释，疏通课文，了解大意。

教学过程

一、导入课文

同学们是否还记得，是谁在《桃花源记》中为我们勾勒了一个理想社会？（齐答：陶潜）那么，关于陶潜你们了解多少呢？（东晋大诗人，一名渊明，字元亮，世称靖节先生。）“不为五斗米折腰”的典故可见陶潜的高尚情操，今天，我们来学习他的另一篇文章《归去来兮辞》，了解一下他的隐士情怀。

二、教师范读课文

要求：注意听语顿的特点——三字句 2-1 顿；四字句 2-2 顿；五字句 2-3 顿；六字句 3-3 顿或 1-2-1-2 顿。

三、学生自由诵读

在诵读的过程中记住一些名句，作为理解全篇的突破口。

1. 悟已往之不谏，知来者之可追——一心向往田园生活

2. 三径就荒，松菊犹存——对简陋的居所表示满意

3. 倚南窗以寄傲，审容膝之易安——有淡泊明志之意

4. 既窈窕以寻壑，亦崎岖而经丘——在农村中的出游之乐

5. 舟遥遥以轻飏，风飘飘而吹衣——回家途中的欣喜

6. 木欣欣以向荣，泉涓涓而始流——放情山水时的自然美景

7. 善万物之得时，感吾生之行休——人生苦短的焦虑感

8. 聊乘化以归尽，乐夫天命复奚疑！

四、研习课文

（一）读悟第1段

1. 在封建社会里，人们要建功立业，要“大济苍生”，实现人生价值，往往是和仕途紧紧联系起来的，而陶潜不愿为官，难道是当官不好吗？

指名朗读本段。

思考：陶潜辞官归田的原因是什么？

明确：“田园将芜”“心为形役”“已往不谏，来者可追”“迷途未远，今是昨非”。

2. 设问：从陶潜辞官归田的原因中可看出他当时的心境如何？

明确：自责（“田园将芜”），自悔（“已往不谏，来者可追”），自觉、自醒（“迷途未远，今是昨非”）。

这里的“心为形役”中的“心”和“形”，显然不能单纯地理解为“心意”和“形体”，应该深入理解为“心”是“志趣人格”，“形”是作者“出仕为官”的这种行为。

陶潜的这种“心为形役”，视入仕为“迷途”的心情有他的诗为证。

3. 设问：结合此诗和本段内容，可看出陶潜有什么样的情怀？

明确：蔑视权贵，鄙弃官场，向往田园的隐士情怀。

（二）读悟第2段

齐读本段。讨论：

1. 归家途中的迫切体现在哪里？

2. 抵家时的欣喜体现在哪些语句当中？

3. 到家后衣食住行的闲适从何看出？

明确：

1. “舟遥遥”“问征夫”“恨晨光”，尤其一个“恨”字，迫切之情，溢于言表。

2. “载欣载奔”“童仆欢迎，稚子候门”，可感悟出主仆俱迎，妻子皆乐的情景，尤其具有情味的是妻子，好似不出来迎接，但由“有酒盈樽”可知妻子比谁都盛情，多好的一幅天伦之乐图啊！

3. “引壶觞以自酌……抚孤松而盘桓”，既有室中之乐，也有园中之乐，这是真正的隐士之乐，和刘禹锡《陋室铭》中的“斯是陋室，唯吾德馨”异曲同工。

设问：从此段中又可以看出陶潜有什么样的隐士情怀？

提示：与下面的诗句具有相同的心境。

明确：一诗一赋，表达了相同的心境，淡泊明志、闲适自在的隐士情怀之二。

（三）读悟第 3 段

“归去来兮”“息交以绝游”，作者再一次表明自己厌恶官场、固穷守节的坚定决心，也是其隐士情怀之三。

指定小组朗读此段。

思考：本段中，陶潜隐居乡村的生活乐趣，从哪些方面可以看出？

明确：

1. 促膝而谈的家庭之乐——悦亲戚之情话；
2. 弹琴消忧的本色生活——乐琴书以消忧；
3. 与乡邻交往之乐——告余春及，有事西畴；
4. 巾车孤舟出游之乐——窈窕寻壑，崎岖经丘。

中国士大夫写劳动，都是倡导别人去劳动，自己是旁观者，而陶潜是中国士大夫中第一个劳动实践者，此乃其躬耕田园、诗酒琴书的隐士情怀之四。

（四）读悟第 4 段

齐读本段。思考：

魏晋苦恼人生苦短的文人中，陶潜是最为焦虑的一个，在第 3 段结尾处两句——“善万物之得时，感吾生之行休”已见端倪，在第 4 段中又有何表现？

明确：“寓形宇内复几时，曷不委心任去留”，此种情感也有诗为证。

既然知道人生苦短，作者是否还快然自足于隐士生活？依据何在？

明确：“怀良辰以孤往，或植杖而耘耔”“富贵非吾愿，帝乡不可期”，从正反两方面，想象地表明自己怡然于隐居生活的情怀。

讨论：如何正确理解结尾处的两句话：“聊乘化以归尽，乐夫天命复奚疑”？

明确：陶潜顺应自然，乐夫天命超生死，有别于“立德”“立功”留名于世的儒学家，也有别于炼丹学道求长生的道学家，这里边有他遗世独立、超脱生死的旷达乐观精神，也流露出他无可奈何、听天由命的思想情绪，这是他欲冲破黑暗而不能的保身之计，也是他人性减弱的一种表现。有陶潜的诗为证。

五、总结

陶潜，入仕为官是他的初衷，鄙弃官场是他的节操，淡泊明志是他的追求，躬耕田亩是他生活的保障，琴书诗酒是他的生活情趣，固穷守节是他归隐意念的巩固，乐天知命是他人生的真悟。读《归去来兮辞》，是了解陶潜的隐士情怀，了解中国古代的隐士文化的一个窗口。

六、探究学习

通过报刊、书籍、网络等多种渠道查阅有关陶渊明的资料，从整体上了解陶渊明，认识其整个人生，并分析其人格魅力所在。具体可以思考和讨论一下几个小问题：

1. 推敲一下本文的写作时间。本文序文说，本文写在乙巳岁十一月。但具体的时间有争论。有人说本文写在陶潜辞官归隐之初（如课本注释就如是说），是追叙和实录之作，到家前是追叙，到家后是实录；有人说写在辞官归隐之前、将归之际，也就是说，本文是在萌生退意后但未退之前的想象之作，写完本文不久作者才辞官归隐的。你觉得哪种说法更合理？更有利于对文章的理解。

2. 思考陶渊明归隐这一选择是否值得？

陶渊明青少年时，受儒家思想教育，曾有“大济于苍生”的抱负和壮志，但由于当时东晋的士族门阀制度相当严酷，陶渊明非士族出身，因而很难有通过做官来伸展志向、实现抱负的机会。“少无适俗韵，性本爱丘山”（《归园田居》），有心做官，但又厌倦官场世俗条框的束缚，所以总处在“一心处两端”（出仕与归隐）的情状之中。他29岁开始入仕，从此13个年头，时官时隐，达三次，做官时间总计不过四五年。这种矛盾的情状一直贯穿一生。

七、作业

1. 书面完成课后练习一、二。

2. 以《我眼中的陶潜》为题，写一篇随笔。

八、设计说明及反思

1. 为了便于研习课文，课前必须做好充分的预习，所以布置了明确的预习目标，其中包括诵读指导、疏通课文。

2. 简要介绍有关“辞”的文体知识。了解辞的题材特点，有助于我们的诵读。

3. 教师范读尤其重要，一次成功的范读有可能使学生基本了解课文的大意。

4. 在研习课文的过程中，主要是诵读和领悟互为推进，同时在感悟课文某一点内容的时候，适当地引用陶潜的其他诗句，以达到以此篇带动对陶潜整个诗文的感知，反过来，对陶潜整个诗文的感知又能加深对课文内涵的领悟。

5. 在教学方法的选择上，主要采用问答法、讨论法和讲解法。让学生在一问一答的形式中，主动发表自己的见解；在讨论法中，群策群力，归纳提炼；通过老师的必要讲解，巩固和加深对较难问题的理解。

（二）情感沟通古今

我国的文言文不同于希腊文、拉丁文那种“全死”的“外国文字”，古今汉语一脉相承，“白话和文言文的关系千丝万缕割不断”。文言文也姓“汉”，是

“国货”不是“洋货”。文言文教学理所应当要体现汉语的特点，具有“中国特色”。文言文教学如果跟教学英语、日语一样，让依然使用着汉语的中学生在面对文言文时，如同置身于异国他乡一样陌生和茫然，这无论如何是一个误区。正如台湾学者余光中所言，“文言从五四开始废除，可是并没有因此与现代中文断绝关系。我们每天用的成语，因为音调铿锵、文意对仗，而留了下来。例如‘天长地久’‘见仁见智’，都是古人之言。”

《触龙说赵太后》描写触龙体贴的提问，赵太后回答极其生硬：“老妇恃”“恃粥耳”。两处极不情愿的答话微妙地表现了人物当时当地的心理，与“有复言令长安君为质，老妇必唾其面”“左师触龙愿见太后，太后盛气而胥之”的语境相吻合，千年之前一个母亲的理智与情感，与今天的母亲实无二致。

梁实秋名文《雅舍》中有这样的描写：“雅舍之陈设，只当得简朴二字，但洒扫拂拭，不使有纤尘。我非显要，故名公巨卿之照片不得入我室；我非牙医，故无博士文凭张挂壁间；我不业理发，故丝织西湖十景以及电影明星之照片亦均不能张我四壁。我有一几一椅一榻，酣睡写读，均已有着，我亦不复他求。”文字古朴，颇似唐宋小品；意趣清高，又有明末文人之风。

一味夸大文言文和现代汉语的差别，就等于不断开掘古今汉语之间的鸿沟，就等于日益远离甚至背弃古典文化的传统，而成为无根基的漂泊者。文言文和现代文一样，共同表现汉语言变的过程，在文言文中实施文学教育就是要在文学层面打通古今壁垒，让并未死去的文言文在现代中学生的头脑中“复活”，超越时空，化难为易；从而使现代中学生温古而知今，察今以推古，能够融会贯通，吸收消化，丰富思维，接受文化熏陶。同时也带动、促进现代文的学习。

以《陈情表》为例，将人性中的善美——千古不变的孝情化作沟通古今的桥梁，引导学生思考：《陈情表》一文引发了你（为文或做人方面）怎样的思考？

[示例]

《陈情表》教学设计

教学目标

一、知识和能力

1. 把握文章结构，理清思路。

2. 通过诵读、背诵，积累文言词汇，积淀文言语感，提高文言文阅读能力。

二、过程和方法

诵读、感受、理解、讨论、鉴赏、背诵，体会所陈之情，欣赏陈情艺术。

三、情感、态度和价值观

体会作者至真至诚的亲情、忠情、苦情。正确认识“孝”，继承孝敬父母长辈的传统道德。

教学重点、难点及解决办法

《陈情表》是古代散文中传诵千古的名篇之一，读懂课文，把握其行文层次，体悟其以陈情统摄叙事说理、情真理切的特点，是学习的重点。课文虽文字质朴无华，但涉及的语汇较多，消化理解诸多文言实词，是学习的难点。

解决办法

1. 对词语作分类归纳，帮助学生理解并作积累。

2. 反复诵读，要求能背诵能默写，在诵读中加深理解。

3. 通过课堂讨论，帮助学生体悟文旨，掌握课文结构。

课时安排：2 课时

第二课时

教学重点：赏析陈情表的陈情艺术。

一、导入

“《出师》一表真名世，千载谁堪伯仲间”，这是陆游对诸葛亮及《出师表》的盛赞。璨若星河的古典文学长廊中，与《出师表》伯仲相称的文章到底有没有？千百年来，人们常以忠则《出师》，孝则《陈情》相提并论，可见李密的《陈情表》具有相当强烈的感人力量。宋代学者赵与时在《宾退录》中说：“读诸葛孔明《出师表》而不堕泪者，其人必不忠。读李令伯《陈情表》而不堕泪者，其人必不孝。读韩退之《祭十二郎文》而不堕泪者，其人必不友。”不知同学们读出了几多感动。

二、诵读全文

(一) 读全文，检查对文章的理解情况。结合“表”的文体特征，提问：

1. 是谁陈情？

2. 向谁陈情？

3. 为何陈情？

4. 要陈何情？

5. 陈情的结果如何？

李密的《陈情表》不仅感动了晋武帝，也感动了很多人。我想，如果你至今还没有被感动，还需要用心去读、用情去感悟。

(二) 再读全文，思考：如果你是晋武帝，你会答应李密的请求吗？你会用一句怎样的话来堵住李密的口？

三、赏析陈情艺术

围绕“晋武帝为什么会答应李密终养祖母的请求”这一中心问题，从情感、文思、语言三个层面展开分析。

（一）析情感：李密在文中陈述了哪些感情？从课文中找出相应的语句并概括。

1. 自身命运坎坷、祖孙更相为命——凄苦之情

2. 自己不能奉诏、朝廷优礼有加——两难之情

3. 身为亡国旧臣，恰逢祖母病重——怖惧之情

4. 尽孝愿乞终养，尽忠当效微命——忠诚之情

文中所有的情感都是被“孝情”所统领。文中所写，皆是真情实意。为了唤起晋武帝的怜悯心，作者不是直陈其事，而是凄切婉转地表明心意，围绕着“情”“孝”二字反复陈述自己家庭不幸、和祖母相依为命的苦况亲情，表达对新朝宠遇的感激涕零，以及孝顺祖母的哀哀衷情。情感固然是文章的生命，但要感动、说服对自己有疑心的晋武帝，还要有一定的陈情艺术。进谏要有技巧，陈情则更需要艺术。

（二）赏文思：（动之以情，喻之以义，明之以志）

李密是怎样陈情的？将本文第三段与第一段调整一下位置如何？

（李密要想说服晋武帝，应该先晓之以真情呢，还是喻之以大义？）

1. 李密给晋武帝上表陈情，只在说明祖母年老，难以废远赴命而已。这样简单的一件事，为何不直接陈述，却要从自己的坎坷家世说起？

明确：要想让皇帝真正相信自己，体谅不奉诏的苦衷，必须先动之以深情，而后才能喻之以大义。因而作者于首段先从自己幼年坎坷不幸的遭遇说起，一开篇就把对方也带进悲怆酸楚的环境氛围之中，以激起人皆有之的恻隐之心。有了第一段父死母嫁、家中缺亲少故、年老多病的祖母全靠自己一人赡养侍奉的陈述，文章第三段“臣无祖母，无以至今日；祖母无臣，无以终余年。母孙二人，更相为命”的话，才有所依凭，第二段说自己在新朝的征召催逼中“进退”“狼狈”的情状，也才能唤起他人的同情心。

2. 上表陈辞，不仅要在叙事中动之以情，还需在陈情中言之以理。李密《陈情表》中的“理”据何在？

明确：李密陈情的理据，就在“圣朝以孝治天下”的大道理，他还举出了“凡在故老，犹蒙矜育”的普遍事实为论据。

3. 晋灭蜀之前，李密曾在蜀朝任郎中和尚书郎，也就是所谓“少仕伪朝，历职郎署”。现在新朝建立，这本是他的一个“历史污点”，为什么他反要在表章中不避嫌疑，直陈此事？

明确：李密曾入仕“伪朝”，是人所共知的事实，他要回避也回避不了。而且李密多次“辞不赴命”，最担心的就是晋武帝会怀疑自己有怀念旧朝、矜怜名节、不事二主之心，现在由李密自己把窗户纸捅破，来一个“实话实说”，反倒容易得到晋武帝的信任。加之他在表章中一再恭颂“圣朝”之“情化”，说自己“本图宦达，不矜名节”，所“蒙国恩”，“非臣陨首所能上报”，就更能让人相信他拒不入仕，确实是出自“祖母无臣，无以终余年”的苦衷。

小结：动之以真情、苦情、亲情；喻之以明理、大义；明之以心志，消除其疑虑。好文章是文质兼备的。有真情，有文思，还要有恰当的语言来表达，这样文章的力量才能发挥出来，有人说：《陈情表》的语言是有形的、有声的。

（三）品语言：

文中沿用至今的成语有哪些？把你认为好的语句画下来，说说自己的理由。

语言精练，情真意切，本文虽然用了不少四字句、对偶句，有骈文的整俪之工，但语言绝不雕琢，而是十分自然真切，仿佛是从肺腑流出，丝毫不见斧凿痕迹。有些词句成了成语。

形象生动，感情浓烈，富有感染力。如第一段写孤苦无依之状，你可以看到李密形影相吊的孤寂，你还可以听到少年的无助哀叹；第二段写州县官员的催逼，作者诚惶诚恐的怖惧，仿佛可以看到帝王诏书背后的恼怒；第三段写祖母病笃的惨苦之相，仿佛听到老人病中无奈的呻吟，孝子恳切的哀告，如在目前。

1. 四字骈句：简洁凝练，语势连贯紧凑，文势如行云流水般通畅。

2. 对偶句：语气铿锵有力，语意简洁凝练，朗朗上口，感情倍感热切，更具说服力。

3. 比喻句：形象生动，感情浓烈，富有感染力。

亚里士多德说：“只有在适当的时候，对适当的事物，对适当的人，在适当的时机下，以适当的方式发生的感情，才是适度的最好的感情。”作者正是运用了最恰当的抒情方式，终于打动了晋武帝，使他看了表章后说“士之有名，不虚然哉”，“乃停诏”，允其不仕。此文能够说服晋武帝不仅在于作者的情之真、意之诚，也在于他的言之切。

四、探究思考

有论者认为，李密反复强调孝亲，其实是为自己不奉诏仕晋而故意寻找借口。你同意这一观点吗，为什么？

五、谈感悟（沟通古今）

《陈情表》一文引发了你怎样的思考？（为文或做人方面）

这篇至情至孝之文之所以千古流传，在于在情感上引起了我们的共鸣。

一方面“百善孝为先”“以孝治天下”是封建统治者提倡的伦理观，其根本目的在于维护自己的统治，我们应有清醒的认识。另一方面孝敬父母长辈，又是我们中华民族自古以来的传统道德，《陈情表》人性的光辉已穿透史册，映照在每个有良知的炎黄子孙的心里。

2004 年感动中国的田世国，为母亲捐肾使年迈母亲的生命得以延续，这是当今时代大情、大义、大孝的楷模。

2005 年 3 月，在李密的故乡彭山县保胜乡龙安村，高 4.9 米、宽 3.3 米的巨幅“孝”字，刻上了天然绝壁，传承千载的“中华第一孝”遗风，彰显于世人眼前……之所以表彰、彰显这一传统美德，甚至两会有代表提案：将“孝”纳入对国家干部的考核内容之中，说明有些人在孝心上道德沦丧或缺失。重温《陈情表》，我们帮他敲响“孝”的警钟。

齐读课文（三读）

六、结合上面材料，以“孝”为话题，写一篇议论文。不少于 800 字。

（三）突重点带全篇

文言文承载着泱泱华夏文明，每一篇文言课文相对于它所依赖的文化积淀，都是显山露水的冰山一角，通过对文章所具有的丰富文化内涵的讲析，当然可以追溯无限丰富的冰山主体。然而教学时间有限，进入宝山而只能取其一二，弱水三千而只能取饮一瓢，这就需要选择最佳教学突破口。

以《烛之武退秦师》的教学设计为例，本课教学的突破口则是标题“烛之武退秦师”。按着记叙文的思路，烛之武何许人？为何要退秦师？怎样退秦师？退师的结果如何？带着这些悬念，进入课文的阅读。

[示例]

《烛之武退秦师》教学设计

教学目标

1. 了解《左传》及与本文相关的背景知识；理解文意，背诵全文。

2. 体会本文的叙事技巧以及烛之武外交辞令的高妙之处。

教学重点

理解并掌握文中的实词、虚词的意义和用法及语法现象。

教学难点

鉴赏烛之武外交辞令的高妙技巧，认识烛之武这一形象。

教学方法：朗读、质疑、探究

课时安排：2 课时（由三模块组成：课前预习，课上品读，课后作业）

教学步骤

课前预习作业：

1. 查找《左传》的有关资料及与本文相关的背景知识（晋、秦、郑关系史）。

2. 反复阅读课文，利用工具书，自行排除生字词，结合课文下面的注释，疏通文意。

一、导入新课

刘勰的《文心雕龙·论说》："一人之辩，重于九鼎之宝，三寸之舌，强于百万之师。"这无疑是对口才的一种褒奖。究竟谁人有如此高妙的语言艺术呢？今天我们一起认识这一历史人物——烛之武。

《烛之武退秦师》一文选自《左传》。单看标题，就会引发我们很多疑问。烛之武何许人？为何要退秦师？怎样退秦师？退师的结果如何？带着这些悬念，一起读课文。

二、诵读课文，整体感知

1. 请学生读课文，要求：读准字音，读清句读。

2. 提问：《烛之武退秦师》一文记叙了春秋时期的一件什么事？

明确：秦晋围郑，郑国危在旦夕。烛之武奉郑君之命，只身前往秦国，说服了秦君，免去了一场战祸。

三、理清思路，介绍背景

1. 教师范读课文，读出重音和语气，帮助学生理解文意。

要求：听读过程中，思考前面的几个问题。看能回答出哪几个。哪一个问题是重点？

（投影显示：烛之武何许人？为何要退秦师？怎样退秦师？退师的结果如何？）

2. 明确四个问题，翻译四个相关句子，落实词语及相关背景知识。

（1）明确：烛之武————郑国不被重用的老臣。
为何退————秦晋围郑，兵临城下。
怎样退————夜缒而出，智退秦师。
退师结果————晋亦去之。

（2）句子翻译及相关背景知识。

① 以其无礼于晋且贰于楚也。（公元前637年重耳过郑，公元前632年郑楚结盟两件事）

② 臣之壮也，犹不如人；今老矣，无能为也已。（《东周列国志》载：烛之武，被举荐使秦时，已年过七十，"须眉尽白，伛偻其身，蹒跚其步"，以致到了朝堂之上，"左右莫不含笑"。）

③ 且君尝为晋军赐矣，许君焦、瑕，朝济而夕设版焉。君之所知也。（公元

651 年，秦穆公拥立夷吾为晋惠公，夷吾答应割让晋河东之地，即位即反悔之事）

④ 微夫人之力不及此。（秦穆公在公元前 636 年帮助重耳成为国君之事）

3. 质疑：第三段夜缒而出，智退秦师是全文的重点段。在文字和文意上有没有不理解之处？

四、研读第三段，疏通文意

1. 齐读第三段。

2. 请 5 个同学翻译五个关键句：（投影显示重点字词）

（1）秦、晋围郑，郑既知亡矣。若亡郑而有益于君，敢以烦执事。（立场态度上，解除秦伯戒心）

（2）越国以鄙远，君知其难也；焉用亡郑以陪邻？邻之厚，君之薄也。（亡郑利晋）

（此处展示形势图，帮助理解文意。）

（3）若舍郑以为东道主，行李之往来，共其乏困，君亦无所害。（存郑利秦）从地理位置上讲。

（4）且君尝为晋军赐矣，许君焦、瑕，朝济而夕设版焉。君之所知也。（历史事件上，不守信用）此处插入秦晋的历史渊源介绍。

（5）夫晋，何厌之有？既东封郑，又欲肆其西封，若不阙秦，将焉取之？阙秦以利晋，唯君图之。（性质上贪婪）结合地理形势讲。

五、鉴赏外交辞令，分析人物形象

如果你是秦伯——秦穆公，烛之武的说辞会让你有所触动吗？你会退师吗？请简要说出理由。（言之成理即可，意在体会烛之武说辞的高妙之处。）

明确：烛之武说秦成功的关键在于准确地抓住了秦穆公贪利的心理，采用了高明的攻心术。动之以利，晓之以理。首先以退为进，欲扬先抑，替秦着想，从立场、角色定位上争取了主动。其次，说辞思路清晰，层层推进，步步深入：

（1）从客观实际——三国所处的地理位置上分析亡郑利晋，存郑利秦。以害相警，以利相诱。

（2）以无可争辩的历史事件为据，指责晋国的背信弃义。

（3）最后从逻辑推理的角度预测未来，得出“阙秦以利晋”的结论。

烛之武实话实说，字字实情，句句至理：秦国最危险的潜在之敌，不是郑而是晋。老练的政治家秦穆公心悦诚服地一改初衷。短短 125 个字，尽显高超的外交才能。

六、评价总结

1. 前人评价：天下之事以利而合者，亦必以利而离。秦、晋连兵而伐郑，郑将亡矣，烛之武出说秦穆公，立谈之间存郑于将亡，不惟退秦师，而又得秦置戍而去，何移之速也！烛之武一言使秦穆背晋亲郑，弃强援、附弱国；弃旧恩、召新怨；弃成功、犯危难。非利害深中秦穆之心，讵能若是乎？秦穆之于晋，相与之久也，相信之深也，相结之厚也，一怵于烛之武之利，弃晋如涕唾，亦何有于郑乎？他日利有大于烛之武者，吾知秦穆必翻然从之矣！

吕祖谦《东莱左传博议》

2. 小结：烛之武说辞成功的全部内涵，固然得益于他清晰的思路、准确的判断和心理把握，得益于他过人的口才和辞令，但透过这个表层我们更要看到，支撑他全部智慧和勇气的是他在国难当头之时所表现出的对郑国的热爱，这是最光彩照人的“义”。这也才是烛之武外交辞令能成功的全部内涵。（烛之武的人物形象）

3. 齐读第三段。

思考探究：以今天的理念来审视烛之武退秦师这一历史事件，你有怎样的感悟和启示？

七、作业

1. 背诵全文。完成课后练习。

2. 整理文言知识点。（通假字、古今异义、词类活用、“焉”“以”“之”等虚词）

3. 阅读《殽之战》《鲁仲连义不帝秦》。

以上只是列举了一个从题目入手，重点突破的案例。不同内容、不同难度的文言文在教学中选用的切入点自然也会各不相同。

例如《祭十二郎文》，可抓住两个重点进行突破，一是祭文的体例特征，二是领会本文叙事中抒情的特点，而后者又可选择一个代表段落即“呜呼，其信然邪？……而寿者不可知矣”进行重点分析，体味作者情透纸背的悲抑。

庄子的《逍遥游》不论在思想上还是在艺术上都可称为难文，可以设置相应的问题进行处理：A. 庄子认为什么才是真正的逍遥游的境界？B. 课文是如何说明其他万物（小至蜩，大至鹏鸟；低如凡夫俗子，高如神界仙人）都没有达到逍遥游的境界？这样理清了文脉，内容的梳理就容易多了。

《齐人有一妻一妾》短小生动，可以把朗读和品味语言作为训练点，分析齐人的形象，把握深刻的寓意，体会孟子寓议论于生动的描写之中的写作特点。当然也可以让学生发挥想象，将课文改写成一个故事。

总之，在文言文教学中实施文学教育，要求教师围绕教学目标，审视作品个性，教出特色，以达到常学常新的境界。处理教材时把握住作品的文学个性就如同“解牛”，选好突破口最为关键。找到最佳教学突破口等于抓住了课文关键，可以牵一发而动全身，使学生顺畅地走进课文，而设计教学、优化教学、完成教学任务也就“游刃有余”了。

四　写在后面

海德格尔说，“语言是存在的寓所”。文言文以其不同于白话语体的存在寓含着古代中国人的精神和思想涵养。中学语文教材中选用的文言文都是我国优秀传统文化、人文精神的积淀，对于提升学生的精神品位，加强学生的人文修养，是非常难得的“教科书”。历代先贤以文言构筑的文章，是辉煌灿烂的“精神灯塔”，他们的灵魂，依附文言文走过了漫漫的精神历程，我们也通过在文言文教学中实施文学教学，可以让学生去“循迹走过”，使学生的精神经受一次次深刻而美好的历练。如此量化积累，就是精神气质的形成；不断地“走过”、不断地“历练”，就是民族精神的积淀与传承。

（2006年北京市市骨干教师培训班优秀论文，获2007年海淀区教学成果创新奖，获2011年教育部全国十一五课题成果一等奖）

如何从文言文阅读中汲取写作的营养

写作是运用语言文字进行表达和交流的重要方式，是学生语文素养的重要体现。一个人的写作素养，包括其思想修养、知识积累、审美情趣、思维品质以及一定的写作技巧等多方面。而获取和提升写作素养的重要手段，除了生活体验之外，最便捷的途径就是从阅读中汲取写作的营养。

文言文作为阅读教学的一个重要组成部分，它以简约凝练的语言承载着传统文化的精华与中华民族的思想智慧。每一篇流传至今的作品，都是经历了上千年锤炼、凝聚着中国古代文化精华的精品。其用语之凝练、结构之精巧非寻常文章可及，而其中所蕴涵的思想性、审美性和变幻多端的表现技巧更是令人叹为观止，它是为学生提供写作源头活水的一个重要渠道。开创中国新文学的大师们，像胡适、鲁迅、叶圣陶、朱自清、冰心、巴金等，之所以取得辉煌的文学成就，与他们深厚的文言修养是分不开的。祖辈用文言创造的瑰丽灿烂的文学作品，是一笔宝贵的艺术财富和思想源泉。如果老师在文言文阅读教学中，仅仅停留在“字字落实，句句清楚”的字词翻译上，势必造成一种学习资源的巨大浪费。如何发掘文言文的魅力，从中汲取丰富的写作营养是语文教学中一个值得关注的问题。笔者在教学实践中对这一问题做了一些有益的思考和尝试。

一、关注作品内容情感，提升认识，提升审美

重视文言文阅读，是学生获取正确思想认识、情感体验和审美意识，提升写作素养的重要途径。

首先，写作素养的高下在一定程度上取决于一个人的思想修养，文言文则是提供精神营养的重要源头。被选入中学语文课本的文言文，是诸多人物以生命写成的颇见性情的篇章，多为当时一流人才的精神物化的产品，具有极为丰赡的精神内涵，需要我们从文化和思想的层面去解读。孔子的“克己复礼”，孟子的“舍生取义”，岳飞的“精忠报国”，文天祥的“丹心照汗青”，这些超越古今时空的精神会升腾激荡起学生的爱国主义情感。再如荀子的“性恶论”与“劝学”的关系，庄子思想的现实意义，古代知识分子“兼济天下”与“独善其身”的对立统一，魏晋士人的生死观等，都是对学生人生态度和生命思考的一种正确导向和引领。学生在这些精神品质的浸润熏陶下，在对圣哲至理名言的深思中，在对良

臣忠贤的赞叹中，在为豪杰慷慨赴难的扼腕中，逐步涵养其高层次的生死观、荣辱观、忧乐观，在精神上走向丰润，在思想修养上走向完满。

其次，写作需要丰富的情感体验，文言文则是丰富情感知觉的重要载体。真正的阅读是读者与作者心灵的交流。文言阅读的一个重要任务就是让学生走进作者的心灵世界，真切地感受到作者的喜怒哀乐、委曲衷情，体会到作者的良苦用心、博爱情怀。读《归去来兮辞》，感受陶渊明的那一份愉悦、淡泊又略带寂寞的情怀；读《项脊轩志》，感受归有光那一份亲情的细腻真挚；读《赤壁赋》，在清风、明月、饮酒、赋诗的诗情画意中，感受苏轼的旷达和超然。在与这些杰出人物、一流人才“对话”时，能够直接感受他们非同一般的“情感、智慧、思考”，直接体味他们不同凡响的忧患意识、生命意识、家国意识。所以，在文言教学中关注作者情感，体会真实美善，是我们丰富情感内涵的活水。

另外，不可忽略文言文阅读中对名篇佳作意境的审美体验。优美的文作和佳句蕴藏的幽邃的哲思，总给人无尽的遐思、启迪和美的享受，虽然有时候拘于形式和文章的华美，但所展现的美感与质感都是令人震撼的。譬如王勃的《滕王阁序》中“落霞与孤鹜齐飞，秋水共长天一色”一句，短短十四字就精妙绝伦地描述了于滕王阁上远眺秋水长天的佳景，可谓形神兼备，字字珠玑。再如“余霞散成绮，澄江静如练”这一千古佳句，不仅要感知其“色彩明丽”“境界开阔”之美，还要体味“动静结合”手法之妙。

二、加强诵读鉴赏指导，积累材料，积累语汇

写文章如同建造房屋，丰富的词汇和语言材料是它必不可少的建筑材料。加强文言文的诵读鉴赏是积累典故成语、丰富语汇和材料的重要手段。

首先，诵读的过程就是积累知识、积累写作材料的过程。诵读法可以说是中国古代几千年语文教育最重要也最有效的方法。朱熹说：“学者观书，务须读得字字响亮，不可误读一字，不可少读一字，不可多读一字，不可倒读一字，不可牵强暗记，只要多读数遍，自然上口，久远不忘。”他强调了诵读对于积累材料的重要。另外，由于文言文离我们时代较远，表意又很含蓄，讲究炼字琢句，用典采韵，所以，鉴赏作品的前提就是要了解作者、了解时代、了解作品内容，透彻把握社会背景。这样不仅识记了作品内容本身，也了解了与作品相关的作者及背景材料，无形中增加了写作材料库的储存，尤其为议论文写作储备了大量翔实的例证和印证材料。

其次，诵读鉴赏也是积累成语和典故的过程。文言文言简意赅，炼字琢句的特点，致使大量的成语留存至今。在背诵文言篇章的同时，一定要注意成语及典故的整理和积累。比如诸子散文中，《论语》里的“温故知新”“巧言令色”“祸起萧墙”“怨天尤人”“尽善尽美”“文质彬彬”等,《庄子》中的“贻笑大方”“望洋兴叹”“游刃有余”“目无全牛”等,《孟子》“以五十步笑百步”“舍我其谁”“以邻为壑”等至今仍然保持着鲜活的生命力；史传散文中的“门庭若市”“劳苦功高”“满招损，谦受益”“人为刀俎，我为鱼肉”“忧劳可以兴国，逸豫可以亡身”等成语、熟语都是丰富写作词汇的好语料。区区几字即可向我们揭示一个生活的哲理或是一个精彩的故事场景。

最后，诵读鉴赏过程是名言佳句积累的过程。如：王勃《滕王阁序》：“老当益壮，宁移白首之心；穷且益坚，不坠青云之志。”范仲淹《岳阳楼记》：“不以物喜，不以己悲。居庙堂之高，则忧其民；处江湖之远，则忧其君：是进亦忧，退亦忧。然则何时而乐耶？其必曰：先天下之忧而忧，后天下之乐而乐耶!”都是传诵千古励志的佳句；李白的“长风破浪会有时，直挂云帆济沧海”，杜甫的“安得广厦千万间，大庇天下寒士俱欢颜……”均是抒写胸怀抱负的传世名言。

学生在作文中，如能正确使用源于文言的成语典故和名言佳句，并将重要的作家作品或相关的背景知识有机地融入自己的习作，不仅使文章生动优雅、文采斐然，而且在一定程度上可以展示出自己的阅读量和知识面，增加文章的思想深度和文化含量。

三、重视分析写作技巧，借鉴思路，借鉴手法

选入教材的文言文是从几千年的文化宝库中优中选优的精品。学习借鉴文言文的谋篇布局、遣词造句、叙述描写、人物刻画等方面的为文之道，无疑是提高学生写作水平的一个捷径。我们从论说文、记叙文和修辞技巧三个角度分别来谈。

第一，文言文中论说类的作品在论证结构和方法上有很多精妙之处，值得我们借鉴。比如苏洵的《六国论》，堪称古代论说文的典范。开篇提出“弊在赂秦”的中心论点；然后以史实为依据，分别就“赂秦”与“未尝赂秦”两类国家从正面加以论证；又以假设申说，反面加以论证；从而得出“为国者无使为积威之所劫”的论断，最后借古论今。全文纲目分明，脉络清晰，结构严谨。文中运用例证、引证、假设，特别是对比论证的论证方法，增强了论点的鲜明性和深刻性。再如荀子的《劝学》，则是先前诸子散文中的论说文精品。开篇点出中心论点：“学不可以矣”，然后从学习的意义、作用、方法三个角度通篇设喻论证，或同类设喻，或正反对比，比喻形式多种多样。结构严谨，论证充分，从行文思路和论证方法上提供了很好的议论文写作范例。

第二，文言文中记叙类的作品则很注意材料的取舍和详略。被鲁迅先生称为“史家之绝唱，无韵之离骚”的《史记》作品有很高的文学价值，为学生的记叙文写作提供了很好的借鉴范本。比如《廉颇蔺相如列传》（节选），在选材和刻画

人物上有很多值得我们借鉴之处，一是选取典型事件，从三个不同侧面突出蔺相如的性格特征；二是在矛盾冲突中刻画人物；三是运用对话表现人物性格，使人物形象有立体感。《国语》中《勾践灭吴》一文的详略取舍则很耐人咀嚼。详写勾践“十年生聚”的具体措施，尤其是勾践的言行可以说是神情毕肖，但对灭吴的战略部署与作战经过写得很略，详略的安排并不与“时间”成比例。作者的目的是要突出“谁得到百姓的拥戴，谁就能成就大业”这一历史经验。由此可见，材料的取舍详略均要服从主题和人物的需要。此类的文言作品为学生写记叙文提供了很好的借鉴思路。

第三，文言文的修辞技巧十分讲究。如《阿房宫赋》的对称句式，《过秦论》中的铺排手法；而唐宋词诗中，像“问君能有几多愁，恰似一江春水向东流”这样以其深邃的意象将抽象的愁绪简约、凝练地表述出来的诗句更是不胜枚举。品读优秀的文言作品有利于我们对于各种汉语语法与修辞技巧的熟悉和掌握。

总之，文言文作为传承民族文化精神的瑰宝，蕴藏着无限的魅力，是汲取写作营养的思想和艺术宝库，是我们穷其一生也取之不尽的写作源头。当我们真正走进文言，领悟到其中的魅力和蕴涵时，也就真正找到了提升写作素养的有效途径。重视文言文的阅读鉴赏，不仅丰富我们的文化积淀，也会使我们的文笔更加精纯，文化底蕴更加深厚。

（原载《中小学教学研究》2002 年第 11 期，获北京市基础课程优秀论文一等奖）

将亲情教育渗透在阅读和写作教学中

——由《我与地坛》的教学活动说起

众所周知，在当今中学生的作文中，“代沟”几乎是一个普遍的话题。由于处在特殊的年龄阶段，他们幼稚却又自以为成熟，渴望挣脱父母“爱”的羁绊，渴望享有一片自己的天空，自由地飞翔。在每一个中学生的家庭中，几乎都弥漫着“捍卫自由与反击亲情”的硝烟。战火或大或小，情节或轻或重。轻则争吵、争辩，重则摔门、冷战；更有情绪冲动者，演出离家出走的悲剧。处在青春发育期的他们，只是一味叛逆、一味抗争，他们最高的呼声就是要求父母对自己的理解，却很少有人关注过父母的感受，很少有人去留意母亲憔悴的面容和流泪的心。面对学生思想情感上普遍存在的这一问题，作为语文教师，应该怎样进行正确的引导和有效的点拨呢？

“全面提高学生的语文素养，充分发挥语文课程的育人功能”是新课标的基本理念。关注学生的情感，使学生形成良好的思想道德素质则是语文教学的重要任务。语文教师不仅仅承担着传授给学生知识、培养学生技能的义务，还肩负着塑造学生心灵，对学生进行审美教育和情感教育的重大责任。中学课本中选入了许多思想艺术成就很高的范文和精美的时文，比如史铁生的《我与地坛》就是一篇对中学生进行亲情教育的好教材，文章的字里行间渗透了对人生和母爱的深深感悟。以这篇散文为教学契机，一方面可以使学生在思想情感上受到启发和教育，让他们学会用一颗爱心去理解他人，用一份责任来审视自己；另一方面还可以引领学生关注生活，关注人生，更真实地抒写出自己对生活独到的感悟，在阅读和写作上双受益。基于上面的想法，我在教学中做了一些尝试。从“知识和能力”“过程和方法”“情感态度和价值观”三个维度出发，设计了教学目标三部曲：阅读作品——感悟生活——抒写真情。

一、品读文章，感悟母爱和亲情

教学活动的实质就在于为学生创设特定的阅读环境和氛围，教师恰当的引导是阅读的重要环节。史铁生在文中表达的对母亲的爱是深重而沉痛的。作者通过与自己心灵的对话，反复表明对母亲深深的歉意，表达自己痛彻心扉的悔恨与永远无法弥补的遗憾。为了让同学更好地理解作品，走近作者，我把阅读分三个步骤：(1) 介绍史铁生的特殊经历，让每个学生设身处地地想想一个风华正茂的20岁青年，突然要接受永远瘫坐在轮椅上的这一残酷现实时，会是一种怎样的感受。(2) 推荐史铁生怀念母亲的文章《合欢树》。(3) 让学生在阅读中找出让自己感动的文段，继而分析母亲的形象，体会作者的感情。由于阅读前在情感和情境上做了充分的铺垫，阅读时，同学们较准确地把握了作者的情感，找到了精彩的片段，并谈了自己的见解：

文中母亲的形象让我懂得了母爱的伟大和无私。母亲无私的爱包容儿子，包容儿子的命运；儿子去地坛的每分每秒，对母亲都是一种生命的煎熬。母亲的心神不定坐卧难宁源于内心的担忧与惊恐，源于对儿子深深的理解和爱。

当儿子终于清醒，终于读懂了她的心，理解了她的爱，她已经被上帝召回了。对母爱的感悟太迟了，这使他痛悔不及……文章中渗透作者对母亲的多少愧疚和自责……

从学生对作品的理解中，可以看出他们是真正用心在读作品。母亲艰难的命运、坚韧的意志和毫不张扬的爱，儿子对母亲深深的怀念和痛悔自责之情，都让他们感动。他们欣赏的每一个精彩片段都是他们情感的共鸣点。

二、结合实际，谈谈理解与感受

史铁生以自己的亲身经历谱写了一曲母爱的赞歌。其实，天下的每位母亲都在用不同的方式，用同样深厚的爱心来爱着自己的儿女。每份母爱都是一篇令人百读不厌、回味绵长的华章。要让学生的心真正地动起来，就要结合他们自己的生活，谈“我”的所见、所感、所思、所为，才可能真正地教育自己，感动自己，从而得到心灵的净化。既然被史铁生心灵的文字拨动了爱的琴弦，那就让学生试着在史铁生的车辙后面寻找“自己”的影子，试着从母亲那毫不张扬的爱中寻找“自己母亲”的影子。我们来看学生的一组发言：

今天我才懂得了母爱的伟大。平时我总是嫌妈妈唠叨，所以总是顶撞她。有一次“母子大战”爆发后，我一气之下出走了，在同学家待了一整天，第二天晚上才回家。现在想起母亲那苍白的脸色和泪水，才体会到她当时有多担忧、多伤心。我真是后悔极了。

中考成绩不理想，我的情绪很沮丧，不吃不喝，对母亲的安慰置之不理，甚至不跟母亲说一句话，好像天下的人都对不起我。现在我才懂得，我中考的失利给母亲带去了多少心理痛苦，才懂得了儿子的不幸在母亲那儿是要加倍的。

世间缺少的不是美，而是缺少对美的发现；学生们也不是没有情，很多时候是因为缺少我们的点化和激发。教师若能找到一个激发学生情感的切入点或契机，学生的情感就会如泉水般涌出。学生的发言让人觉得他们似乎骤然间长大了许多，懂事了许多。他们懂得了换位思考，知道了要设身处地地为母亲想想。是啊，人世间割舍不断之情莫过于亲情，而亲情之最爱莫过于母爱。

三、关注生活，抒写真情与个性

史铁生的文字点亮了学生的心灯，以自己的真挚情感为中学生拨动了母爱的琴弦，弹响了亲情的心音。他们开始尝试着去理解母亲，开始认真审视自己享有的亲情和关爱。对母爱的理解、对生活的思索激活了他们的创作灵感。写母爱、赞亲情几乎成为同学们周记的共同主题。这是高一（5）班金山的周记的片段：

我是一个单亲家庭长大的孩子。十三年来，母亲一个人顶着方方面面的压力支撑着这个家。她用自己辛勤的劳动和全部精力把我带大，让我进了全市最好的幼儿园，上最好的小学，我心安理得地享受着母亲为我挣来的幸福，却从来没有为母亲想过。母亲曾试探着问我是否愿意再找一个爸爸，我赌气地说："我只要妈妈，绝不会要任何陌生人来做爸爸。"就为我这句幼稚的话，母亲一直守我至今……

读了史铁生的文章，我心里好难过。我在想，母亲心里一定好苦。别人的妈妈有了什么委屈，有了什么心里话都可以给丈夫诉说，我的妈妈有了心里话又能对谁去说呢？我很想告诉母亲，让她也给自己找一个伴儿……

文字写得朴实无华，可那份真情却让人读出了满心的感动、满眼的泪。我只写了一句批语："把周记本放在妈妈的床头上吧，她会欣慰的……"在班上读这篇周记时，几乎每一个学生的眼睛里都滚动着泪花。我知道，真情已经在学生的心灵里弹响了。

高一（3）班的于洋同学的文章颇有思想——《一生做一次孤儿》：

大多数人一出生就被无所不在、理所当然的爱包围着。所有的一切都是如此的毫无疑问、顺理成章，人们视生命中所有的事为理所当然。但是，终于有一天，当青春的热潮荡起，叛逆的种子萌发，我们的视角却开始倾斜了。我们开始想逃离无所不在，怀疑理所当然，有时候我们甚至会失去所拥有的一切。我害怕的是，在这样的爱中，往往会丧失爱的感觉。人性中天然有爱的分子，可是这种爱的潜能却在幼小时，在父母过分的呵护下，就被扼杀了。

与其这样，不如尝试着做一次孤儿——一生试着做一次。

海伦·凯勒在《假如给我三天光明》中这样写道：如果每个人在他的初识阶段患过几天盲聋症，这将是一种幸福，黑暗会使他更珍惜视觉，哑默会教导他喜慕声音。同样的，我想，如果每个人在他的人生之初的一段时间里做一次孤儿，或许也是一种幸福，孤独使我们能更珍惜相聚，隔绝会告诉我们如何去爱。……

尝试着做一种心灵体验，做一些假设，假设我们一生下来就无依无靠，假设我们有一天突然失去了许多。一无所有才会无所不有，失去后才会珍惜所有，学会施与才懂得感恩。

小作者的写作角度很具个性，这样的思索在她的同龄人中是很少见的。透过“一生做一次孤儿”这个梦幻而又富有哲理的题目，可以看出她对生活做了深刻而理性的思考。文章的字里行间都在证明着一句话：“身在福中不知福。”小作者近乎残酷的假设和心理模拟测试，显示了思想的成熟和文笔的个性。文章的主题已经由对母爱的感悟上升到对亲情的珍视，对幸福的珍视。常言说：“失去后才懂得珍惜。”我们何不越过这个误区，珍惜那些不可再生的爱？珍惜我们拥有的每一份关爱、每一份亲情。

高一（5）班的林隆同学做了这样的评点——《用爱包裹爱》：

这个年龄的我们渴望着挣脱父母的“束缚”，试着想去“飞”。但我们的羽翼的确尚未丰满，心智尚未成熟，依然需要父母的关爱和指点。我们不要向他们发更多的牢骚，不要再有更多的抱怨。我们需要做的，是用我们的爱“撞击”父母的爱，那样我们才会活得更幸福，才能感受到生活的美好、生命的意义。试着去观察，试着去感受，试着用爱包裹爱！这是作者对每一个善良人的爱心召唤，这是每一个善良人对自己的心灵召唤。珍惜你身边的一切，用爱去回报我们身边的一切带给我们的幸福吧。

由学生的作文可以看出：在阅读中，他们学会了关注亲情，感受生活；在感悟和关注中，他们学会了理解和思考；在理解和思考中，他们学会了抒写自己的真情和个性。本次教学实践，让我更深刻地意识到了语文教学肩负的育人重任。一篇好文章，一个好的教学方法，一句简单而真诚的评语，都可以让学生深深感动，这感动将促发其对生命、对人性、对爱的思考，这样的思考对语文学习也是一个促进和提升。这样的学习不但有情有感，积极主动，而且也更体现了对学生个性的尊重、关照。引导学生感悟母爱，关注生活，抒写真情，不仅有助于他们健康美好情感的培养，也是提高学生道德修养和文学素养的有效途径。

（原载《语文教学与研究》2005年第7期）

写作教学中思维训练的三种模式

作文是思维的演练。一个人的写作水平不仅取决于思想修养的高下、知识积累的多少、审美情趣的高低、语言运用的拙巧，更取决于思维品质的优劣。就思维本身来讲，它一头连接着知识素养和审美情趣，一头连接着文字表达和语言技能，在整个写作过程中，可以说起到了“发动机”的作用。因此，强化思维训练是写作教学中一个不可忽视的最基本、最重要的环节，是提升高中生写作素养的一个重要途径。笔者在写作教学实践中，从引导学生发散思维、逆向思维和培养想象思维等方面做了一些有益的尝试和思考。

一、关注生活，激发灵感，训练发散思维

常听学生抱怨作文难，没有“灵感”，没什么可写。其实，灵感是在某种外物或思想的偶尔刺激下，一些记忆表象的突然复活与沟通，一种事理的瞬间明晰与升华。发散思维就是沿着不同的方向、不同的角度思考问题，从多方面寻找解决问题的方案。它可以帮助你在千变万化的时空和频繁的思绪切换中迅速捕捉到写作的灵感。那么，怎样才能使发散性思维成功起飞？

第一，注重生活积淀，勤于动笔动脑。叶圣陶先生说过，“生活犹如源泉，文章犹如溪水，源泉丰盛而不枯竭，溪水自然活泼流个不停息”。思维的敏锐度受生活阅历和知识积累的制约，生活积累的直接或间接的知识和经验越丰富，感知能力就越强，感知和思维的触点或连接点就越丰富，引发的思想、感情也就越多。从高一开始，周记和读书笔记成为我布置给学生的固定作业。周记的内容主要是随时记下生活中的观察与体验，读书笔记则要求学生广泛涉猎课外知识，写出自己的思考和评价。实践证明，周记和读书笔记的写作，使学生多了知识和生活的积淀。学生的生活积淀越厚，思考的积累越多，思维就扩散得越广，而写作灵感产生的概率也就越大。

第二，多角度、多方位地思考问题。教育家赞可夫说：“我们要让学生在研究某一事物时，既能从一个角度看问题，又在必要时，改变看问题的角度，或者同时从几个角度看问题。”对于一个文题或一段材料，引导学生去追忆、联想、思考那些与命题有关的、有意义的、自己深受感动的事，让思维在题目允许的广袤空间驰骋，从而涌现出一个又一个构思角度。这样，文章才会材料丰富，血肉饱满，富有个性。中学教材中曾选过秦牧的《土地》，文章由热爱土地、保卫土地的主旨发散开去，围绕土地故事和传说来写，旁征博引，谈古论今，纵横驰骋，为我们提供了发散性思维的范例。

第三，透视高考作文，寻求发散思维的规律。近几年的高考话题作文，对训练学生的发散思维起到了很好的导向作用。比如“面对大海”（2002 年上海高考作文），是一篇情景作文。面对大海，你可以感受大海的壮阔，也可以感慨大海的包容，可以分析海的性格，也可以联想海的故事……构思所体现的主要是发散思维。又如 2005 年北京高考作文题：以“说‘安’”为题材，“安”字含有“安定”“安全”“安宁”“安逸”以及“安于”等意思，自行选定角度写议论文。这个散点式开放型的题目，为考生提供了广阔的思维空间。我们可以想到很多有关“安”的词句，诸如“安静”“安心”“安然”“安详”等，又如“居安思危”“均无贫，和无寡，安无倾”“既来之，则安之”“生于忧患，死于安乐”等。我们既可谈世界、民族、国家之安，即和平、和谐，也可谈乡里、邻里之安，即人际温情；既可谈外显之安，也可谈内心之安。类似这样的高考命题为发散思维提供了一个很好的借鉴思路。

二、打破定式，反弹琵琶，提倡逆向思维

从当下的学生作文来看，很多学生形成了盲目从众的思维惰性。习惯性的思维定式使他们在对同一问题的认识和表述上，保持着惊人的一致，写“助人为乐”必然想到“雷锋”，“梅花”必然象征“高洁”，“绿叶”绝对等于“朴实无华者”。逆向思维是一种与普遍习惯的单向思维完全相反的思路，是从对立的角度思考和探索问题的思维方式，看似荒唐，实际上是一种打破常规的、非常奇特而又绝妙的创新思维方法。如何训练这种思维方式呢？

第一，在写作中提倡批判和质疑精神。一切创造都来源于怀疑，怀疑精神就是一种批评意识。所以在作文教学中鼓励学生独辟蹊径，探新求知，甚至标新立异。比如，“开卷有益”这个成语，自产生以来就有大众的认同感。但就当今特定的社会文化背景和学生特定的年龄阶段而言，开卷未必都有益。为激活学生的求异思维和逆向思维，我布置了一篇“小议‘开卷有益’”的作文，鼓励学生从常规思维的反面去思考。有同学在作文中写道：

> “开卷有益”，乍听起来很有道理，但细细一想，问题就出来了：怎么能说只要看书就对我们有益处呢？书有好坏之分，读到好书对我们自然有益。但如果读到一本坏书呢？在我们缺少足够的辨别能力和足够的精神免疫力的年龄，开这样的卷恐怕就是有害了…… 所以，我认为应该开“有益之卷”。

作文题目虽然陈旧，但从学生的观点可以看出，他们没有放弃思考与怀疑，没有盲目地顺从定论与“真理”，他们在尝试着探索与辨伪。

第二，提供一些逆向思维的范文。可以选自己学生的优秀作文，也可以选课本或读本上的教材。高一《〈语文〉读本》中有一篇当代散文家张抗抗的《牡丹的拒绝》，我把此文作为一篇逆向求异思维的范例推荐给了学生。文章没有像众多描写牡丹的作品那样一味赞美牡丹的雍容华贵、绚丽多姿，而是独辟蹊径，反弹琵琶。借赞美牡丹的拒绝，赞扬牡丹不慕虚华、对生命执著追求的高贵精神，表现出作者见识的超拔。通过赏析讲解，让学生了解到逆向思维的技巧和表现力的高妙之处。

第三，提供一些有争论性的作文题。高考作文题《近墨者黑》/《近墨者未必黑》对培养学生的逆向思维能力起到了很好的导向作用。我又如法炮制类似的作文题目，比如《愚公是“笨”还是“智”》《上网“利大”还是“弊大”》。经过一系列的逆向思维训练，学生的作文初见成效。下面是高二（3）班于洋同学的习作片段，主题是表现珍视母爱和亲情。透过《一生做一次孤儿》这个违背常理的题目，可以看出她思维角度的独到和新颖。

一生做一次孤儿

大多数人一出生就被无所不在，理所当然的爱包围着。所有的一切都是如此的毫无疑问、顺理成章。人们视生命中所有的事为理所当然。但是，终于有一天，当青春的热潮荡起，叛逆的种子萌发，我们的视角却开始倾斜了。我们开始想逃离无所不在，怀疑理所当然，有时候我们甚至会失去所拥有的一切。我害怕的是，在这样的爱中，往往会丧失爱的感觉。

与其这样，不如尝试着做一次孤儿——一生试着做一次。

海伦·凯勒在《假如给我三天光明》中这样写道：如果每个人在他的初识阶段患过几天盲聋症，这将是一种幸福，黑暗会使他更珍惜视觉，哑默会教导他喜慕声音。同样的，我想，如果每个人在他的人生之初的一段时间里做一次孤儿，或许也是一种幸福，孤独使我们能更珍惜相聚，隔绝会告诉我们如何去爱。……

孤儿的感觉并不好。我所谓的放弃并不是一种生存状态，而是一种心理状态，因此，一生中做一次孤儿并不是要生活中真正发生什么，而是我们要做的一种心灵体验，做一些假设，假设我们一生下来就无依无靠，假设我们有一天突然失去了许多……

一无所有才会无所不有，失去后才会珍惜所有，学会施与才懂得感恩。

小作者成功地运用了逆向思维，使文章见人所未见，发人所未发，构思独特，立意深刻，不落俗套，高人一筹。

三、开发资源，创设情景，培养想象思维

爱因斯坦说：“想象比知识更重要，因为知识是有限的，而想象力概括着世界上的一切，推动着进步，并且是知识进化的源泉。”想象是对已有的表象进行加工改造而建立形象的心理过程，是一种立足现实而又跨越时空的思维。它更侧重调动头脑内存的联想。学生掌握的知识越全面，想象力越丰富，思维也才会越灵活。如何创设情景培养学生的想象思维呢？

第一，充分利用课文资源，结合课文内容进行再造想象。让学生在原作的基础上进行合情合理的再创作，比如续写、扩写、改写等。而训练的关键环节是注意抓住课本中能启发学生想象的诱导物。在学了鲁迅小说《药》之后，让学生扩写一个场面，描写夏瑜在狱中劝牢头红眼睛阿义造反时的对话片段；学过《项链》，要求学生对小说的结尾续写故事情节；王维的《山居秋暝》有强烈的画面感，通过品词探境，以改写的方式让学生展开想象，用散文化的语言来描述“明月松间照，清泉石上流”所创造的意境。这种读写结合的训练方式收到了很好的效果。

第二，利用多媒体创设情景，激活和扩展学生的想象空间。多媒体可以给学生提供大量的视觉、听觉形象，美丽的画面、美妙的音乐都可以引发学生美好的遐想。我曾尝试播放过《百鸟朝凤》的音乐，让学生通过声音去想象春天百花齐放、百鸟齐鸣的景象，然后再用文字加以描绘。通过倾听音乐、想象画面、文字描绘的相互转换，调动并沟通不同感官的相似感觉，训练了想象思维，也提升了学生的写作兴趣。现代信息技术，为开拓学生的思维想象力提供了物质基础和广阔的训练空间。

第三，设计指向未来的创造性的作文命题，让学生去对陌生的未知世界进行想象。1999 年的高考作文《假如记忆可以移植》就是一个大胆的尝试。它不仅着眼于科学素质的培养，引导学生关注未来世界，更重视了创造性思维和想象力的开发。写作训练中，给学生提供一定的材料，如以“我们班获奖了”为开头练习场面描写，续写班级同学闻知这一喜讯后的兴奋情态。或设计一些开启想象力的命题作文，如类似《二十年后的相聚》的作文题目。只要从某一点上触发学生想象的闸门，他们就会展开想象的翅膀，从而体会到创造的乐趣。

总之，发散思维、逆向思维、想象思维都是写作中思维训练的重要环节，如果我们在平时写作教学中有意识地强化这一训练，学生的写作素养和写作水平将得以有效地提升。

（获 2005 年“中小学生个性化作文”课题论文一等奖）

把课外阅读引向研究性学习的尝试

——指导学生读余秋雨散文

当下，“研究性学习”已经成为中国教育的一种时尚。如何体现研究性学习的开放性、探究性、实践性的特点，如何具体组织实施研究性学习，如何体现教师的指导作用，无疑是每个教师所关注的问题。立足于语文学科本身工具性、人文性这一特点，从弘扬民族文化，顺应素质教育的需要出发，我在语文教学上做了一点有益的尝试——把课外阅读引向研究性学习，指导学生阅读余秋雨的散文。

一、关注学生困惑，确定学习课题

选取优秀的文学作品作为课外阅读的材料来拓宽视野，有益于塑造学生健全的人格，进而全面提高学生的语文素质。在众多的当代散文作家中，余秋雨似乎更多地受到了人们的关注，他的作品一度被媒体炒作得沸沸扬扬。不少学生在周记中对此表现出很多关注和困惑。余秋雨作为中国当代的散文大家，其作品以厚重的主题、深刻的思想和博大的文化内涵越来越多地吸引并折服着广大的读者。他的散文多是取材于历史古迹、人文山水或自己的亲身经历；其灵魂大多是对中国文化的反省，人类文明的思考。他饱蘸着对历史文化的赤诚的热血，把自己穿越历史和时代的深层次的文化愁绪和文明忧思，通过磅礴的文势和纵横驰骋的笔墨挥洒出来，深深拨动读者的心弦，使之产生强烈的共鸣。为了让学生了解余秋雨散文的真正实质和内涵，我决定把余秋雨散文作为一个研究性学习的课题交给学生。

二、激发阅读兴趣，及时鼓励指导

首先，推荐《文化苦旅》《山居笔记》，要求学生课下阅读作品。

我是以讲座的方式把余秋雨的作品介绍给学生的。在介绍《文化苦旅》一书时，我选读《自序》中的一段文字：“……我发现我特别想去的地方，总是古代文化和文人留下较深脚印的所在，说明我的心底的山水并不完全是自然山水，而是一种‘人文山水’。这是中国历史文化悠久魅力和它对我的长期熏染造成的，要摆脱也摆脱不了。每到一个地方，总有一种沉重的历史气压罩住我的全身，使我无端的感动，无端的喟叹。常常像傻瓜一样木然伫立着，一会儿满脑章句，一会儿满脑空白。我站在古人一定站过的那些方位上，用与先辈差不多的黑眼珠打量着很少会有变化的自然景观，静听着与千百年前没有丝毫差异的风声鸟声……大地默默无言，只要来一二个有悟性的文人一站立，它封存久远的文化内涵也就哗的一声奔泻而出；文人本也萎靡柔弱，只要被这种奔泻所裹卷，倒也能吞吐千年……”这样，让学生初步领略到余秋雨散文的风格特色、思想内涵，以引起他们的阅读兴趣。

其次，学生写读书笔记，老师因势利导写出鼓励性的评语。

由于作品的内容和中学生的实际生活有一定距离，很多初读余秋雨散文的同学只是感觉到文章好，却说不清到底好在哪里，把握不住文章的文化内涵，只是摘录自己喜欢的某篇文章或某个片段，读书笔记后面的评语极为简短。如《道士塔》这篇文章反映的是敦煌文化流失这样一个悲剧的主题：一个土生土长的老农——王道士，中国人淳朴憨厚的美德被他很幸运地具有了。如果他从事别的行当，也许会有所作为，但历史偏偏指定他做了莫高窟命运的主宰者，而断送了莫高窟的恰恰是他的愚昧与憨厚。只凭几句花言巧语，几把少得可怜的银元，外国探险家就从王道士手中换到了中华民族无数的古老典籍，换走了我们祖先的珍贵遗产。被愚昧击破的文明碎片刺痛着每一个国人的心，学生显然也被这一沉重的主题震动了。一个学生在摘录的文章后面，只写了一句评语：

我真想对着那个王道士大吼一声：住手！然后痛痛快快地揍他一顿。

我抓住这个契机，及时地对学生的感悟予以鼓励：“从这一句话的读后感中，分明看到了一个具有强烈民族意识的灵魂。”然后再把自己的阅读感受如实地传递给学生，以加深他们对文章的理解。很快全班掀起了一股读余秋雨散文的热潮。同学们开始互相传阅读书笔记，并加上了很多互动式的评语。学生赏析作品的文字越来越长；评点的内容越来越厚；读书笔记也越来越出彩。不少同学除了利用图书馆翻阅有关的赏析资料外，还利用互联网查阅了《文化口红》中不少别类的评价和观点。语文课代表风趣地称语文老师是成功的“文化散文的推销商”。

三、交流研读体会，总结学习成果

召开主题班会“我读秋雨散文”，让学生通过书面发言来交流阅读体会和心得。

从学生的书面发言中可以看出：余秋雨散文对学生产生的影响是全方位的。归纳他们的感受和体会大致有三个方面。

第一，作品博大的思想内涵，使学生颇受震动。从他寄情的华夏山水中，我们读到的是文明的丰碑或碎片；从他所钟爱的风物人情中，我们读到的是蒙昧的溃败和肆虐。文章中厚重的文化反思，激发了学生对人类文明的思考，对华夏文化的热爱。

周钦沅同学深深为余秋雨散文的内容所折服。他这样写道：

……《文化苦旅》带给我震撼。从都江堰到天一阁，从柳侯祠到长江三峡，作者仿佛为我铺开了一幅壮美的画卷。祖国的大好河山令我感慨万千，但更令我心动不已的是中华民族古老而优秀的文化。……在一千多年以前，当西方文明还处在萌芽阶段的时候，我们伟大的祖先就用他们的双手创造了代表人类最高水平的博物馆——莫高窟。这不能不说是中华民族的骄傲！……

……每一个中国人心中都与古老的文明打上了一个情结，而文化作为文明的产物也就成了维系这份情结的纽带。中华民族，绝不能失去她优秀的文化！

再看樊明洁同学的发言稿：

……读《道士塔》令我心痛，从没有在读书时感受到的心痛，这一次却那么强烈地感受到了。老师不止一次地介绍秋雨散文，今天有幸借到它，没想到读第一篇文章就让我心痛：道士的无知，外国人的狡猾，官场的腐败让人愤慨，让人痛心疾首。王道士，你知道你在做什么吗？那几个可怜的银元竟换走了我中华文明中的瑰宝——敦煌文化，而你居然还向他们鞠躬！斯坦因，你不是拯救敦煌文献的英雄，而是一个地地道道的骗子，一个真真正正的强盗！……

学生们诉诸笔端的真挚的情感，是一种对愚昧、对文化侵略的愤怒，是对祖国文化遗产流失的无限惋惜，是对华夏文明赤诚的热爱。一篇《道士塔》唤起了学生们强烈的民族意识，唤起了他们对中华文化的珍爱之心。

第二，秋雨散文还以其浓郁的文化气息引发了学生对历史的思考。

从《莫高窟》《阳关雪》到《柳侯祠》《都江堰》，作者带我们走过的每一处，都在华夏的文明史上占有一席之地。历史文化气息总是那样浓重，使我们随着他的文字一道走入那历史的长河，一道去感受那唐朝的烟尘和宋朝的风雨。

酷爱秋雨散文的王娟同学在自己的笔记中这样写道：

……尽管我才疏学浅，不能完全把握文章中那鼓鼓跳动的脉搏，但我毕竟从中学会了对历史文化的思考。虽说这些思考是何等的肤浅，但我庆幸自己的头脑中有了这样一些稚嫩的问号……

曹亮同学则更为直接形象地表达了自己的感受：

……感谢余秋雨和他的散文。那跨越千年的袅袅余音，细微而又沉重，震动着心底那扇最隐蔽的门。之后，门开，那些有意无意间积淤下来的情感便奔泻而出，与景相融，与历史相融。在读秋雨之前，我是万没有勇气与历史交流的，尽管那其中涌动着绚烂的色流，而我只能是可望而不可即的。而今，在秋雨的文章中，我竟学会揣摩历史的气息了。……

读余秋雨散文令学生稚嫩的心灵和头脑中开始多了几分理性的思考；多了几分对历史的庄严回顾；多了几分对未来认真的展望；多了几分对国家、对民族神圣的责任感。

第三，秋雨散文的艺术风格和表现力也深为学生们称道。

秋雨深厚的学术功底和娴熟的文字技巧，使他的散文严肃而又平易，凝重而又洗练，从容而又奔放。他的渲染和铺排，使读者在不知不觉中欣然接受了他的思想，而意境及文字的讲究却又自然而不着痕迹。一年多的时间里，越来越多的学生为余秋雨的散文所熏陶、所影响、所折服。学生们深深地喜爱着这种恣肆而洒脱的风格。

读过《阳关雪》之后，曹小明同学在自己的周记中这样写道：

我真真叹服余秋雨笔下这异彩的画卷。细腻之处无微不至，让我的心仿佛一下变得柔软异常，文中的景致好似伸手便可触及。粗犷的地方，作者又把文字舒展得那样豪放，在天地之间铺排得大大方方，明明净净，我的心也霎时开阔，变得大得要包容下整个世界。这是何等的畅快！……不得不承认，读秋雨的文章过瘾而又颇为劳神。过瘾的是能欣赏到那许多的青山秀水、楼阁庙宇；而劳神的是在赏景的同时，总要竭力去倾听那历史徘徊在此地的余音，让人陷入一种深深的思索……

张颖同学这样表达自己对余秋雨散文的热爱之情：

……我一直努力地读着秋雨，就像书的名字《文化苦旅》。我深深地感到作者确实在带着我跋涉一条艰苦的文化之旅。然而，那份艰苦之中却包含着万千种韵律，万千种滋味和无穷无尽的乐趣。……

在将近一年的时间里，学生在老师的指导下，通过多种方式、多种手段的研究学习，对余秋雨散文的阅读和理解水平已经相当有深度，可以说这次研究性的阅读让同学们受益匪浅。他们开始迷上了散文，爱上了余秋雨，甚至有意无意地用自己那稚嫩的笔，蘸着真诚的心血去模仿余秋雨的文章，去模仿他文章中的文化厚度和气息。高一结束的暑假，曹亮同学有机会去了一趟新疆，万里行程竟收获了数万言的几大篇文章。在周记的系列篇中有一段独立成篇的文字。

跨越千年

柏孜克里克石窟紧挨着火焰山，其中大部分来自公元9世纪和10世纪。

走进石窟，光线暗下来，一千年前工匠斧凿的叮当声又传了出来。很可惜，窟内的壁画遭到了极大的破坏。原本凸出墙壁的泥塑佛像不是被毁坏，便是被盗往国外了；大幅的壁画被刮得不成样子，只能在边角辨认出一些彩绘线条。更有甚者，有些壁画被整幅地锯下揭走，到如今，留给我们一个个丑陋的伤疤。有的洞窟里，已是面目全非。我们只能从照片上领略人物那丰盈的体态，柔美的浅笑，手中的鲜花……这些跨越千年的生命已无缘与我们面对面地交流了，只能将昔日的风采缩于照片之上。每座石窟的顶部都绘有无数小菩萨。但其中体态完好的不多，大部分都毁于那来自异国的魔鬼的罪恶之手。

壁画中残留的色泽，历经岁月的磨难，已褪色得有点苍白了，但它在人们的心中依然凝重、神秘。千年以前，映着大漠如血的残阳，辛勤的工匠们在这陡坡上默默地开凿。工匠中那些真正的艺术家用自己的才情毫无保留地滋养了这一方洞壁。就在他们潜心工作的时候，是否会想到这些异彩的色流将在历史的长河中遭遇大劫？如今，那些伤口依旧在流淌鲜血，流淌在中华民族古老的身躯上，流淌在每一个中国人的心里……

当你看了上面的文字，那沉甸甸的主题，那对华夏文化的思考，那对外来侵略的愤慨，还有那近乎老练的文笔，竟是出自一个十六岁的女中学生的笔下，不知你是怎样的感受？我是颇为欣喜、颇为震动的。学生用有形的文字准确地表达出了自己日臻成熟的思想。这就是课外阅读的收获，是研究性学习的收获。

实践表明，把课外阅读引入研究性的学习，学生不仅拓宽了视野，也提高了自身的审美情趣；不仅丰富了思想，而且提高了写作能力；不仅训练了阅读，无形中也提高了学生的文化品位和人文修养，而这一切无疑就是一种语文素质的提高。故此我认为："研究性学习"切不可局限于课堂教学，也不简单地等于做课题，写论文。它可以是课内的，也可以是课外的。这一观念应该贯穿于教学过程的始终，融会在学生学习的任何方面。作为语文教师应该树立大语文观，要及时地向学生推荐一些思想性、艺术性较高的好作品、新作品，为学生创设轻松、民主的氛围，给学生提供一个自我发现、自我学习的天地，调动和保护学生自我探索、求知的欲望和热情，成为他们毕生学习和发展的动力。只有这样，才能全面提高学生素质，才能使语文教学取得理想效果。也只有这样才可以真正理解研究性学习的本质。

（原载《语文教学与研究》2002年第4期）

从接受美学的理论谈文本意义的解放

文本阅读的直接目的在于理解，那么，怎样的理解才算正确？对文本的阅读是否允许多解的存在？解读正确的标准为何？在新课程背景下，这个问题尤其值得关注。在传统的语文教学中，人们常常会审问由某种分析方法从文本中得出的意义是否符合“原意”，而所谓“原意”则被认为是已经预先由作家设置在文本之中，不管有没有人阅读，它都是存在于白纸黑字里的。而欣赏者只能凭借作者提供的有意义的信号系统对创作精神加以回溯，最圆满的具体化就是作者精神的复原。这种说法在一定程度上尊重了作者，是“知人论世”的必然归宿，但在解读的出发点上则割断了读者和文本之间的联系，截断了将文本与现实生活相联系的可能。这种一味求索作者“原意”的做法，显然与新课程关于“探究性”阅读的教学理念相悖。

《义务教育语文课程标准》要求学生“对课文的内容和表达有自己的心得，能提出自己的看法和疑问，并能运用合作的方式，共同探讨疑难问题”，其实就告诉我们阅读的多解是必然的。而接受美学的理论则从另一个角度为新课标的理念提供了依据。接受美学把文学区分为“文本”和“作品”，作家的创作尚未经过接受的仅是“文本”，只有被读者接受的“文本”才能成为“作品”。也就是说，文本的意义来源于两个方面：一是作者的赋予，二是读者的赋予。白纸黑字只是文本存在的物质载体，文本意义的实现必须联系到人对由物质载体所负载的内容有形式的接受。作家的精神创造通过语言符号加以凝固和保存，而读者通过阅读接受，才使文学活动终结。从某种意义上来看，读者才是文本的最终完成者。如果以接受美学的理论指导语文阅读教学则可以实现文本意义的真正解放。

首先，将文本的意义从作者那里解放出来。

我们认识到作者无权成为文本意义的垄断者，更无权成为阅读感受的最高仲裁者。读者不仅应被视为参与文本的作者，而且是使文本成为作品的重要作者。例如乐曲《高山流水》，虽然只有钟子期说出抚琴者“志在高山”“志在流水”，却不能够剥夺其他听众从中获得的各种各样的感动，否则就不能说那是一首伟大的乐曲或者演奏者是一个出色的音乐家。莎士比亚不朽是因为“一千个人就有一千个哈姆雷特”，《红楼梦》蔚然蕴出“红学”是因为除了每个人都可以臆造属于自己的宝黛之外，还可以“道学家见其淫”，而至情者见其情深意长。既然语文课本中的篇目都是历经千挑万选的精品，我们又有什么理由剥夺学生超越作者去索求其中的意义呢？文本意义的实现就在于文本与读者的互动，这样，接受行为就呈现出一种对话的特点，在对话中，意义才会产生。例如王维的《鸟鸣涧》："人闲桂花落，夜静春山空。月出惊山鸟，时鸣春涧中。"这里的"人""夜""月"等词语都未加明确的限定和修饰，所呈现的意义也是不确定的。"人"可以指男人或女人，老人或青年等；"月"可以是圆月或残月，明月或淡月等。这往往依赖每个读者的个体体验去加以确定。必须让学生充分运用自己的理解力和想象力去体会文本，把文本中的不确定性和空白结构按自己的理解组织起来，从而获得各自的意义。

其次，将文本的意义从教参那里解放出来。

现在通行的语文教参，主要内容是编写者对教材的理解和分析，确实在很大程度上对教师、学生提高学习的效率有着很好的指导作用。但"唯教参论"在某种程度上也垄断着对文本意义的解读，对学生的创新思维在某种意义上是一种限制甚或禁锢。新课程理念所倡导的创新思维与接受主义美学理论都表明，学生要用自己的经验和情感去渗透文本，在不同层面上实现文本意义的个性化解读。例如莫泊桑的《项链》，是高中教材的传统课文。关于这篇小说的主题历来众说不一，作者感慨："人生是多么奇怪，多么变幻无常啊，极细小的一件事可以败坏你，也可以成全你！"教参的解读基本定位于讽刺玛蒂尔德的小资产阶级的虚荣心。而应该说教参的解读和作者的议论都确有其道理。玛蒂尔德由于爱慕虚荣而导致后半生的悲苦，其不幸确是由项链的偶然丢失而引起的，但这绝不是小说意义的全部。能够深入思考的同学能够不囿于作者及教参关于小说主题的解读，而把主人公放在整个社会大背景中考虑，认为玛蒂尔德命运的偶然应该是建立在必然的背景之中的。因为玛蒂尔德对上流社会的向往是根植于整个社会的价值观念之上的，这种价值取向引导整个社会去追逐腐化和享乐。假使玛蒂尔德那时没有丢失项链，她进入、融入上流社会的可能性又有多少呢？此外，我们也很可能被玛蒂尔德勇于担负起命运不幸的勇气所打动。人生是艰难的，当有一天苦难降临时，如果我们忆念玛蒂尔德的勇气，并被他们夫妻间的相濡以沫深深打动，小说的意义就实现在了我们的人生体味中。因此，在对文本的解读过程中，应该——甚至是必须允许学生把他们各自的思想情感、生活经验、理想趣味融入其中。

最后，将文本意义从教师那里解放出来。

面对文本，教师是一个特殊的读者，他不仅需要理解文本的意义，还必须将这种理解传达给学生，使学生也能理解文本的意义。教师在文本接受中处于特殊地位：他是教材和学生之间成为学生理解文本的中介。不管教师的阅读能力多么高明，如果强迫学生接受自己的思路和结论的话——无论是强行灌输的“硬强迫”也好，还是层层设疑引领课堂的“软强迫”也好，教师又会成为文本意义的新的垄断者。这种垄断可能是教师和作者（或某些批评者）观点一致时的垄断合谋，也可能是教师自主阅读之后将自己所获得的意义强加于学生时形成的新的知识暴力，与前者相比，后者常常以“改革者”或“新权威”的面目出现，因此更值得警惕。教师垄断文本意义，往往不是促进而恰恰是阻碍了学生进入文本寻取意义的积极性，长此以往，学生只能越来越不知道如何去理解文学的意义，即使他们将教师教的一切背得滚瓜烂熟，也只能是高分低能。而更深远的影响是，我们的下一代不知、不会进行发散式的创造性思维，只会唯上唯尊地做他人的应声虫。事实上，在教学中文本意义的实现，是以学生的最终接受为标志的，学生的每一种无错误的理解都是对文本意义的一次创造，这种理解或许不深刻却是自主获得的。在这个意义上，学生的理解越是有个性和独创性，教师越应该加以肯定和鼓励。

那么，接受美学的引入是否意味着教师应该在阅读教学中撒手不管？

在引导学生自主阅读文本的过程中，教师要有必要的方法的传授和对话情境的创设，教师的思想深度、文化水平、审美趣味、接受维度作为一种重要的“资源”，应该也必须配置到学生的阅读活动中。那种让学生自由阅读而教师不置一词，或者只是像节目主持人一样组织和维持讨论秩序，或者是像古代私塾教学似的一味强调死记硬背的做法，显然有悖于教师主导的课堂教学理念。因为学生生活经历较少，思想认识水平、艺术修养等方面还比较有限，对文本意义的把握一般都不如教师深刻。但这种教师“资源”配置，不是传授文本意义，而是沿着文本意义空白召唤的方向传授获取文本意义的方法。即如何寻找文本意义“空白”和“未知点”，如何从表层意义向深层意义进行开掘，如何联系文本之外的社会语境和自身体验升发意义。

以舒婷《致橡树》的阅读为例，教师可以设计多个层面的导引。首先，教师可以提醒学生注意诗中塑造的艺术形象，透过语言层通过各自的想象唤起生活表象；进而教师可适时引导学生思索这些意象更深的内在意蕴，“我必须是你近旁的一株木棉”坚决的口气说明了什么；之后，教师还可以进一步启发大家思考诗人坚决地确定自己“必须是一株木棉”的参照是什么……由此一层层地去品味掩藏于作者潜意识中的思想和情感。从而思考到底什么才是真正的独立和平等？当然，要实现文本意义的真正解放，创设平等的师生对话情境，构建开放的课堂环境都是不可忽视的因素。只有在平等的对话中，在教师有意的引导和真诚的鼓励下，学生才能擦出思维的火花，文本阅读的多解才会异彩纷呈。

总之，接受美学理论启迪我们，阅读绝不仅仅是简单的 read，而是强调主体参与的 play。作为教师，不仅要自己主动地参与文本意义的建构，还需要在文本和学生之间建立一种“对话”关系。一方面要为学生进入文本提供自由的空间和良好的方法，另一方面要将文本中学生未能开掘的地方作为问题呈现出来，启发他们进一步思考，而最终培养的是学生发现和提出问题的能力。

（原载《文学教育》2009 年第 6 期）

语文教学中如何培养学生的语感

叶圣陶先生曾指出："文字语言的训练，我以为最要紧的是训练语感，就是对语文的敏锐的感觉。"吕叔湘先生也指出："语文教学的首要任务是培养学生各方面的语感能力。"可见语感培养是语文教学研究中一个历久而弥新的课题。随着语文教学研究的不断深入，这个问题越来越受到语文教学界的重视。

何谓语感？当代语文教育流派中语感派的代表、全国语文著名特级教师洪镇涛曾说过："语感是一种语文修养，是在长期规范的语言感受和语言运用中养成的一种带有浓厚经验色彩的比较直接的迅速的领会感悟语言文字的能力。"简单说来，语感就是对语言文字的感知领悟能力。语感强，则领悟能力强；语感弱，则领悟能力差。语感能力是长期语言实践中形成的一种心理直觉，是一种良好的心理倾向，是学生的语言功底、智力水平、思想品格、审美情趣、文学修养等多方面素质的一个综合体现。语感强者，便可在学习中捷足先登，在考试中自然也就命中率高，更重要的是可以充分发挥其潜在语感势能，真切而深刻地理解语言，并创造性地运用语言。那么，语文教学如何使学生具有敏锐的语言感受力呢？

一、加强阅读，积累语言材料和意象是培养语感的前提

笔者非常赞同洪镇涛老师的教学思想，即语文教学的主要任务就是学习语言，而不要走入误区——研究语言。所谓学习语言主要是通过感受、领悟、积累语言材料和运用语言来提高语文能力。感受——领悟——积累——运用是学习语言、培养语感的重要途径。感受是学习语言的前提，领悟是学习语言的关键，积累是学习语言的基础，运用是学习语言的目的。通过这个途径，培养学生的语感能力，应该说是可以做到且行之有效的。古人云："《文选》烂，秀才半。"大量浏览和精研各种文体的优秀范文，形成良好的阅读习惯，是培养学生语感能力的前提和基础。中学生已经具有一定的语言感受力，他们积累词语并不仅仅依靠字典、词典，而是在大量的阅读中得到的。语文教师只要充分利用学生已有的一定数量的词语积累作为语感训练的基础，通过大量的阅读训练，就可以使学生的语汇积累如滚雪球般增多。随着阅读量的增大，学生的词汇量会不断增加，语言感受力也就不断得到提高。语言感受力的提高，又使词汇积累更加容易，这样就会形成良性循环。

另外，从阅读角度来说，在阅读作品的过程中，意象形成的快与慢、完整与否，标志着语言感受力的高下。语言符号是阅读的客体，作为阅读主体的读者，只有头脑中有丰富的意象积累，才能被作品的语词迅速唤起，组合成相应的准确鲜明的新意象。对中学生来说，这一点正是他们的局限。他们的生活阅历有限，这大大限制了他们想象力的有效发挥，影响了意象组合的准确性、完整性，即妨碍了语言感受力的发展。要提高学生语言感受力，丰富学生头脑中的意象积累，很重要的方法就是进行大量的阅读。

二、加强名篇背诵是培养语感的重要途径

“大抵能读千赋，则能为之。”这些真知灼见都在告诉我们：学语言一要多读，二要熟读，而熟能成诵则最为值得称道。要有出口成章、立马可待的文采，背诵比熟读更重要，这是千百年来证明了的经验。也是学习语言的必由之路。仔细琢磨身边的人或教过的一批批学生，凡是小时候读书多且认真背诵的没有不是才思敏捷、语感超众的。在语文教学中，指导学生背诵大量的唐诗宋词、经典名篇，一方面吸收积累语言，另一方面习得和积淀语感，这是提高学生语言能力的基础，这些典范精美的语言成品，将会成为他们终生受益的财富。即使当时对背诵的内容不是十分理解，以后随着语言吸收和积累的增多，随着生活体验的丰富，随着知识面的扩大，通过不断“反刍”，理解会不断加深。所以不应该不加分析地对“死记硬背”一味的排斥。高中阶段，学生的学习时间相对紧张，不大可能再像初中时那样有大量的课余时间供自己支配，可采用速读的方式，这种意群注视法，也是积累材料、积累意象的重要途径。另外，充分利用早读时间加强诵读，无疑是一条有效地提高语感水平的捷径。

三、加强听说训练是培养语感的重要手段

听说训练有利于发展语言发送和接收能力，使思想感情借助圆满的口语形式进行交流；有利于活跃思考，使思考力得到充分发展。在人教社出版的语文新教材中，特别增加了一项新内容——说话训练。因为说话训练有利于培养学生对言语对象的多方面的准确的直觉感知。我们引导学生把话讲得清晰、用语准确，这是在锻炼学生语言的正误感。我们让学生在说话时注意用词的得体，注意说话的场合与对象，这是在锻炼学生语言的分寸感。我们让学生在言语交际活动中，注意话语的情味，学会含蓄地表述个人的请求与意见，以较少的情味深长的话打动对方，这是在锻炼学生语言的情味感。我们让学生在朗读和成套讲话练习中，注意句与句的衔接与过渡，学会运用抑扬顿挫的语调，注意语气的贯通与变化，这

就是在锻炼学生语言的畅达感和节奏感。而上述的这些语言感觉，都能通过说话训练得到很好的培养。所以，听说训练对于培养学生的语感素质，提高语感技能是十分重要的。

综上所述，语文教师在教学中一定要注意学生语感的培养，当学生敏锐的语言感受力逐渐形成，并能够顺利地向写作迁移时，就有望达到于漪老师所讲的“出口成章，下笔成文”这一目标了。

（原载《学周刊》2009 年第 11 期）

激励：语文教学应遵循的原则

在美国人本主义心理学家马斯洛（Abraham Harold Maslow）的人的需要层次理论中，尊重需要与自我实现需要是人在生理、安全等需要获得满足后所追求的高层次需要。当我们探讨激励性教学原则时，尤其应关注学生的尊重需要与自我实现需要问题。人对自我尊严和价值的追求包含两个方面，即“人尊”和“自尊”，前者是指希望获得他人的尊重，包括关爱、赏识、赞许、支持、褒奖、重视等；后者指个体对自己的尊重，如自信、自强等。而自我实现需要必须在尊重需要满足的基础上产生。从这个意义上讲，需要是推动人积极主动地为实现某一目标而努力的内驱力，而激励正是满足上述需要的一个重要手段，并已成为一个重要的教学原则。

激励性教学是教师引导学生产生有利于实现学习目标的积极行为过程。激励作用就在于激发、调动学生学习积极性，提高学生学习兴趣，它是教师为取得教学成功而实施的重要策略之一。

一、课堂教学必须坚持激励性原则

课堂教学是语文教学的主渠道，课堂教学如何吸引人？如何取得良好效果？除了教师对学生精当的指导、强烈的启迪之外，还要求教师恰当地运用激励的方法，这是取得课堂教学成功的要诀之一。曾观摩过语文特级教师程翔的一节课——《世间最美的坟墓》，他的课堂教学很有艺术。当时他面对的是一个陌生班级的学生，在找学生朗读课文时，他随意地叫起前排的一名学生：“你能推荐一位班级中朗诵课文最棒的同学吗？”学生回答：“我想应该是×××。”程老师反问：“为什么不推荐自己呢？”学生怯怯地回答：“我…… 不行……”“我觉得你说话口齿很清楚，声音也洪亮，你来读读如何？”程老师的话显然对该生的心理产生了积极的影响，于是该生充满自信地、流畅而动情地朗读了全文，博得全班同学热烈的掌声。

从心理学角度看，激励是一个强化的过程。按 B. F. 斯金纳的强化理论，一个人的行为如果得到奖励，该行为就会趋向重复；反之，则减少重复。奖励是一种正强化，对错误的行为给予惩罚是负强化，这些强化可成为激励的力量。激励作为一种正强化，在维持学习动机方面有着不可低估的作用。它不但可以满足学生的归属、爱、自尊的需要，而且可以帮助学生建立自信，这种自信主要来自教师的信任。信任是一种力量，它激励学生产生一种欲罢不能的浓郁兴致和竞争意识。试想，在课堂上，教师总是训斥、指责学生，给学生的大部分是负强化，那么，学生见你上课心里就发憷，哪里还谈得上被吸引？行为科学家曾总结出这样一个公式：

工作绩效＝F(能力×激励)

我们不妨把这个公式中的“工作绩效”看成“学习成绩”。而“激励”就是为了实现既定的教学目标，教师通过对学生施加一定的吸引力或推动力，激发出学生的主动性（自动力）。

也就是说，学生的个体行为在受到教师的激励之后就会产生一种自动力。只有产生了这“自动力”，学生才会把教师的教学目标变为个人的学习目标，才会由消极的“要我做”转化为“我要做”。在课堂上只有对学生表现出的积极、正确的学习态度、学习信心和学习效果给予及时的肯定和激励，才会有效地激发他们的学习热情，调动其思维的主动性，从而完成教与学的任务。

二、课下的阅读与写作指导也必须坚持激励性原则

课下阅读和写作是语文学习的重要组成部分。要让学生对阅读和写作产生兴趣，在指导阅读和写作的环节上教师更需要遵循激励性原则。学生的书面作业是一种重要的信息反馈，教师精当的书面评语会对学生产生强大的激励作用。无论是学生的一般性作业还是一篇作文，都凝聚着学生的心血，是学生劳动的结晶，是学生思想感情的流露；也是学生个性的展示与张扬，是学生心的灵动。因此，学生对教师的评价尤为敏感，把它作为折射自我、透视心灵的一面镜子。此时，也正是教师以积极的评价来激励学生的良好契机。教师要善于从学生的反馈信息中，敏锐地捕捉智慧的亮点，并及时给予肯定，这样才会使他看到自己的进步，增强学习的信心。反之，如果教师对学生辛勤劳动的成果不但不欣赏，还百般挑剔，甚至讽刺挖苦，那么，必然极大地伤害学生的自尊心，不但影响学生学习的积极性，而且也影响师生间的感情。人总是需要肯定的，尤其是处在青春期的学生，更有“实现自我价值”的渴望。这就要求教师对学生有充分的理解、承认乃至关注。

语文教师最常用的评价方式是写评语。评语是架设在教师与学生之间的情感桥梁。曾因笔者一句“天道酬勤”的评语，引出了学生的一篇优秀作文《深深的感谢》，因为他所要表达的东西，老师懂了。几行平平常常的字，有时远远胜过老师苦口婆心的说教。甚或那评语只不过是几道不规则的波浪线，但对于学生恰似一缕蕴涵着希望与力量的阳光。因为那红线代表着理解与欣赏，红字代表着关注，它是点亮学生心灵的火炬。理解是一种力量，关注也是一种力量，它拉近了师生间的距离，它让学生愉快地接受老师的正确建议，并以前所未有的动力修正错误，改正缺点，在自信与和谐中向学习的更高峰攀登。往届毕业生的一封来信曾给我留下很深的印象：

……老师，今天我整理旧书时发现中学的作文本，我为之怦然心动，仿佛一个早已远离自己的世界突然回到了自己身边……

……回想起我那时的作文，很难说有什么可以圈点的东西，实在难为老师总要写些好的评语，而这些评语对当时的我来说是那么的重要，它把我领进了知识的殿堂。不知是因为喜欢写作才喜欢老师，还是因为喜欢老师才喜欢上了写作……

可见，一小段评语，一句激励性的话语，都能在学生的心灵上产生极大的反应，甚至可能影响其一生。

三、激励不仅应针对成绩优良的学生，更多的时候应该针对“后进生”

因为“后进生”的一个很突出的心理障碍是缺乏自信。他们之所以在学习上缺乏自信，通常是因屡遭挫折而对自己进行了错误的归因。按归因理论分析，当学生把成绩差的原因归于能力低、任务困难这种“不可控制”的因素时，则会表现出对控制失败原因的信心缺乏，对改变现状的希望和积极性降低。“欲救人之病，先思病之所由”，因此教师必须要给“后进生”以正确的引导，帮助他们做出正确的归因；给他们鼓励、信任，要善于捕捉“后进生”身上的闪光点。如果我们多想办法找学生的闪光点，变换角度，引导学生走出误区，让他们获得愉快，尝试到成功，找回自信，感受到尊重，品尝到艰难求索获得胜利的甜蜜，并使这愉悦、成功、甜蜜在他们的心灵中不断地积累起来，那么，在学生的心灵深处必然会产生强大的推动力量，后进必会变为先进。

四、语文教学中提倡激励性教学原则也与素质教育的指导思想相吻合

素质教育最重要的一个原则是尊重学生的主体地位，是把学生当做生动的、有个性的、有感情的人来看待，因此，要求教育者要真正着眼于学生一生的成长，充分尊重学生的独立人格意识，肯定学生的主体地位，并积极引导学生健康地发展个性，以完善自己的独立人格。而语文教学的特点在某种程度上体现了更多的人文关怀，更应凸显出学生“人”的地位。素质教育强调学生的主体地位，其实质是一种爱的教育、尊重的教育，这已成为新世纪的一种全新的教育理念，激励行为正是基于对学生的关爱、信任与尊重。因此，在语文教学中，教师应通过激励这种形式传达对学生的爱，对学生的信任，对学生的尊重。教师应容许学生有独到的见解，要鼓励学生大胆质疑，不要强求学生理解的一致性、答案的唯一性。

要鼓励学生“仁者见仁，智者见智”，使学生在教师的信任、鼓励、肯定、表扬中得到力量和信心，使他们逐步走上主动学习、发展能力的轨道。

总之，每个学生都需要激励，激励是鼓起学生心帆的强劲动力。面对困难，他们希望自己有实力，他们有实现、展示个人聪明才智的愿望，他们希望关爱、尊重与理解。“知者行之始，行者知之成”，语文教师只有深谙激励这一教学原则并实施之，才会取得良好的教学效果，才能使学生充满自信地、积极主动地学习，确保思维的最大张力和潜能的充分释放。

（原载《辽宁教育学院学报》2002 年第 11 期）

现代文大阅读的三层瓶颈与突破对策

现代文阅读中文学作品的阅读一直是高考语文试卷中难度较大的一个板块，也是高三复习中学生难以突破的瓶颈。如何提高这一板块的成绩，不仅困惑着学生，也困扰着很多老师。

从学生的实际情况来分析，基本存在三种程度的瓶颈：第一层级表现为读不懂文章，也答不对题。这一般出现在程度比较差或生活经验比较少，情感浓度比较淡，感情燃点低的纯理科思维的瘸腿生身上。读不进去，更悟不出来，不能把握阅读文章的基本规律。第二层级表现为文章读得似懂非懂，答题拿不准方向。这一般出现在读文略、审题粗、反应比较快的学生身上，他们或是不细读不勾画文本，或者没有辨清答题的区间和方向就匆忙下笔，偶尔歪打正着，多数误打误撞。第三层级表现为读得懂答不好。这种情况一般出现在具备一定独立阅读能力，且有较多生活经验积累、语文素养比较高的学生身上。他们常常像某些足球队一样，场上得势不得分。所以这些学生的困惑最大，经常看着自己的成绩愤愤然或闷闷然，难以静下心来理性地接受标准答案。

老师们的困惑在于，阅读能力终归是一种能力，不是知识范畴，是不可传授的，只能在实践中逐渐成长，高三短期训练中很难奏效。如果学生没有生活经验的积累，没有情感的体悟，没有独立阅读思考和体验，而只去关注所谓的阅读技巧，到头来只能是事倍功半，学生丢分还是次要的，主要的是会影响到学生对老师的信任度，最后甚至会影响到对语文学科的感觉，影响整体成绩。

如何改善这种现状？我们可以针对三种不同层级的情况采取不同的教学策略，从而使三类学生能够从不同程度上突破自己的瓶颈，在原有的基础上提升一些成绩，收获一点正向的鼓励和自信。具体的应对策略如下：

一、问题导读法——理清思路，把握主旨

所谓问题导读法是指在整体感知的环节，要带着“作者写了什么？”“为什么写？”“怎么写的？”这三个问题去读文本，这样便于快速地理清思路，把握主旨。此教学策略主要针对第一类读不懂文章的学生，也可以指导全体学生。从近些年的北京卷来看，散文阅读是一个常考常新的考点，但万变不离其宗。以写景散文为例，《海棠花》《司马祠》《碧云寺的秋色》《祁连雪》等

千差万别的题目背后总有一样东西似乎是不变的，那就是生动而具体的“物象”背后都具有抽象的象征内涵。如何快速地读懂一篇文章，是答对问题的基本前提。

以2007年天津卷《雪野里的精灵》为例。阅读中思考第一个问题，文章写了什么内容？首先从题目入手：“雪野里的精灵”在文中具体指什么？在哪些段落写的，除此还写了什么内容？答案不难明确：“雪野里的精灵”就是崂山顶美丽的小花（5—7段），长白山蓝色“白头翁”（8—9段），此外，前四段浓墨写定林寺巨大的银杏树。思考第二个问题：为什么写“雪野里的精灵”，有什么特点，作者为什么要写这个内容？从景物特征中表达出的作者情感：赞美弱小生命坚韧、顽强、生机。思考第三个问题：作者是怎样写的？怎样布局谋篇的？文章前四段写定林寺中那棵巨大的银杏。这棵巨树，并非“雪野里的精灵”、并非作者要表达的主要意思。不难体会到，前四段内容是为下文写“雪野中的精灵”作反向铺垫。文章以巍峨峥嵘的大生命对比反衬纤弱但坚韧的小生命，突出了“纤弱但坚韧的小生命也是生命奇观，也不容践踏”的主旨。从人文性来说，本文体现了当今社会尊重每一个生命、人人生而平等的理念。至此，通过三个问题的思考，在梳理文脉的过程中，主旨就自然而然地明确了。

在阅读过程中，对主旨的把握是最关键的。一篇好散文，无论是选材谋篇还是遣词造句，无论是运用修辞还是采用艺术手法，都是为了表现主旨。把握了主旨，扣住主旨去思考就找到了解答文后问题的钥匙。艺术性强，语言较含蓄的散文，并不是总能找到点题的句子。要准确地把握主旨，一定要把握景或物的特点，因为景物的特点是为最后抒发感情作铺垫。把握住了景或物的特征就摸到了作者思想感情的脉搏。另外，散文的特点是“形散神聚”，与主旨貌似无关的内容，往往起对比或衬托的作用。局部服从整体，主旨弄清楚了，局部就明白了。思路理清了，才知道每一段、每一句话在整体文章中的地位和作用以及相互间的关系。

二、题型透视法——明确考点，形成方法

《考试说明》对现代文阅读能力的考查有明确的要求，学生需要具备理解、分析、概括和鉴赏评价能力，还需要有较强的搜寻、筛选、整合信息的能力和概括表述的能力。而考查题型呈相对稳定的模式，题型透视法是了解高考中的常见题型，通过分析常态和变式的命题样式，弄清命题的方向和规律，从而掌握答题的方向和规律。此教学策略主要针对第二类基本读懂文章，但答题拿不准的学生，对其他两类学生同样有指导和帮助作用。

高考中的典型题型大致可归为词语、句子的理解、筛选概括、作用分析、形象鉴赏、拓展延伸等几大类型。为了让学生在读懂文本的基础上掌握命题的规律、思考的方向和答题的方法，可采用题型透视的方法，大致有四个步骤：第一步，解释这种题型特点及常见的命题方式。第二步，用2至3例典型的高考题进行验证。第三步，归纳总结出做此类题的方法。第四步，练习巩固。下面以词语解释类型来示例：

（一）词语解释类型：一般来说，高考试题测试词语的含义，特别关注词语的语境义，而不是词典中所诠释的规范义。该题型常见的命题形式有："结合文章内容，简要阐释某句某词的深刻含义"，或者"根据文意，写出某词的含义"。

（二）考题回放：2005年全国卷Ⅰ《一日的春光》14题："我要尽力地吞咽今年北平的春天"，这里的"吞咽"的含义是什么？作者说这句话，表达了什么样的感情？

题目出在第一段。"去年冬末，我给一位远方的朋友写信，曾说我要尽力地吞咽今年北平的春天。"据语境义解释，吞咽的含义：尽情地享受。（拟物而略有夸张）表达了在寒冬中对春天的强烈期盼之情。

（三）方法指津：理解词语含义，须透过表面义体味深刻内涵：比喻义要搞清比喻的对象，寻找本体；象征义要寻找词语的象征对象；反语义要将褒贬互换；双关义要注意它是谐音双关还是语意双关。思考步骤：首先考虑词语常用义，其次根据上下文的信息，把握其语境义，然后结合作者观点、文章主题，从所在的句、段、上下文中去找对应的阐释。

（四）练习巩固：2007年天津卷《雪野里的精灵》17题：文章说"浩歌是一种境界，寂寞也是一种境界"。两种"境界"分别指什么？二者有何相同点？

其他类型的试题可如法尝试。高三课堂上经常会听到教师这样的用语："记得那篇文章吗？在写法上是不是与这一篇有相同之处？""你看题目问法是不是都一模一样？""记得上次那道题吗？我们是不是讲过这类题的答题思路？"这不是对学生的抱怨，而是对学生已有做题经验的唤醒。题型透视方法，意在举一反三、触类旁通，使拿不准答题方向的学生"有法可依"，有规律可循。

三、意识强化法——准确表达，提升技巧

这里所说的意识主要指审题意识、原文意识、要点意识、语言表达意识。此教学策略具有普适性，但对能够读懂文章但答不好的一类学生更有指导意义。这类学生因为具有较好的阅读能力，对文章的思路和主旨基本能够准确把握。在作答时除了强调主旨意识之外还要在答题技巧上用心。

（一）原文意识。原文意识就是解答阅读题时，一方面，要有意识地从原文中寻找所有题目的答案；另一方面，要有意识地尽量用原文语词作答。在高考

现代文阅读中，运用原文意识，是提高答题得分率的重要手段。其依据主要有二：从命题角度来说，所有的阅读题都是根据所选的阅读材料来设置的，从原文中总能够找出所命题目或明或暗的对应信息点。从答案拟定来说，读者的理解与表述总会因其各自的生活经验、分析角度和表达能力的不同而显出差异，命题人最好的兼顾办法就是以原文为原点，向中看齐——尽可能采用原文词句做答案。

特别说明，对于那些不便直接使用原文语句作答或有字数限制的题目，也应尽可能使用原文语词做出回答。比如：2007 年全国卷《总想为你唱支歌》14 题：文中刻画的“左公柳”和“民勤人”两个形象具有哪些相同的特点？首先，根据题意从原文中选出有用的信息，③段“残留在地下的根系便顽强地负起了生命的全部使命”，④段“他们知道属于自己的只有一个：要想活下去，只有向命运抗争”。对选出的信息压缩整合，即可变成答案：顽强不屈，有着极强的生命力。

（二）审题意识。题目是思考的起点和终点，是答题的方向，只有牢牢扣住题目答案才有可能准确。有的学生对题目一扫而过，没弄明白问题就匆忙下笔；有的学生对题中概念、术语不理解而乱写一气；有的学生没有关注限制条件，答非所问。如2006 年北京卷《给书虫当夫人》的题目：文章的结束句“而我则在向他倾诉之中审视了自己，赢得了自信”，深化了作者给书虫“当夫人”的感受。联系最后一段的有关内容，谈谈你对这句话的理解。审题时必须抓住两个限制条件：一是“当夫人”的感受，二是要结合最后一段的有关内容，然后作答。很多考生语句很有表现力，但抓不住要点丢分了。

（三）要点意识。很多阅读题是从全文角度出题的，要点较为分散，需要整体把握全文，从宏观、微观两个层面来思考，不可漏掉要点，以偏概全。（如 2007 年北京卷《湿湿的想念》17、18 题）阅读时将有联系的地方画出来，思考其间的关系。如果信息分散在全文，一般一段一点；如果信息集中在某一段，则以句号、分号来分点，内容相同的要合并，并列的保留；对比的找出对比点；递进、转折、因果等，着重考虑后半部分。另外，根据题后的分数，有时约略可知要点数目。

（四）准确表达意识。现代文阅读的材料以散文为主，散文贵在含蓄，但答案不能模糊隐晦，不能烦琐无序，而要明确、直白、简洁畅达。答案最好用简洁的肯定陈述句，不要用否定句、反问句、感叹句，也不要用修辞句。用概念解释概念等于无用功。

无论何种方法，要突破现代文阅读的瓶颈，关键还在于读懂文本，把握阅读规律，掌握答题技巧。研究高考典型例题提升解题能力，保证必要量的练习很重要，但更重要的是用心悟：悟阅读规律，举一反三；悟参考答案，掌握答题技巧。很赞同边境老师的观点："高考每年换文本，考查的基本能力是不变的。只要我们对考查的内容心中有数，切实练好，减少盲目性，就一定可以提高成绩。"

（原载2012年12月《北京考试报》）

语文试卷讲评课的教学实践与反思

试卷讲评课是高三后期教学的主要课型之一，尤其是在复习冲刺阶段，更显出它的重要性。讲评课的主要功能是矫正学生在答题过程中暴露的问题，深化对语文知识的理解，提升以思维品质为核心的各种能力。它相对于新授课、复习课、习题课等课型来说，程序多，工作量大，在高三时间紧、任务重、备课量大的情况下，试卷讲评往往成为薄弱的一环。像平时的大考、月考、期中期末考试，年级给我们语文排定的讲评时间只有70分钟，如何能讲得完，讲得透？如何提高讲评课的效率？在高三教学实践中，我在语文试卷讲评课教学方面进行了一些有益的尝试和探索，收到了较好的效果。

一、课前准备三项工作

提高讲评效率，就要避免两种做法：一是从头到尾逐题讲解，既浪费时间，又收效甚微。二是泛泛地对答案，不能有的放矢，也不能调动学生的积极性。要针对性地讲解，就必须广泛收集信息，仔细分析试卷。因此，讲评课前的准备工作十分重要。

1．数据统计：准确的统计是为了做到对成绩、对试卷、对学生心中有数。统计工作的确很烦琐，如果在电脑上建立了固定的表格，形成习惯以后就会顺手多了，至少每次大考会有一个统计档案。除了整套试卷的平均分、班级的最高分、最低分、及格率、优秀率、低分率之外，还要统计每题得分率以及每一个板块的得分率。其目的是利用好试卷的检测功能，对得分率较低的试题认真分析失分的原因，及时发现教学中的漏洞或薄弱环节。

2．分析比较：分析是根据每题出现的典型错误，揣摩学生的答题思路，归纳造成学生考试错误的主要原因：心理、审题、书写、语言表达、知识积累等多种因素。比较是为了发现问题，为了利用试卷更好地指导今后的教学。可以同类班级比较，也可以通过本次考试和上次考试情况作比较分析，看教学的进步和问题；可以将同一次试卷中不同题得分情况作比较分析，看教学的薄弱环节；还可以从优等生和差生试卷的对比分析中，找出优等生所以优、差生所以差的原因，以促进差生的提高。

我以一个班级为例，对东城、西城、海淀的一模成绩进行了综合比较。比较东城、西城、海淀三个城区的一模成绩，可以发现三份试卷各自的重点和难点，以及学生在各个板块中总体的优势和劣势。

3. 确定重点：数据统计及归类分析的目的就在于有针对性地确定讲评重点，制定行之有效的教案。以前往往因为工作忙，疏于统计，只凭主观估计来确定讲评的重点和难点，有时感觉是有偏差的，甚至是不合理的。讲评教案不仅要确定讲评重点，确定讲评要达到的目的；还要确定哪些题略讲，哪些题重点评讲；用什么方法讲，讲到什么程度。一般来讲，力求达到以下四个目的：①纠正错误——纠正学生答题中的各种错误，掌握正确解法。②分析得失——通过试卷讲评引导学生学会学习、学会考试。③找出差距——让学生认识到自身与他人的差距，认识自身学习实际与学习能力的差距。④提炼概括——对知识、方法作进一步的归纳，站到语文思想的高度认识所学内容。

二、讲评遵循五个原则

1. 及时性——趁热打铁。认真及时批阅试卷是试卷讲评所要遵循的原则之一。我们常常会抱怨自己的学生只把眼光盯在分数上，不重反思，太过功利。其实造成这种结果的原因之一，是试卷讲评和结果反馈相对滞后。学生完成一份语文试卷，经历了从识记、理解到鉴赏、评价、表达的复杂的思维过程，他们对于自己的劳动成效如何是非常关注的。但是往往由于我们老师改卷的难度大或者备课任务繁重而把试卷发放和讲评安排搁置的时间太长了，而此时学生解题时产生的思维火花早已消失殆尽，能够刺激学生的也就只剩下分数了。因此，应及时将考试的结果和答案反馈给学生是取得讲评效果的一个重要因素，要趁热打铁。如果第一天考完，第二天能够先把知识部分讲评，效果会不错，学生的关注程度会很高。

2. 针对性——选题典型。一份试卷批改下来，通过统计分析，总有一些错误是具有共性的，这类错误题才是讲评的重点。不能面面俱到，要选择新颖独到的题、学生出错较多的题、有代表性的作文。每次试卷讲评都应根据教学进度和学生答题的实际情况确定一两个重点，采用专题式的讲评模式，宜精讲不宜多讲。比如根据海淀的一模各个模块的得分率，讲评重点确定在大阅读和一卷的单选。而在单选题中进一步确定近义词辨析和文言文的最后一道文意理解题。

东城一模根据各题得分率，确定重点在大阅读和语用。两次考试暴露出一个问题：大阅读丢分多，在今后的教学中现代散文阅读能力的训练要加强。后面我用西城的试卷为例来说明这一问题。

3. 延展性——借题发挥。试卷讲评，从一定角度上讲是一个重新整理知识的过程，讲评过程中，老师要帮助学生理清系统知识结构，使学生在头脑中形成一个经纬交织、融会贯通的知识网络。讲病句，讲成语运用，讲语段压缩等，应将分散于各题中的知识点和语文思想方法适当归类，力争讲一题，学生会一串，懂一片，能举一反三，触类旁通。讲《路亭》，让学生想到练习过的现代文阅读《怀表》《长城》这一类的叙事抒情散文。如何把握主题？借助作者选取的对象为依托，表达一种情感，尤其要关注文章的开头结尾、起笔以及收笔之处。

在讲解时，可以展现对某题的各种解法，着重分析各种解法的思路，让学生分析比较各种解法的优缺点，从中寻找出最佳的方法和一般的规律。一般是列举错误类型，分析存在的问题，指出答题思路。

4. 激励性——增强信心。充分发挥试卷讲评的激励性功能是试卷讲评所要遵循的原则。学生的学习心理动机常常表现为希望得到好的分数，不甘心落后于同学，取得成绩后希望得到教师的赞扬。但每次分数下来，总会是几人欢乐几人愁。考试取得好成绩的往往情绪高涨、喜悦、自豪。考试成绩较差的则情绪低落，甚至产生耻辱和自卑感。对于这些考试成绩较差的学生，不宜过多指责、批评，在讲评时要注意帮他们恢复信心。

有个学生听说自己的语文成绩不错，在上讲评课之前，三次走进我的办公室。最后看我还是没有领悟，就直接走到讲台上，指着自己的成绩，小声但是极为认真地请求我：老师，您得表扬我。有些自以为是，甚至表面上看来对任何事都无所谓的孩子，其实，他们还很单纯，甚至很脆弱。我自然要抓住时机及时肯定成绩，该得意时让他们小小的得意一把，及时激励他们向更高目标攀登。这样能使他们保持和强化学好语文的心理动机，能够昂扬着兴致去学后面的每一节语文课。

5. 互动性——再现情境。要变讲评课传统的“一言堂”为师生交流、生生交流的群言堂，就要多给学生提供表达自己思维过程的机会，让他们通过质疑、提问、讲解，再忆考试时的思路，再现考场情景。考试试卷虽然相同，但学生分数参差不齐，解题思路各有差异，知识缺陷和错误情况也不尽相同。每次讲评安排几道题目由学生来介绍解题思路，既能调动学生的积极性，也使讲评更贴近学生的心理。通过他们自己的讲解，你会发现，得分题目未必就是知识落实，有时得分属于歪打正着。只有充分发挥他们的主体作用，才能使试卷讲评课取得最佳效果。积极参与会比单纯关注让他们有更多的收获。对于个别钻牛角尖的学生不在课堂上占用时间。

三、课后落实三个任务

1. 考试小结——反思

小结内容包括本次考试的准备情况、答题情况、得分情况、出错的主要原因等。反思“错在哪儿了?”是基础不扎实还是审题不细心?是解题表述不规范还是隐含条件的意义不清?是思想不重视还是心理紧张过度?是实力分还是运气分?要找准病根以对症下药，以求收到实效。

实验班上有一语文基础很不错的同学，在一模中成绩发挥失常，没有达到班级的平均分。回忆答题经过，再现当时答题情景后发现，他心理负担太重，当选择题拿不准时，往往在心理上附加一些不必要的砝码：这可是一模，成绩要参照报志愿的，千万慎重，力争做对。结果在每一个小题上耽误时间太多，最后导致作文只剩半小时，仓促成文，立意肤浅，行文潦草。仅仅得分36。有代表性的小结在课堂上交流，针对学生的小结，老师可以帮助学习有困难的同学制订改进计划，确定可行的目标。

2. 订正试卷。对照答案写出对题意的理解、解答过程等。老师做好个别辅导和答疑工作。

3. 迁移练习。选择有针对性的适量的作业，让学生有巩固和练习的机会，同时检验一下“这回”是否真的明白了，若又错了仍需继续找原因。学生的正确概念是在不断地同错误概念进行斗争、不断地从失败到成功的过程中逐渐形成的。

语文学习和复习是有规律可循的，每天做一定量的练习，成绩未必立马提高多少，但是如果连续几天不做语文练习，成绩肯定下滑。语文学习靠的就是长流水，不断线。

常言道：编筐编篓，重在收口。

试卷讲评在某种意义上相当于收口的工作。只有立足于学生的实际和认知规律来设计教学，才能提高讲评课的效率。

（2001年海淀区进修学校讲座）

导读：听唱新翻杨柳枝

唐代诗人刘禹锡的诗句“请君莫奏前朝曲，听唱新翻杨柳枝”，经常被老师们用来指导学生创新作文。其实，不仅是学生作文，我们设计教案、分析教材都是同理。几乎每个老师都有做公开课、研究课的经历。很多时候，我们上公开课、做讲座，习惯于大量地查资料、找课件、搜典籍，唯恐内容不丰满，底蕴不厚重，设计不精巧，而对学情和个人的教学特点缺少认真的分析。实践证明：成功的案例固然会给我们很多启发，但如果只是一味地沿用、一味地模仿，或者一味地固守他人的曲调，课堂教学就失去了应有的生机和活力。有时，简单未必不是丰富，个性未必不是精彩。

本卷选编的内容主要是我的一些公开课、研究课等“课堂作品”。有教学设计的完整呈现，也有教学思路的大致说明；设计中有教学预设的亮点，实录中有教学生成的智慧。无论必修课还是选修课，我会把每一课的教学设计当做一篇作品去创作，把教材当做一支优美的曲子来翻唱。在我这些“翻唱”曲目中，虽然不乏对前人教育思想的汲取，对他人教育灵感的吸收，但我仍努力地唱出自己的声音和特色，唱出新课程下的“杨柳枝”新曲。

“杜甫专题单元”教学设计

一、单元教学背景

1. 重构设想。本单元教学是基于人教版《中国古代诗歌散文欣赏》诗歌部分内容所进行的教材整合和单元重构。教材中杜甫的6首诗，分别编放在“以意逆志，知人论世”“置身诗境，缘景明情”和“因声求气，吟咏诗韵”三个单元。编者意在以鉴赏方法为主线设置主题单元，让学生在必修的基础上构建起诗歌鉴赏方法的能力体系，但实际教学中目标很难达成。于是以教材现有内容为基本材料，以学生鉴赏诗歌的思维过程为实施依据，进行文化主题的单元重构成为一种有益的尝试。

2. 教材价值。杜甫作为中国文学史上最伟大的现实主义诗人，其诗、其人的意义超越了文学领域，超越了诗歌本身，已经成为中国四千年来最耀眼、最灿烂的一种文化。对杜甫诗作的欣赏、诗圣情怀的体认乃至杜甫文化的传承，无疑是高中生所必备的语文素养。如果仅仅对诗歌的语言进行品味解读，仅仅落实教材的“知人论世”“缘景明情”“因声求气”三个鉴赏能力点，那本单元的目标就会仅仅停留在对杜诗语言层面的解读、艺术层面的鉴赏，学生对杜甫其人其诗其精神的理解仍然是零散支离的。那不仅是时间的浪费，更是一种情感和文化的浪费。因此，我们把单元主题确立为“品读飘零之作，感悟诗圣情怀”。在为学生建构鉴赏方法能力的同时，引导学生感悟、领会杜诗的文化内涵。

3. 学情分析。学生在必修阶段初步掌握了诗歌鉴赏的基本方法，对杜甫其诗其人有一定了解。需在此基础上形成相对完整的知识能力体系，对杜甫文化形成一种认同感，从心灵和人格上得到滋养，继而生发出一种责任感和积极向上的生命力量，自觉地去传承杜甫身上所彰显的中华民族那种高贵的精神。

二、单元教学目标

学习“因声求气，吟咏诗韵”“置身诗境，缘景明情”“以意逆志，知人论世”的鉴赏方法（由浅入深，由表及里）；品味语言，感受杜甫诗的艺术魅力；感悟诗人忧国忧民的形象和诗圣情怀。

三、单元内容组成（7 课时）

1. 初中教材《茅屋为秋风所破歌》

2. 高中必修《登高》《秋兴》《咏怀古迹》

3. 高中选修《蜀相》《旅夜书怀》《阁夜》《登岳阳楼》

4. 补充篇目:《兵车行》

5. 推荐阅读：诗歌——西川《杜甫》、王家新《杜甫》、黄灿然《杜甫》、余光中《草堂祭杜甫》

散文——李元洛《汨罗江之祭》《唐之韵·千秋诗圣》《草堂·诗魂》、莫砺锋《杜甫的文化意义》《中外人物传记选读·杜甫传》

四、单元内容说明

1. 从现有教材所选的杜甫作品来看，主要是杜甫漂泊西南时期的晚年之作。《蜀相》为初到成都时所作。765 年 4 月，朋友严武暴卒，诗人在成都的生活顿时没了着落，于是顺江东下“转作潇湘游”，创作了著名的《旅夜书怀》。766 年夏初，杜甫流栖至四川夔州，创作了《咏怀古迹五首》《秋兴八首》《阁夜》等作品。767 年的重阳节，杜甫创作了震烁古今的不朽名篇《登高》。768 年，杜甫出四川、下江陵、过公安，来到湖南岳阳。入冬的一天，他以老病之躯登上岳阳楼，观望洞庭水，感慨国家之多难、身世之飘零，写下了著名的五律《登岳阳楼》。教学目标定位集中在了解杜甫长年漂泊的处境和老病孤苦、忧国忧民的晚年形象。

2. 推荐当代诗人作家作品。这些作品都是感悟、评价杜甫的优美篇章，是现代人描摹杜甫其诗其人的文学写真，是学生读得懂也喜欢读的“诗词风景”。在某种程度上可以成为学生走近杜甫的一个情感桥梁。如黄灿然“他的日子像白米，每粒都是艰难”“让他一个人活出一个时代”等会给学生以强烈的情感冲击，进而激活学生重读杜甫的愿望，使他们充满期待地、更主动地走进作品，走近诗人。

3. 推荐具有评价意义的、具有学术价值的文章，如莫砺锋《杜甫的文化意义》，目的在于固化和提升学生对杜甫文化的情感体认，从更深层次去感受、感悟杜诗的艺术魅力和诗圣情怀。

4. 补充《兵车行》一诗，因为它是一首具有标志意义的诗。既代表着杜甫沉郁诗风的成熟，也代表着杜甫为时代而泣、为百姓而哭的诗歌内容的开始。

五、单元教学进程

计划用7课时，分两时段：知人品诗5课时，专题研讨2课时。

主题——品读飘零之作，感悟诗圣情怀

课时	教学内容	教学主题	课型呈现
第1课时	复习《茅屋为秋风所破歌》《登高》《秋兴》	再次走近杜甫	论坛交流
第2课时	《兵车行》（补充作品）	聆听杜甫的心音	讨论赏读
第3课时	《蜀相》《阁夜》	感受杜诗魅力	讲练结合
第4课时	《旅夜书怀》《登岳阳楼》	感受杜甫的形象	讲练结合
第5课时	资料拓展——古人今人评杜甫	杜甫的前世今生	合作探究
第6课时	资料拓展——杜甫的文化意义	说不尽的杜甫	成果展示

第1课时

主要内容：杜甫生平及推荐作品。

预期目标：唤醒记忆，激活兴趣，充满期待地再次走近诗人，走进作品。

教学环节：

1. 我眼中的杜甫。
2. 诗人眼中的杜甫。
3. 再次走近杜甫。
4. 推荐课外阅读篇目。

讲杜甫的诗，是必须“知人论世”的，他和他的艺术都深深地根植于他对生活的真诚之中。

回顾诗人生平——杜甫。

杜甫（712—770），字子美，自号少陵野老，原籍湖北襄阳，生于河南巩县。初唐诗人杜审言之孙。唐肃宗时官左拾遗。后入蜀，友人严武推荐他做剑南节度府参谋，加检校工部员外郎，故后世又称他杜拾遗、杜工部。伟大的现实主义诗人，一生写诗一千四百多首。有《杜工部集》。

1. 读书游历时期（712—746）（35岁以前），读书和壮游时期，这一时期曾先后游历吴、越、齐、赵，其间赴洛阳应举不第。以后在洛阳遇李白，二人结下深厚友谊。代表作《望岳》。

2. 困居长安时期（746—755）（35—44 岁），在长安应试，落第。后来向皇帝献赋，向贵人投赠，过着“朝扣富儿门，暮随肥马尘，残杯与冷炙，到处潜悲辛”的生活，最后才得到右卫率府胄曹参军的小官。这期间他写了《兵车行》《丽人行》等批评时政、讽刺权贵的诗篇。而《自京赴奉先县咏怀五百字》尤为著名，标志着他经历十年长安困苦生活后对朝廷政治、社会现实的认识达到了新的高度。

3. 陷贼与为官时期（756—759）（45—47 岁），安史之乱爆发，潼关失守，杜甫把家安置在鄜州独自去投肃宗，中途为安史叛军俘获，押到长安。听到官军一再败退的消息，写成《月夜》《春望》《哀江头》《悲陈陶》等诗。后来他潜逃到凤翔行在，做左拾遗。由于忠言直谏，上疏为宰相房琯事被贬华州司功参军。其后，他用诗的形式记录见闻，写成“三吏”“三别”。

4. 漂泊西南时期（759—770）（48—59 岁），随着官军大败和关辅饥荒，杜甫弃官，携家逃难，经秦州同谷到达成都，过了一段比较安定的生活。后，蜀中军阀作乱，他漂流到梓州、阆州。后返成都。严武死后，他再度漂泊，在夔州住两年，继又漂流到湖北、湖南一带，病死于湘江。这时期的作品有《春夜喜雨》《茅屋为秋风所破歌》《登楼》《蜀相》《闻官军收河南河北》《旅夜书怀》《登高》《秋兴》《客至》《阁夜》《登岳阳楼》等。

第 2—3 课时（大写意）

主要内容：学习《兵车行》，参阅《杜甫传·长安十年》。《兵车行》是一首具有标志意义的诗，就像宣言书，从此，杜甫开始了他表达人民思想、情感、要求、愿望的诗歌创作。

教学目标：

1. 理解杜甫诗意：记录一个走向衰落的王朝的时代气氛和人民的苦难。

2. 体会杜甫的品质：忧国忧民的儒家情怀，鲜明具体的“诗圣”人格。

（一）《兵车行》问题设计（知人论世）

1. 思考：杜甫的诗被称为“诗史”。作为对同一段历史的记载，《兵车行》传达出了哪些史书中所没有的内容？——意在理解杜诗被称为“诗史”的内涵。

2. 探究：诗的大部分内容都是征夫的悲诉，能否理解为《兵车行》的作者不是杜甫，而是“唐代一征夫”呢？——意在理解杜甫作为“诗圣”的人格、情怀。

（二）《兵车行》背景资料

天宝十载四月，剑南节度使鲜于仲通讨南诏蛮，大败于泸南。时仲通将兵八万，……军大败，士卒死者六万人，仲通仅以身免。杨国忠掩其败状，仍叙其战功。……制大募两京及河南北兵以击南诏。人闻云南多瘴疠，未战，士卒死者什八九，莫肯应募。杨国忠遣御史分道捕人，连枷送诣军所。……于是行者愁怨，父母妻子送之，所在哭声振野。——《资治通鉴·唐纪三十二》

（三）《兵车行》内容分析

1. 生死惨别（1段）从蓦然而起的客观描述开始，重墨铺染的雄浑笔法，如风至潮来，在读者眼前突兀地展现出一幅震人心弦的离别图。

2. 行人悲诉（2、3段）壮丁超期服役，战士战死沙场，农村生产凋敝，人民生计无着。

（四）《兵车行》鉴赏要点

1. 场面描写：（置身诗境，缘景明情）

惨别图：车辚辚，马萧萧，行人弓箭各在腰。/耶娘妻子走相送，尘埃不见咸阳桥。/牵衣顿足拦道哭，哭声直上干云霄。

鬼哭图：君不见青海头，古来白骨无人收。/新鬼烦冤旧鬼哭，天阴雨湿声啾啾。

《兵车行》伴着隆隆兵车，嘶嘶战马，驶过了几个世纪，永远定格在历史的画廊上。

2. 名句赏析：品读词句，体味其中蕴涵的情感和思想。

道旁过者问行人，行人但云点行频。/边庭流血成海水，武皇开边意未已。

信知生男恶，反是生女好。/生女犹得嫁比邻，生男埋没随百草。

矛头直指穷兵黩武的最高统治者，这是对历史最透彻的拷问。

（五）前人评价

此体创自老杜，讽刺时事而托为征夫问答之词。言之者无罪，闻之者足以为戒，《小雅》遗音也。篇首写得行色匆匆，笔势汹涌，如风潮骤至，不可逼视。以下出点行之频，出开边之非，然后正说时事，末以惨语结之。词意沉郁，音节悲壮，此天地商声，不可强为也。——《唐宋诗醇》

（六）诗史的内涵

《兵车行》对统治集团中的腐朽现象给予严厉的批判，对民生的疾苦给予深厚的同情，对国家与民族命运满怀深沉忧念。与史书相比，杜甫记录的是那个走向衰落的时代气氛，记录的是人民活生生的苦难以及他们在苦难中的悲怆、愤恨、无奈、绝望。杜甫的诗被后人称为“诗史”，不仅仅在于提供了历史的真实，而且提供了比事实更为广阔、具体，也更为生动的生活画面，令人千载以下为之动情。

（七）杜诗“沉郁顿挫”的主导风格

内容多为反映国家命运，民生疾苦的时代声音，善用比兴手法，饱含深沉、悲愤感情。布局上波澜起伏，跌宕有致；手法上含蓄、深沉，委婉深厚；音律上抑扬铿锵。格调慷慨俊逸，深沉而不凄凉，悲中有壮，壮而又沉，形成悲壮美。《秋兴八首》《旅夜书怀》《咏怀古迹五首》《登楼》《登高》均为具此风格之名篇。

（八）高考链接：2008 年北京考题 · 12 题

酬王处士九日见怀之作　顾炎武①

是日惊秋老，相望各一涯。离怀销浊酒，愁眼见黄花。

天地存肝胆，江山阅鬓华。多蒙千里讯，逐客已无家。

【注释】顾炎武：明清之际著名的学者、诗人。明末，投身反宦官、权贵斗争，清兵南下，参加人民抗清起义。入清后，多次拒绝清廷征召，流亡北方，考察山川形势，志存恢复。

③一般认为顾炎武的诗风接近杜甫，请指出顾炎武这首诗的风格特征并作简要分析。

第 4 课时（小描摹）

主要内容：学习《蜀相》《阁夜》两首诗。

预期目标：勾连必修阶段学过的品味语言、联系背景等鉴赏方法，学习以因声求气、知人论世的方法，来品读两首诗的内容情感，鉴赏情景交融的表现手法。前者侧重情感体味，后者侧重情景交融的手法分析。

教学环节：前首讲读，后首练习。

第 5 课时（小描摹）

主要内容：学习《旅夜书怀》《登岳阳楼》

预期目标：勾连必修阶段学习的品味语言、分析意象、联想和想象等方法，学习用因声求气、缘景明情、知人论世的方法，由浅入深、由表及里地赏读诗作。体会诗人孤独悲愁、忧国忧民的情感及沉郁顿挫的风格。分析老病孤苦、忧国忧民的形象。

教学环节：前首讲读，后首练习。

1. 从题目入手，理解诗的内容与情感。（训练点：读懂诗意，理解内容）

旅夜书怀　杜　甫

细草微风岸，危樯独夜舟。星垂平野阔，月涌大江流。

名岂文章著，官应老病休。飘飘何所似，天地一沙鸥。

2. 缘景明情——鉴赏写景句的方法。（训练点：鉴赏意象和意境）

细草微风岸，危樯独夜舟。星垂平野阔，月涌大江流。

第一步：诗句中有哪些景物（意象）？

第二步：两组意象分别构成了怎样的画面（意境），具有怎样的特点？

第三步：分析这两联写景句寄寓了诗人的何种感情？

答题思路：景——境——情。

3. 品味鉴赏，分析表达技巧。（训练点：表达技巧）

飘飘何所似，天地一沙鸥。

问题：尾联诗人运用什么手法来写自己的漂泊？其作用如何？

明确：比喻，反衬。/诗人将自己比作一只在茫茫天地间不知飞向何处的沙鸥，荒寂、孤独，天地虽大，却无栖身之所。/天地越大，越反衬出杜甫的孤独和凄凉。

答题思路：明手法——析诗句——述效果。

4. 学习从诗论角度评析鉴赏。立足于诗的创作背景及诗人的风格特点分析。（训练点：诗论评析）

杜甫的“星垂平野阔，月涌大江流。”与李白的“山随平野尽，江入大荒流。”（《渡荆门送别》）都是千古名句。明代胡应麟认为杜甫的骨力超过李白，于龙友则认为“李是昼景，杜是夜景；李是行舟暂视，杜是停舟细观，未可概论”。谈谈你的看法。

杜诗用字凝练，注重推敲；李诗流转自然，不事雕饰。杜诗沉郁，写夜间停船时仔细领略江景，野阔星垂，江流月涌，风格以雄浑沉着见长，给人更多的是力度感；李诗飘逸，写乘船急行时所见，故景色有流动感。两联均与各自的诗篇风格一致。各有特色，各尽其妙。

5. 知人论世，理解作者感情。（训练点：内容感情）

登岳阳楼　杜　甫

昔闻洞庭水，今上岳阳楼。吴楚东南坼，乾坤日夜浮。

亲朋无一字，老病有孤舟。戎马关山北，凭轩涕泗流。

本诗表达了作者怎样的思想感情？结合诗句试作简要分析。

6. 学习比较鉴赏的答题思路。

问题：“吴楚东南坼，乾坤日夜浮。”两句历来被认为是咏岳阳楼的绝唱，试与孟浩然以歌咏洞庭的名句“气蒸云梦泽，波撼岳阳城”作比较赏析。

附：　望洞庭湖赠张丞相　孟浩然

八月湖水平，涵虚混太清。气蒸云梦泽，波撼岳阳城。

欲济无舟楫，端居耻圣明。坐观垂钓者，徒有羡鱼情。

高考题型训练跟进：

1. 品味词语（2008 年全国Ⅰ、Ⅱ、北京、上海，2007 年全国Ⅱ，2006 年广

东）

2. 语句理解赏析（2008 年北京、2007 年江苏、2006 年全国Ⅰ、2003—2006 年北京）

3. 分析意象意境（2008 年天津、2007 年广东、2006 年全国Ⅱ）

4. 分析思想情感（2008 年北京、全国Ⅰ、Ⅱ，2006 年全国Ⅱ，2005 年北京）

5. 分析表达技巧（2008 年江苏，2006—2007 年北京，2007 年上海、全国Ⅱ）

6. 风格辨析（2008 年北京、2004 年上海、2006 年海淀一模）

7. 诗论评析（2007 年北京，2005 年上海，2004 年北京、高一区统考）

8. 比较鉴赏（2008 年湖南、广东，2007 年重庆，2006 年湖南，2005 年北京）

第 6 课时

主要内容：介绍前人的评价、今人的感受。自由结组，确定杜甫探究专题。

预期目标：学会合作，学会探究，固化对杜诗风格的领悟，提升对诗圣情怀的体认。

教学环节：

（一）资料介绍。（杜甫的“前世和今生”——资料）

1. 杜甫的影响：1962 年，是中国古代著名诗人杜甫诞辰一千二百五十周年。就在这一年，世界和平理事会号召全世界人民纪念四位世界文化名人，杜甫名列其中。杜甫的坟墓：杜甫一生因为飘零各地，走过许多地方，在中国各地留下了很多杜甫的遗迹，有八个地方有杜甫的坟墓。其中四个地方分别是湖南的耒阳和平江，还有河南的巩县和偃师，这四个地方的杜甫墓都被当地人认为是真的，争得很厉害，大家都说自己这里才是真正的杜甫的坟墓。这说明什么呢？说明人们都非常希望这位伟大诗人安息在自己的家乡，这是他们的骄傲。

2. 前人的评价：

宋代黄山谷题杜甫画像诗“醉里眉攒万国愁”“状尽子美平生”。

王安石：推公之心古亦少，愿起公死从之游。

闻一多先生：杜甫是我们四千年文化中，最庄严、最瑰丽、最永久的一道光彩。

（二）提供探究参考题目。自由结组，课后完成不少于 1000 字的文章。

1. 杜甫诗中镜头感

2. 千秋诗圣千秋赞

3. 从漂泊诗中看杜甫的形象

4. 感悟诗圣情怀

第7课时

内容：小组派代表全班展示交流。

我读诗圣情怀：每一位诗人，面对命运中的悲哀与艰苦都有各自不同的姿态，如屈原之怀瑾自沉，陶潜之守拙任化，李白之腾越豪放，王维之恬然禅解，苏轼之清旷阔达。才气各殊，性情各异，然大而观之，又都是对现实悲苦的消解与逃避。杜甫却不同，他始终以自己纯正的品性和出众的才华，正视并担荷着加于其身的一切悲苦。这一份独具的担荷的力量，使他在离乱病困中长歌当哭，唱出了国家的动乱、百姓的痛苦，以及自己的贫病飘零。时代的血泪灌溉了杜甫的天才和诗篇，终于锻造出一代诗圣，“让他一个人活出一个时代”。杜甫充满同情、充满忧国之情的伟大心灵，始终和人民的苦难连在一起，后人称他“诗圣”，并不是单指他诗写得好，而是指他的诗秉承了孔孟的圣人之道。“穷年忧黎元，叹息肠内热”，无论在怎样险恶的形势下，他都没有放弃对民生疾苦的深厚同情以及对国家与民族命运的深沉忧念。这种忧国忧民的儒家情怀，闪耀着鲜明具体的“诗圣”人格。历史的不幸造就了杜甫的不幸，而杜甫的不幸却辉煌了那段历史，让我们明白时代除了血泪之外，还有崇高和仰望。

精彩语段：

艰辛的杜甫终生流浪，流浪的路上，他把人世间所有的苦难都一点一点地捡起，扛在了肩上，装进了心里。

杜甫把儒学的精神深入到了骨髓，融化进了血液。儒家的忧患意识、仁爱精神、恻隐之心、忠恕之道，再加上他那颗敏感博大的心灵，让他成为了人类良心的象征。杜甫的意义，绝不仅仅限于文学，留给世人的绝不仅仅是诗歌，他属于整个中华文化。

一个真正优秀的诗人，总是与祖国生死相依，与人民休戚与共的，只有具有了社稷胸怀、百姓情结，这个人才能成为一个真正的人。而顺遂时，不沉醉于安富尊荣；贫贱时，不沉沦于一己辛酸，他才担当得起“伟大”二字。杜甫，就正是这样一个伟大的人。杜甫给我们立了这样一个榜样：真正用中华文化精神培育起来的人就是这样实现其人生价值的，大济苍生又竭尽全力。大哉，杜甫，大儒大爱。

六、单元教学反思

1. 文本价值的最大化。杜甫专题的诗歌鉴赏不仅仅是对诗歌语言层面的解读，在学生提升鉴赏能力的同时，我们更应该引导学生从杜诗内涵的文化层面去领会、去感悟。让学生不仅仅是学到知识和赏读技巧，而是从对诗圣情怀、杜甫文化的体悟和感受中得到心灵和人格的滋养，获得一种向上的生命的力量，从而自觉地去传承杜甫身上所蕴涵的中华民族最高贵的精神，最璀璨的文化。

2. 基于实践的可操性。作为高二阶段的古诗文选修课教学，其教学定位应该是：必修阶段诗歌教学的延续拓展，审美鉴赏能力的综合提升，备考前的诗歌教学的有效准备。教材内容的选取上倾向于专题教学；教学方法的选用上倾向于小组合作式探究；与高考能力要求的对接上注重讲练结合。本教学设计则是基于上述多重因素的考虑确立方案的，可操作性较强。

3. 课型呈现的多样性。课型的呈现都是以最好地完成单元总目标为前提，而绝不是玩点花拳绣腿。论坛交流式是以学生现有的认知和情感为起点，通过资料拓展的论坛式交流，让学生在浓厚的兴趣中唤醒记忆，主动而充满期待地获取知识，走进作品。合作探究式课型的价值和意义不在于学生取得多高深的研究成果，而在于培养同学的合作精神、探究意识，学会学习和研究的方法，为学生的个性化的发展、终身发展做好知识和能力的积淀。“问题讨论式”“讲练结合式”都是我们必修阶段常用的教学模式，在选修课教学中能否延续、借鉴甚或采用？高中选修课也具有基础的一面，它在注重选择性的同时同样也要注重基础。可见，选修课程在内容的基础性上与必修是一致的，个人以为，在教学方法上对必修课模式一定程度的延续或借鉴也应视为合理或必要。

4. “诗词风景”的文化拓展。我总想：诗歌教学的目标应该不仅仅局限于读懂和鉴赏层面。最终的意图是唤醒学生对飘逸着灵性和激情的古典翰墨的一份热爱，一份敬重，一份审美注意。在不断的营养汲取中历练情感和思想，真正成为一个知识有厚度，情感有浓度，思想有深度，有辨识、有情味的读书者——书香之人。

每一种审美注意都是心灵的牵挂，诸多的当代大家都对古典有一个超越时空并一相情愿的契约。对于一些个体的人来说，在他们的居所，在他们的心灵深处，永远会留下这么一个宽敞透亮而弥漫着温暖的空间。要让学生拥有新的知识和收获，更深入地理解作品，挖掘文化内涵，除教师的直接引导和评价外，资料补充和推荐阅读就成为一种必要的途径。

高中选修课古代诗歌教学的单元重构，只是基于自己教学中遇到实际问题后的一种思考。其纯粹的目的仅仅是寻求一种便于教学实践操作的单元建构样式。或许从学理的角度来审视是站不住脚的，姑且把这种“重构”当做一种探索，一种尝试。

（2009 年北京市骨干教师培训班优秀成果宣讲——石景山区讲稿）

《中国文化经典研读·晋灵公不君》课例解说

一、教学思考

选修课程的设计，是高中语文新课程改革的亮点，同样也是一个难点，是目前学校和老师共同面临的困惑。首先是面对选修模块五个系列的十几种教科书，到底该开设多少门选修课？开设哪一些选修课？怎么分工、安排？随之而来的一些更重要的问题便是：选修课怎么上，它与必修课在教学方法上有何不同？与大学中文系的选修课有什么不同？是否可以探索到一些合理的教学模式？如何尽快扩充自己的知识储存？这一系列的问题是我们一线教师必须面对，必须考虑的，也是急于解决的。

（一）调整心态，积极迎接契机和挑战。

去年暑假期间，我参加了教育部基础教育课程教材发展中心 2007 年秋季“普通高中新课程远程研修项目”高中语文课程团队。有幸和团队的专家们——新课改的领军人物华东师大的巢宗祺、王意如等专家，就教材变动问题作了比较深入的交流。在六个专题的系列讲座中，系列讲座的专题四——关于选修课的开设和教学，语文课标组的组长巢宗祺教授结合江苏锡山中学的教学实践与我们一起探讨了这个问题。

唐江澎老师是江苏锡山中学的校长，语文特级教师，江苏语文新课程新教材探索者的领军人物之一。对于教材的选用，他有一个鲜明的观点：如果长期地使用一种教材，可能导致一种职业惰性；面对一个陌生化文本，你直接的感受才是真正的个性化的解读。所以作为学校校长选取教材，我们尽可能地使陌生化的程度高一点，通过这个方式来促使老师专业水平的提升。你如果选了一个新教材，这个教材只能促使你学生的发展，而不能促使你老师的发展，那它就丧失了一半的功用。我觉得哪怕是一种逼迫，也应该使我们老师不断地面对一些新的东西。新课程非常重要的一点，就是教师在课程建设过程中与课程同时成长，同步发展。

对于增加知识储备，唐老师也有深刻的见解：面对新教材，大家都是新手，年轻的和年龄大的都会有知识储备不够的问题。过去“活到老、学到老”是对人生的一种勉励；而现在它是一种基本的人生需求。在学校里我们强调把学习作为教师的一种职业生存方式。作为教师倡导学生会读书、多读书，如果老师本身是一个连新教材新课文这么一点点阅读量都觉得头疼，都不想去钻研，不愿意接受的人，就不会培养出会读书的学生来。

钱志惠老师认为：在进行选修课教学的时候，确实感觉到自己的知识储备太差，自己的学养不足以来应对学生的需求。原有的知识储备确实不足，不过正因为这种挑战也给我们自身带来了一种成长的契机。在选修教学过程中，恰恰体现了一种教学相长，所以我很庆幸能够跟上这次课程改革。

巢宗祺教授认为：新课程的建设体现了当代社会的一个重要理念，就是我们要建设一个学习型的社会，人人都得树立这样一个意识——终生学习。所以现在的选修课，其实包括必修课的教材及其教学理念，有很多新的东西促使老师去学习，这也是推动我们确立终生学习意识的一个好时机。将来这个社会，老师恐怕要遇到更严重的挑战。开始阶段，有的老师可能会抱怨，但是若干年后回过头来，他会觉得很庆幸自己有那么一番经历。

选修课的开设对教师是一种挑战，同时也是教师发展的契机。老师们一方面需要调整心态，积极迎接，另一方面要通过多种渠道的学习提升内功，补充知识储备的不足，实现教师与课程同时成长，同步发展。

（二）依标靠本，了解课程目标、意义。

翻开《中国文化经典研读》，本教材的特点之一便是并不急于开始安排文化经典的文本，而是用整整第一单元的篇幅讲解了“入门四问”，分别是：

1. 中国古代有哪些重要的文化典籍？

2. 中国文化经典在各个历史阶段的产生与传播有什么特点？

3. 中国文化经典在现代文化建设中有什么意义？

4. 怎样学习本书？

并且补充了两篇相关读物，分别是：《今天为什么还要阅读经典》《读〈经典常谈〉》，可以窥见该书编写目的在于使学生了解中国文化的核心、基因，“真正了解中国文化的基本内涵”，从而“担负起历史赋予我们的重任”。

中国文化经典滋养了古代中国人的精神世界，在中外文化交流中也产生过重要影响，是中华民族生生不息、发展壮大的强大精神动力。今天，它是中华民族继往开来、和平崛起的思想基础。体现在其现实性、包容性、对自然的亲和态度、倡导道德修养、尊重自然规律、探究艺术审美等思想价值方面。

细读课程目标：

1. 借助工具书、图书馆和互联网查找有关资料，了解论著作者情况、相关背景和论著中涉及的主要问题，排除阅读中遇到的障碍。在整体了解论著内容的基础上，细读教材提供的章节，有侧重地进行探究学习，把握论著的主要观点和基本倾向，了解用以支撑观点的关键材料。

2. 通过阅读中国古代文化经典，了解中国文化的发展与演进，体会其中蕴涵的中华民族精神，为形成一定的传统文化底蕴奠定基础。

3. 学习从历史发展的角度理解古代文化经典，理解古人的现实处境，从中汲取人生智慧；学会以现代观念审视古代文化作品，评价其积极意义与历史局限，从中寻找现代社会可资借鉴的思想资源。

4. 学习古代文化作品，积累常用的文言实词、虚词及句式，培养阅读浅易文言文的能力。

（三）细读文本，了解单元教材特点。

第二单元命名为“春秋笔法”，是十个单元中唯一的历史散文单元。所给的“相关读物”是《直书》《怎样研究中国历史》，本单元主要学习史学著作及史学思想。

“经典原文”《晋灵公不君》是《左传》中的著名篇章，文不甚艰，故事生动，剪裁得当，叙事流畅，人物形象饱满，性格鲜明，较鲜明地体现了所谓的“春秋笔法”。

“相关读物”所选《史通》是中国史学理论名著，节选部分论述史书的“直书”原则，列举了大量事例说明直书的难能可贵，有助于学生了解中国古代史学的优良传统。

“大视野”所选翦伯赞《怎样研究中国历史》是同类文章较浅近的，文章对古代史书的体裁、史学的发展历程、史学研究的基本方法等问题，都有深入浅出的解说，可供学生参考学习。

可以明确：单元目标核心在于引导学生了解中国史家的重实录、讲褒贬的撰述原则与表现方式。

（四）分析学情，了解学生知识背景。

这是就《晋灵公不君》这篇课文的学习而言。

1. 高二学生有一定量的文言知识积累，可通过工具书和注解理解文意。语法句式等现象需要点拨。

2. 必修模块学过《烛之武退秦师》和《史记》《汉书》的一些作品，对《左传》的叙事艺术有初步的了解，需要系统地梳理知识。

3. “春秋笔法”秉笔直书的文化内涵相对陌生一些，需从阅读指南入手进行难点突破。

基于上面对课程目标、单元教材和学情分析，确定单元教学目标及重点、难点。

（五）确定单元教学目标。

1. 积累常用的文言实词、虚词及句式。识记名句。（落实基础）

2. 引导学生比较系统地了解中国古代历史著作的体例，品味《左传》的文学性。联系学过的《曹刿论战》《烛之武退秦师》，鉴赏本文及《左传》的叙事艺术。(重点)

3. 引导学生了解中国古代史学的实录精神，理解“春秋笔法”的文化内涵和文中所体现的儒家思想及史学传统，并以现代观念评价“赵盾弑其君”的观点。(难点)

(六) 确定单元课时安排 (3 课时)。

第 1 课时：诵读经典课文，疏通文意。重点落实文言知识。

第 2 课时：① 检查落实；②体会《左传》的叙事艺术 (包括分析人物形象)(文学)；③引导学生理解“春秋笔法”的文化内涵。

第 3 课时：作业交流，了解史书的编写体例；阅读《直书》，探究史书实录的传统。

(七) 确定单元教法和思路。

诵读——感悟——讨论——探究

二、教材分析

(一) 主要内容。

《晋灵公不君》选自《左传·宣公二年》。晋灵公：名夷皋，晋襄公之子，文公之孙，晋国第二十六位国君，在位十四年，是中国历史上一个荒唐、残虐的君王。不君：不行君王之道。文章写晋灵公搜刮民财，残酷暴虐，最终被臣下杀死。赞扬了赵盾的敢于直谏、忠于国事和董狐的不畏权贵、秉笔直书。

文章可分为三部分。

第一部分 (1 段) 以典型的事例写晋灵公的苛政、奢侈及虚言接受士季的劝谏。

开篇以主题句的形式先点出了全文的主要内容，即“晋灵公不君”。写了三件事。第一件事表现他的贪婪，“厚敛以雕墙”。晋灵公向人民征收很重的赋税，其目的只是为了装饰供墙，满足个人的奢侈欲望。第二件事表现他的荒唐，“从台上弹人，而观其辟丸也”。晋灵公对百姓不但不尊重，而且采取戏耍的态度和做法，从高台上打弹弓，看人们如何躲避弹丸，以欺侮百姓为乐。第三件事写得最详细，表现他的残暴。“宰夫胹熊蹯不熟，杀之，寘诸畚 (běn)，使妇人载以过朝。”厨师蒸熊掌没蒸熟，晋灵公就把他给杀了。杀了以后，还让一个宫女拿着畚箕把厨师的尸体给扔了。通过这三件事，晋灵公贪婪、荒唐、残暴、完全不符合为君之道的形象就非常鲜明地展现在我们面前了。这是第一个小层次，由外而内 (外对百姓，内对宰夫)，由戏 (戏耍百姓) 而杀 (宰夫) 而示众 (载以过朝)，层层深入，用典型的细节描写，真实活脱地表现出晋灵公的不君。

第二小层，大臣们对晋灵公的劝谏，晋灵公知错不改，虚言以对，不是一个明君。赵盾与士季的进谏，很讲策略。一是由士季先谏、赵盾后谏的步骤安排，二是士季的进谏无论在态度、礼仪和言语上都十分得体、得当。写士季，写得详而有趣。三进——三次向前走。刘文淇引沈钦韩说："始而入门，既而当庭，及至升阶当霤，则三进矣。"士季往前走一次，伏地行一次礼，这样走了三次，来到檐下，恭敬而谨慎。晋灵公很聪明，一看到士季，已经知道其来意了，所以他假装没看见，先是躲避，等躲无可躲之时，又抢先主动认错，"吾知所过矣，将改之"，敷衍搪塞，以此来堵住士季的嘴。士季的进谏词说得极好。先是退一步说"人谁无过?"然后进一步说"过而能改，善莫大焉"，一退一进，给足了晋灵公面子，给了晋灵公一个实实在在的台阶。为了晓以利害，士季又引《诗经》的话语，为的是要说"鲜克有终"，贯彻始终很难，这是关系晋国安固的大事。为了把利害关系说透，又引《诗经》的话语说出连周公都曾有过失，说出改正错误与君位的关系。言辞简洁，有理有节，指明要害。

第二部分（2—4段）写晋灵公不但不改正错误，反而对多次劝谏他的赵盾连续下毒手。这是写晋灵公不君的更深层次的表现，文章用"犹不改"三个字结住了上一层意思。"宣子骤谏"开启了晋灵公愈演愈烈的更深一步的恶行。"宣子骤谏"四个字是略写，一笔带过，但"骤"字用得极好，不仅含有屡屡劝谏的意思，还含有急切劝谏的意味。于是，在接下来的两个场景中，三个武士依次出场。

第一个场景在赵盾家里，出场的武士是钼麑。钼麑奉灵公之命来刺杀赵盾，但当他看到"盛服将朝"的赵盾时，他产生了强烈的心理矛盾——杀赵盾是不忠于国家，不杀赵盾是不守诺言，最后选择了自杀。钼麑的形象是非常有光彩的。他在《左传》中只出场了一次，不到一百字，却让人过目不忘。第二个场景是晋灵公设宴，计划在酒席上刺杀赵盾。这次出场的是两个武士，提弥明和灵辄。这两个人物也是各有其鲜明特色。提弥明勇猛善战，而且讲究策略；灵辄则是知恩图报，是非分明。提弥明在赵盾赴宴后知道了灵公的阴谋，他不是贸然出击，而是首先从礼法入手："臣侍君宴，过三爵，非礼也。"即小宴饮，臣侍君酒超过三杯就不合礼节了，以此作为让赵盾离开的理由。晋灵公不仅没有理睬提弥明所讲的君臣之礼，反而唤猛犬去咬赵盾，这再次表现了灵公的"不君"。提弥明与猛犬和甲士们搏斗，最终不敌身亡。这里有气氛的渲染，有人物的语言和动作，有搏杀的情景，读来令人惊悚。

此时，灵辄出场了。补叙灵辄倒戟保护赵盾的缘由，由此反衬出晋灵公的"不君"迫使其身边的武士倒戈护卫赵盾。其基本事实是当初赵盾在首山打猎时遇到了灵辄，灵辄已经三天没吃饭了。赵盾不仅给他东西吃，还给他母亲带回去饭和肉。灵辄记着这段往事，当灵公谋害赵盾时，他反戈一击，以此来报答赵盾。这段补叙写得情真意切，全文的节奏也因此得到了调整。由疾而徐，曲折宛转。

三个武士的形象都非常出彩。作者抓住了最能表现人物性格的细节，对每个人都只写了一两个片段，却让人过目不忘。

第三部分（5段）写晋灵公被赵穿所杀，赵盾身背弑君之名，史家对此事件的评价。按照《春秋》礼法，赵盾最终背上了“弑君”的罪名：第一，他逃亡，却没有逃出国境。按照当时的礼法，臣下逃离了国境，君臣之义就断绝了，就可以不承担效忠君主的责任了。第二，他回来后没有讨伐赵穿。赵穿是赵盾的族人，晋灵公的女婿，他在桃园杀死了晋灵公。按照礼法，赵穿杀死国君是大逆不道的行为，赵盾作为正卿，返回国都后应该立刻带兵讨伐赵穿，但是他没有。根据《左传》的记载，赵盾回来后立公子黑臀为成公，并没有惩治赵穿。这样，“亡不越竟，反不讨贼”成了赵盾的两大罪状，“赵盾弑其君”也就被写进了史策。赵盾当然不承认自己“弑君”，事实上，他也的确没有“弑君”，甚至连想也没有想过。当然董狐也有自己的标准，那就是当时被普遍认可的礼法。孔子就称赞道：“董狐，良史也。”后代也把敢于坚持原则、秉笔直书称作“董狐笔”。文天祥的《正气歌》中就有“在晋董狐笔”一句，认为这是天地正气的体现和象征。对于赵盾和他“弑君”的罪名，孔子评价：“赵盾，良大夫也。为法受恶。惜乎，越竟乃免。”承认赵盾是国之良臣，对他寄予同情，却又认为他背负“弑君”的罪名是“为法受恶”，并不算冤枉。

至此，晋灵公如何不君，因其“不君”所生出的种种事端，因其“不君”导致的必然结果，已经层层深入地具体表达了出来。能够感觉出，最精彩的是人物形象，最难理解的是“赵盾弑其君”的说法和孔子的评价。

（二）文言知识：（字词、语法、句式）质疑检查。

1. 通假（古今）字：

辟—避、孰—熟、田—畋、竟—境、反—返；

溜—霤、阙—缺、诒—贻。

2. 重点词语：

弹、患、先、稽首、靡、克、赖、骤、贼、假寐、饿、与、示、书法。

3. 词类活用：

晋灵公不君；饮赵盾酒；　　嗾夫獒焉；食之；尽之；免之；

提弥明死之；问其故而患之。

4. 宾语前置句：

莫之继也；　　虽猛何为？　　其我之谓矣。

5. 名句积累（句子翻译）：

人谁无过？过而能改，善莫大焉。

诗曰："靡不有初，鲜克有终。"

贼民之主，不忠；弃君之命，不信，有一于此，不如死也。

宦三年矣，未知母之存否。今近焉，请以遗之。

董狐，古之良史也，书法不隐。赵盾，古之良大夫也，为法受恶。

（三）《左传》的文学性。

1. 文学常识：（文化背景）

关于《左传》与《春秋》的关系有两种看法：其一，认为它是解释《春秋》的一部史书。其二，认为它是与《春秋》有关的一部单独著述。《左传》是我国历史著作的典范，同时也是中国叙事文学的代表作，它丰富了《春秋》的血肉，把《春秋》大事记式的记录发展为富有戏剧性的情节。

2.《左传》的叙事艺术：

《晋灵公不君》作为历史著作，其记事直言不讳，从叙事艺术来看，也表现了很强的文学性。

前人评价：

晋·范宁《谷梁传集解自序》："《左传》艳而富。"

唐·刘知几《史通》："文典而美"，"语博而奥"，"言近而旨远，辞浅而义深。虽发语已殚，而含意未尽，使夫读者望表而知里，扪毛而辨骨，睹一事于句中，反三隅于字外。""著述罕闻，古今卓绝。"

清·章学诚语："叙事之文其变无穷……"

（1）构文颇具章法，材料富有魅力，叙事"详而博"，情节曲折，起伏跌宕，一波三折，产生了独特的戏剧效果。

（2）语言简要，人物刻画颇为传神，将历史事件写得有血有肉。

人物形象栩栩如生：晋灵公贪婪、荒唐、残暴，不行君道；赵盾直言敢谏，忠诚仁义；钼麑舍生取义；提弥明忠肝义胆；灵辄知恩图报。

特别提到的一个人物：钼麑是我国思想道德史上出现较早的舍生取义人物。

钼麑为什么会被晋灵公选中去杀赵盾？此前是否干过此类事情？不得而知。但是从本文对他的描述上看，他并不是"不忠""不信"的杀手，而是品质高尚、有道德、有原则的"义士"。文章第二段，从"使钼麑贼之"的人物出现，到其"触槐而死"结束，仅用不到八十个字，便使钼麑从一个"杀手"转变为"义士"，完成了性格上的飞跃，笔法非常精到。事实上本文是在"不忠"和"不信"的两难境地下来刻画钼麑这个人物的。"晋灵公不君"，他也是君，钼麑也要听命，也要守信。赵盾不是君，但也是"主"，而且是"不忘恭敬"的"民之主"，也一定要忠。更何况做人要守信义，讲原则，明是非。

所以，在“有一于此”选择时，钼麑用自己的生命换取“忠”“信”，这就是“义”。“舍生取义”乃为大义之人。

这就是本文塑造的为了正义、道义，也为了自己的信仰和原则献身的大义凛然人物。（了解此人物，对我们今天的做人有何意义？）

（四）关于春秋笔法的思想文化要义。（既是重点又是难点）

《晋灵公不君》作为历史著作，其记事直言不讳，开篇便写“晋灵公不君”，直截了当，毫不虚饰。接下来叙述的几件事也都是说晋灵公的“无道”、虚伪和残暴，并没有因为他是国君就有丝毫的掩饰。撰文乃典型的“笔则笔、削则削”（笔则笔：应该写的一定写上去。削则削：应该删掉的一定删掉。笔，记载。削，删除。）“微言大义”的“春秋笔法”。

1. 春秋笔法及文化内涵一解释。

晋代杜预解释：一曰微而显（微言大义，暗含褒贬）；二曰志而晦（隐晦）；三曰婉而成章（避讳）；四曰尽而不汙，直书其事。（实录）

“春秋笔法”既讲曲笔，又倡直书。孔子所谓直书，具有两重含义：其一是史实的标准；其二是史义的标准。即凡是符合纲常伦理道德的历史记述，即使与历史真实不相符合，也是直书。实际上最重要的是实录，它体现出古代知识分子对历史真实的尊重。史官负责任地表达对社会生活的爱憎褒贬之情，以现代的观念如何评价其积极意义和历史局限？

2. 孔子称赞董狐为良史，认定“赵盾弑其君”体现了正统的儒家思想。

提示：第一，“君君，臣臣，父父，子子”的意思是：君像个君样，要按君道去做，臣像个臣样，要按臣道去做，父子也一样。

第二，晋灵公不君，是说晋灵公不行君道。厚敛以雕墙，从台上弹人，虐杀宰夫，不但知错不改，还暗杀、谋害忠臣，哪里像个国君呢？

第三，赵盾身为臣子，他对晋灵公虐杀宰夫直言敢谏，尽了忠君之职。赵盾在职守上做到了宵衣旰食。他盛服待朝，“不忘恭敬”。从赵盾对待饿坏了的灵辄来看，又做到了养民也惠了。赵盾的确是按臣道而行的一个良臣。

第四，写灵辄虽然着墨不多，却写出了一个人子的形象。灵辄按子道而行，三天没吃饭，都快饿死了，当得到一点吃的时候还不忘留下一半带给母亲。这可谓是大孝。

第五，董狐认为是赵盾弑君。这看起来不公，但文章结尾为赵盾惋惜说：“为法受恶，惜也。”这里所说的这个“法”就是儒家的君臣之道啊！《春秋》要求一个臣子要“忠之至”，忠到极致才成，也就是说赵盾忠得还不够，责备他呀！这是名分所在！古代正统宗法思想重等级观念，无是非观念，认为：君无道，可谏不可杀。董狐也尽了臣道。

由此，我们可以看出文章的确是比较全面深刻地反映出儒家君臣父子的思想观念。

（五）补充分析：关于《直书》。

1.《直书》选自《史通》。“直书”就是不隐讳事实真相，不饰恶虚美，如实记载历史事实。文章包括两个内容：一是提出自己的主张，说明直书的重要性和必要性；二是列举历代史家的各种情况，说明直书之难。中心论点：“申以劝诫，树之风声。”即史书以劝惩为目的，褒善贬恶，以此树立好的风气。主要内容：第一段提出中心论点；第二段列举历代史家（董狐、崔杼、司马迁、韦昭、崔浩）之例，说明秉笔直书之难；第三段评说六朝史书，列举直书和曲笔两种笔法编撰史书的例子，说明直书之难；最后一段总结：著史不易，直书更难。

2. 评价：《史通》作为一部早期史学论著，难能可贵，但对于直书的基本内涵、原则标准、学术价值等都未加探讨。

3.《直书》教学建议：“相关读物”中所选的这段文章是骈文，用典很多，教学时应引导学生利用注释读懂文章。在了解文章大意的基础上，放开让学生自己谈谈对史书中直书与曲笔这两种不同写法的认识。谈的时候最好能有一些具体的例证。

（六）补充资料：

《中国历史是干部的教科书》（刘庭华）

董狐“赵盾弑其君”秉笔直书名传于世，到《后汉书》的作者范晔，遵循“正一代之得失”的治学修史宗旨，对利于当世者，倍加讴歌称道；对祸国殃民者则严厉鞭挞；北魏史官崔浩等人，奉诏修国史，因为“叙述国事，无隐恶，而刊石写之，以示行路”，（《史通·古今正史》）而触怒太武帝，遂获罪被杀，并诛三族，受牵连而死者，多达128人。

许多史学名著的问世都说明：“古来唯闻以直笔见诛，不闻以曲词获罪”的历史现象难以断绝，特别是当代人写当代史。良史，秉笔直书者，修史者之名誉，乃胜过生命也。然而，说来容易，做来难。如刘知几所言，历代封建王朝设局修史，总是希望“曲笔阿时”“谀言媚主”；“国自称为我长，家相谓为彼短”。尽管封建统治阶级多方迫害“良史”，但正直的史家或据史实录，或采取迂回坚韧的斗争方式“张俨发愤，私存默记之文”，以兹避祸，幸获两全。

三、施教策略

（一）课前预习：诵读全文，整体感知，大体上了解文章内容。

（二）课上师生互动对话分别采用检查——讨论——探究的活动方式在三个层面上展开。

1. 文字（文言）层面质疑检查。

2. 文学层面鉴赏点拨。

(1) 晋灵公“不君”表现在哪些事情上?赵盾作为“古之良大夫”从哪些事情上可以看出来?

(2) 文中三个武士形象各有怎样的特点?你认为哪个人物出场最精彩?

(3) 左传的叙事艺术有什么特点。

3. 文化层面探究引导。

(1) 孔子称赞董狐为良史,认定“赵盾弑其君”的理由是什么?从中体现了怎样的儒家思想?

(2)《晋灵公不君》的故事在《春秋》中只有一句话:“秋九月乙丑,晋赵盾弑其君夷皋。”如何评价董狐秉笔直书这一“春秋笔法”?结合现代观念谈谈你自己的看法。

(三) 整体教学思路:

1. 介绍背景,激发兴趣;(激兴趣)

2. 诵读感知,词语质疑;(抓基础)

3. 疏通文意,积累名句;(重落实)

4. 分析形象,鉴赏艺术;(品妙处)

5. 讨论思考,重点研读;(突难点)

6. 布置作业,拓展探究。(引深入)

(四) 课后作业:引申归纳。

1. 任选一探究思考题,写成800字的小论文,班上交流。

2. 阅读本单元相关文章,将你所知道的中国历史著作按体例进行梳理分类。

四、教学反思

(一) 对课堂本身的思考。

1. 目标定位清晰,由浅入深,分层推进教学。

2. 引领符合学生的认知规律,较好地调动了学生的参与意识。

3. 文化层面的问题设计没有放开手脚,尤其“直书”的阅读环节处理匆忙。

4. 教学思路上没有创新,拘泥于传统的教学模式。

要想很好地体现选修课的“选”字,必须在创造性地使用教材上做文章。比如,在刚才观看录像的过程中,我脑子里闪出若干补充或完善的想法。就本单元的教材特点讲,除了让学生了解写史的“直书”传统,品味历史散文的文学性之外,是否也可以在如何读史的角度上再重书一笔,给学生提供一种读史的范例?在教会他们如何认识历史材料,学习历史智识,认识和热爱我们的传统文化的同时,增强历史的理性,思考怎样看待社会,怎样做人。

推荐文章：

1. 余世存《今天我们怎样读历史》。

2. 钱穆《国史大纲引论》。

（二）对选修课教学的思考。

教学定位：高中语文选修课不同于必修课，也有别于大学中文系选修课。

1. 中学的选修课和大学的选修课的教学有所不同。它承担着基础教育阶段的任务，学生的认知水平不能无限度地拔高，不能把学生当成语文学习的已经入门者，要根据学生的实际接受程度来决定内容的取舍、教学方法的采用。

2. 选修课与必修课的教学既有联系又有区别。必修课的课文大都是零散的，更注重基础性，解决的是广度问题；选修课内容相对集中，有一定的专门性，带着学生在某模块所涉及的范围内学习相对比较深。选修课可尝试多种多样的教学方式，但不可放松基础的落实。

2007 年 9 月，北京市全面进入新课改，市基础教研部在全市范围内组织了一系列的研究和示范课。10 月，在海淀区由 101 中学的周曼云、北大附中的王莹老师作了两节示范课《再别康桥》《烛之武退秦师》。人教社的主编顾之川先生在评点发言中，充分肯定两节课的同时，还特别强调了新课程实施过程中需要正确处理三组关系：

1. 正确处理工具性和人文性的关系。

2. 正确处理变与不变的关系——变的是教学理念和方法，不变的是高中语文教学的基本任务。（培养学生正确理解和运用祖国语言文字的能力。阅读、写作还是必牵牢的牛鼻子）

3. 应需和应试的关系：应需指的是课程标准，应试指的是考纲。因为高中教学无法躲避高考，所以施教者在进行教学设计时，一定要心中有数：要考虑到课标和考纲两个方面的要求。希望今后的考试能够与教学联系的越来越紧密，越来越和谐。

所以在导学《中国文化经典研读》时，应结合教材的教学要求，设法寻找与高考的对接点，一是积累文言词汇、识记名句，一是在认识上提升，在思想上收获感悟，为作文提供材料和认识上的准备。

众多省市在选修课开设方面已经“鸳鸯绣取”，很多经验可以参考，但不可奉为圭臬；教训可以规避，但不能画地为牢。选修课的开设和教学都才刚刚开始，我们正站在起点之上，一切都需要我们去亲历，用广博和自由去开拓语文教育的新境界，从鲜花和荆棘中走出属于自己的风景。这是我们的目的和任务，也是我们的责任和理想。

（2008 年湖南省骨干教师培训班讲稿）

《项羽之死》教学设计

一、教学背景分析

1. 学习内容：《项羽之死》是人教版选修《中国古代诗歌散文欣赏》“创造形象，诗文有别”单元的课文。人物形象丰满，情节线索清晰，叙事描写传神，文字浅显易懂。选修课是必修基础上的提高和拓展，其课程性质及文本特点决定了本节课的教学内容：在落实文言知识的基础上，侧重对作品文学和文化审美价值的挖掘。让学生在阅读与鉴赏活动中，不断地充实精神生活，完善自我人格，提升人生境界。

2. 学情分析：教学有衔接，学生感兴趣。一方面，必修 1 学过《鸿门宴》，个别学生还读过《项羽本纪》，对项羽其人有所了解并产生浓厚的兴趣；另一方面，分析人物的方法在必修阶段也已多次接触，基本能掌握。但学生对项羽其人多是停留在兴趣层面，对项羽悲剧的审美意蕴还缺少理性的认识和评价。这是本课教学中学生的认知发展点。

二、教学目标

1. 掌握文言字词，理解内容。
2. 通过品味语言、分析描写，把握项羽的性格及形象。
3. 鉴赏评价项羽悲剧性格的审美意蕴以及在当下的意义。

三、教学重点、难点

分析项羽形象；鉴赏探究项羽悲剧性格的审美意蕴。

四、教学资源

1. 教材：人教版选修《中国古代诗歌散文欣赏》——《项羽之死》
2. 补充资料：人教版必修 1《鸿门宴》，《项羽本纪》片段，评价项羽的诗文资料
3. 多媒体：ppt 课件

五、教学方法

诵读、质疑、讨论、点拨

六、课时安排

共两课时，本节为第 2 课时

第 1 课时，熟读课文，疏通字词、概括梳理主要情节：垓下悲歌、东城快战、乌江自刎。（说明：第 1 课时教学内容由学生在课前预习中自学完成）

第 2 课时，分析人物形象，探究项羽悲剧的审美意蕴。

七、教学流程

（一）导入

项羽是司马迁笔下最成功的悲剧英雄。巨鹿之战，27 岁的项羽破釜沉舟，勇冠三军，成为天下瞩目的英雄；鸿门宴上，项羽刚愎自用，坐失良机，埋下了悲剧的种子；四面楚歌声中，31 岁的西楚霸王，又将怎样演绎自己的人生呢？我们来学习《项羽之死》。

（二）初读质疑

活动 1：质疑解疑，落实字词。——文言层面落实

要分析项羽的形象，我们首先要读懂文章，把握基本内容。预习中，你遇到了怎样的问题？有什么困惑？或有怎样的感触？（请学生谈初读印象）

【设计意图】把握学生的认知起点。意在基于学生问题，调整教学的内容或节奏。

（三）赏读文本

活动 2：品味语言，分析形象。——文学层面欣赏

在垓下悲歌、东城快战和乌江自刎三个场景中，你最喜欢的场面描写是什么？说说你喜欢的原因。要求：（1）指明赏析场面；（2）诵读相关语句；（3）结合文本分析动作、神态或语言，概括项羽的性格特征或形象特点。

【设计意图】引导学生进一步掌握分析人物的方法，全面把握人物形象，感受项羽复杂的性格特点，为鉴赏探究项羽性格悲剧的审美意蕴作铺垫。此为课堂教学的核心环节之一，时间要充分。

学生讨论发言，各抒己见，教师适时追问点拨。

赏析预设：

1. 垓下悲歌：四面楚歌——慷慨悲歌

五个动词的运用：惊——起——饮——歌——泣

项羽慷慨悲歌表现了他多情善感的性格特征。项羽是一个勇猛豪爽的大丈夫，在预料到失败命运的时刻，唱出了柔肠百转的《垓下歌》。歌词悲壮哀婉，哀叹时运不济，诀别名马美女，为项羽这个形象增添了一股柔情。男儿有泪不轻弹，这里还写到项羽“泣数行下”，渲染出一个末路英雄的悲凉。“慷慨悲歌”一段充分表现出项羽多情善感的性格侧面。

2. 东城快战：直夜溃围——给陷大泽——东城快战

东城快战是英雄落幕前最后的演出。一个“快”字尽显英雄项羽的快意与自负。

项羽所言：辉煌的过去，失败的今天。反复强调：“此天之亡我，非战之罪也。”充满自豪地问属下战果何如，这一问表现了他的自负。

项羽所为（三次行动）：

第一次：项羽——大呼、驰下、斩将 // 汉军——皆披靡

第二次：项羽——瞋目叱之//赤泉侯——人马俱惊，辟易数里

第三次：项羽——弛，亡两骑//斩汉一都尉，杀数十百人

（第一次行动中“遂斩汉一将”的“遂”写出了项羽斩将的轻而易举。第二次行动中，项羽并没有动手，只用眼神和声音就吓退了敌兵，“瞋目而叱之”，“赤泉侯人马俱惊，辟易数里”。孰是追兵，孰是逃将，难以辨别。项羽摄人魂魄的虎虎声威跃然纸上。第三次行动中，项羽斩汉一都尉，杀数十百人，而楚军仅仅损失了两人而已，通过对比，写出了项羽在身处绝境的情况下，丝毫没有兵败的委靡和绝望，每战都能给敌军以有效的打击，表现出项羽的骁勇善战。）

3. 乌江自刎：拒渡、赠马、赐头

项羽在乌江边拒渡、赠马、赐头，表现了他知耻重义、心地仁善、视死如归的性格。在乌江岸边，亭长劝项羽赶快登船，来日尚可东山再起。项羽说：“且籍与江东子弟八千人渡江而西，今无一人还，纵江东父兄怜而王我，我何面目见之？纵彼不言，籍独不愧于心乎？”这番话发自肺腑，表现了项羽知耻重义的性格，赐马给亭长又表现了他心地仁善。项羽进行了最后短兵相接的搏杀之后身受重伤，此时看到了背楚投汉的故人吕马童，于是赠头给他，自刎而死，这个情节再次表现了项羽的视死如归。

（四）意蕴探究

活动3：思考探究，项羽悲剧性格的审美意蕴。——文化层面解读

问题：项羽为何“欲渡”又“拒渡”？你如何评价项羽其人，如何看待项羽之死？

【设计意图】通过古今评价的资料拓展，引发学生对“项羽之死”深度的解读与思考。从而探究项羽悲剧性格的审美意蕴。

学生讨论发言，各抒己见。教师适时追问点拨，并补充相关资料，最后谈自己的观点。

资料一：司马迁评价

夫秦失其政，陈涉首难，豪杰蜂起，相与并争，不可胜数。然羽非有尺寸，乘势起陇亩之中，三年，遂将五诸侯灭秦，分裂天下而封王侯，政由羽出，号为霸王。位虽不终，近古以来，未尝有也。及羽背关怀楚，放逐义帝而自立，怨王侯叛己，难矣！自矜功伐，奋其私智而不师古，谓霸王之业，欲以力征经营天下。五年卒亡其国，身死东城。尚不觉悟，而不自责，过矣！乃引“天亡我，非用兵之罪也”，岂不谬哉？

资料二：易中天评价

项羽死得壮烈，死得英雄，死得气势磅礴，惊天地，泣鬼神，就连乌江之水也要为之呜咽，为之洪波涌起，浊浪翻腾。显然，项羽的死是高贵的。无论他是为什么死的，他的死，都有无与伦比的人格魅力和审美价值。

项羽欲渡是想寻找生路，乌江亭长的出现代表了生的可能。无论过江东后项羽是否能够卷土重来，至少渡过江之后暂时没有了生命危险。当生路出现在眼前时，项羽却舍生就死。寻找到生路是对自己能力的一种肯定，是对“天亡我”的一种抗争，是对自己生命价值的最大肯定。而带着仅剩下的江东子弟回去是一种愧疚，忍辱前行对项羽来说更是一种生命的萎缩。在生命价值得到最大肯定时选择死亡，这种死亡绽放的是最高贵的花朵——生命的尊严。

项羽性格非常复杂。政治上幼稚简单，缺乏远见；但是军事上骁勇善战，勇武过人；人品上重情重义，视死如归。在他每一个令人赞佩仰视的优秀的性格元素后面，都有一个阴影般的令人嫌怨、惋惜的性格弱点相随。比如，铁血柔情与优柔寡断，骁勇善战与残暴自负，知耻重义与沽名钓誉，视死如归与至死不悟。性格的两面如影随形一般难分难解，恰恰是他为人称颂的一面直接导致了走向失败。这样悲剧性的因素，成就了项羽这样一个悲剧英雄。

英雄谢幕了，后人的评论却永不落幕，尤其是对项羽该不该拒渡自刎这个问题更是争论不休。其实，我想，无论是赞成还是反对，无非都是想为这位令人同情仰慕惋惜的英雄寻找一个更理想、更能让人安慰的结局。但是历史不可能假设，项羽的悲剧已定然无法更改。今天我们学《项羽本纪》，不仅仅是让你记住一座金色的丰碑铸在历史的战车上，而是让人们记住司马迁笔下的一个悲情形象炫目在文学的长廊里。那么评价项羽的意义究竟何在？这正是留给你的思考。因为一切历史都是当代史，一切历史都活在当下。

（五）作业

1. 阅读《项羽本纪》。

2. 鲁迅说："悲剧就是把有价值的东西撕毁给人看。"价值越是彰显，悲剧的意味就越浓厚。项羽的悲剧极具人格魅力和审美意蕴。你从项羽身上读出了哪些有价值的启示？对此你有怎样的思考？请以"项羽，我想对你说"为题，写篇随笔。

提示角度：比如，生命与尊严；性格与命运（狄更斯：一种健全的性格，比一百种智慧更有力量）。

【设计意图】让学生从悲剧的审美意识中体会现实的人生考量，盘活经典在当下的意义，从而充实精神生活，完善自我人格，提升人生境界。

（六）教学反思

本文为参加第三届"中语杯"课堂教学观摩参赛课的教案。虽然立足于学生学的角度设计问题，但因为缺少第一课时的文言字词疏通，对学情估计不足，致使在仅有的40分钟内很难完成文言、文学、文化三个层面的内容。所以只是呈现了一个真实的课堂，呈现了学生一步一步进入思考、参与的过程，教学推进不太顺利，教学内容没有得到完整的呈现。这样的结果促使我对《项羽之死》的文本进行了更深入的思考和解读。因为很多时候，没有讲明白是因为没有想清楚，故本节课的教学反思以文本解读的形式呈现在后面。

项羽为何"欲渡"而又"拒渡"

——解读《项羽之死》的悲剧意蕴

项羽是司马迁笔下最成功的悲剧英雄。《项羽之死》（节选自《项羽本纪》）生动地记述了项羽的生命最后阶段的三个场景，是司马迁极着力、极得意、极精彩的文字，也是项羽这部旷世悲剧中最感人也最令人深思的一幕。本文暂不讨论项羽的悲剧性格以及悲剧原因，只就项羽之死的悲剧意蕴和文化价值作一探讨。

以往教学中，我们往往把着力点放在项羽"该不该过江"这个历代争论不休的话题上。其实，如何理解项羽"欲渡"而又"拒渡"的矛盾心理和行为，应该是探究项羽之死的悲剧意蕴的关注点。要理解这个问题，首先需要把垓下悲歌、东城快战、乌江自刎三个片段联系起来，弄清司马迁为何要在项羽"乌江自刎"前，浓墨重彩地描写项羽的"垓下悲歌"和"东城快战"。

"垓下悲歌"中最为著名、也最具悲剧感的是"霸王别姬"一幕。项羽"歌数阕""泣数行下"。他的"奈何"之叹，不仅唱出了自负而不甘的悲怆之情，也表现了英雄末路无奈又无助的悲惨处境。正如清人吴见思《史记论文》所评："一腔愤怒，万种低回，地厚天高，脱身无所，写英雄失路之悲，至此极也。"透过项羽的歌和泪，我们看到了西楚霸王铁血柔情和多愁善感的一面。

然而，我们知道，《垓下歌》实为一种虚饰笔法，是司马迁的“笔补造化”。这样一段文学抒情所要表达的既是项羽对个人实力与命运不公的感慨，也是他对于生命的不舍与留恋。“力拔山兮气盖世”是项羽生命力量的彰显，“时不利兮骓不逝”则是他面对不公命运的一腔悲怨。而宝马与美人的符号性意义是不言而喻的，宝马是英雄精神的化身，美人则是多情气质的代表。所以，“骓不逝兮可奈何，虞兮虞兮奈若何”的末路悲歌，所叹的不只是他的骏马和美人，更有他逐鹿天下的英名和霸业，他的江东子弟……面对“四面楚歌”的困境，项羽在承认“时不利兮”的情况下，内心依然对自己的生命有着极大的欣赏与肯定，依然对生命有着无限的留恋。这就是他“欲渡”的原因，他不能，也不甘让自己蕴涵着无限力量与光辉的生命就此陨落。司马迁这种浓墨重彩的文学渲染，引发了读者对末路英雄悲怆之境的强烈同情。

“东城快战”是悲情英雄项羽落幕前最后的演出，也是他“力拔山兮气盖世”的又一次明证，一个“快”字尽显项羽的神勇与自负。在溃围、渡淮、陷泽的一系列拼杀中，项羽兵力锐减，仅剩二十八骑。项羽一旦意识到“不得脱”“今日固决死”后，反而将生死置之度外，而“愿为诸君快战”。从情理上说，“快战”“溃围”是为到达乌江、实现“欲渡”创造条件，但实际上这层意义已基本消失。“快战”就是“让诸君知天之亡我，非战之罪也”，为了让生命畅快地、完美地谢幕。面对几千汉军追兵，项羽三番进出敌阵，如入无人之境，杀敌数十百人，斩首敌将如探囊取物。只“瞋目而叱之”，“赤泉侯人马俱惊，辟易数里”。项羽“认命而不服命”的抗争和由此爆发出的生命激情，把二十八人的战斗力也推向了极致。相对于汉军而言，“亡两骑”接近于零伤亡。可以想象，此时的项羽是何等的声威，何等的震慑，何等的神勇无敌。

项羽的快意作战，是个性意志和生命激情创造出的奇迹。“快战”本身就是生命价值、生命力量、生命自由、生命尊严的表现。司马迁以激情的文字渲染“快战”之淋漓，不仅仅是表现项羽的勇猛无敌和神勇自负，更包含他对末路英雄深深的惋惜之情。他不忍心让如此激情而骁勇无敌的生命毁灭。这段描写既有项羽“欲渡”的原因，也是下文项羽“拒渡”“自刎”悲剧结局的铺垫。

“乌江自刎”是项羽为自己选择的最悲壮、最感人的结局。项羽来到乌江边，乌江亭长的出现使项羽的“欲渡”成为可能。或许是“天之亡我，我渡何为”的认命而不服命的心理，或许是亭长极为真诚、极为宽容的一番话触动了项羽内心最柔软的地方，他最终拒绝渡江。“纵江东父兄怜而王我，我何面目见之？纵彼不言，籍独不愧于心乎？”从“籍独不愧于心乎”可以看出，项羽是知耻重义的。“知耻”使他不肯过江，对项羽而言，包羞忍辱地苟活意味着生命的萎缩；“重义”使他不忍心江东父老因为自己的缘故，再遭“天下汹汹”之苦。为了无愧于英雄名节，无愧七尺男儿之身，无愧江东父老，项羽选择以死相报。“他要用他的死来殉自己的事业，来殉自己的部下，来殉一切曾经支持过自己、拥护过自己的千千万万民众，也包括两千年来读这段历史的千百万读者。”（韩兆琦语）也只有这样才能无愧于生命的尊严。项羽自刎乌江的那种“死不惧而辱不受”的英雄豪气，那种“可杀不可辱”的傲然风骨，那种为生命尊严而视死如归的悲壮一幕已经成为永恒的风景，成为千古绝唱。

赏析三个场景之后，我们就不难理解最初的问题了。司马迁之所以“浓墨重彩”地渲染甚至“笔补造化”，都是为了让项羽的生命价值得到最大限度的肯定和展现。写项羽垓下悲歌中的铁血柔情、东城快战中的骁勇善战、乌江自刎前的知耻重义，无疑是在为他悲剧的结局蓄势。因为“悲剧就是把有价值的东西毁灭给人看”（鲁迅语）。惟其有不舍，有生命的留恋；惟其有神勇，有生命的激情；惟其有生路，有渡江的可能……对死亡的选择，才更能彰显项羽之死的悲剧感和震撼力，也才更令人悲慨至极。项羽为何“欲渡”而又“拒渡”？正如韩兆琦先生认为的那样，这段乌江亭长“劝渡”的情节也许历史上并不存在，它只是司马迁为项羽最后涂饰的壮丽的一笔。如果没有欲渡，没有拒渡，项羽只是最后从容战死而已；而拒渡则表现了项羽的一种人生态度：宁可无愧而死，不肯惭愧而生。选择拒渡，选择自刎，是项羽生命激情的最后一次爆发，这种爆发绽放出了最高贵的花朵——生命的尊严，而这种绽放则是极具人格魅力和审美价值的。

中国的历史观向来习惯以成败论英雄，为什么项羽是个例外？项羽性格缺陷中的残暴、刚愎自用，让他走到了悲剧的结局，但千载以下的人们往往宽容项羽残暴的一面，或赞佩敬仰，或讴歌叹惋，称他为本色英雄。司马迁更是满怀敬意和同情地饱蘸着浓烈的个人情感，把没有登上帝位的项羽列入“本纪”的行列，即使在最后的评价中有“难矣”“过矣”，甚至“岂不谬哉”等责备之词，也难以掩饰因敬之怜之而产生的深深惋惜之情，或许这正是项羽选择生命尊严的人格魅力所在。的确，项羽身上比道德、政治更高的是生命的自由、激情和尊严。项羽之死使中国历史文化的天空多了一种豪情和诗意，多了一份悲怆和壮美，多了一抹绚丽的红色。这份美丽和豪情千百年来被人们悲惋叹息，讴歌赞美。两千多年过去了，项羽生命尊严中折射出的人格光芒穿透历史的云层，成为一面精神旗帜，成为一种精神象征，照耀着中华民族的精神天空。

也许，这就是项羽之死的悲剧意蕴和文化价值之所在。

（获2012年全国第三届“中语杯”课堂教学观摩课一等奖）

《春夜宴从弟桃花园序》教学设计

一、教学设计背景

教材特点：《春夜宴从弟桃花园序》选自人教版选修教材《中国古代诗歌散文欣赏》古代散文单元。全文洋溢着诗情画意，表现了李白纵笔挥洒的才气和乐观开朗的人生态度。文章短小，但文学文化意蕴丰厚。

课标要求：学习鉴赏中外文学作品，具有积极的鉴赏态度，注重审美体验，陶冶性情，涵养心灵。走进中国古代名家、名作，感受形象，品味语言，领悟作品丰富的内涵，体会其艺术表现力，提高思想情操、鉴赏能力和语言素养。

学情分析：从学生的情况来看，授课班级是高二年级具有中等学习水平的普通班，在必修阶段已初步具备了一定的古文阅读能力，可以在教师指导下自主阅读较为浅显的文言文，但是对文学作品的鉴赏、对阅读体会的表达能力还有待提高，需要在思维训练中引导，在读写训练中落实，在合作交流中提升。在过程与方法上更关注中等生群体，让学生主体性体现得更充分一些。

基于三个层面的考虑，确定了本课的教学目标和重点难点：落实字词，赏析语言，正确理解文中所蕴涵的情感，体味李白豁达的胸襟和乐观开朗的人生态度。

二、教学目标及重点、难点

【教学目标】

1. 积累字词，品味语言，把握文章内容及作者情感。
2. 通过鉴赏文本、掌握文言字词，提高文学鉴赏审美能力。
3. 体会李白独特的个性特质和洒脱情怀，体会他乐观开朗的人生态度。

【教学重点、难点】

落实字词，赏析语言，正确理解文中所蕴涵的作者情感。

【教学方法】

诵读鉴赏、小组合作。

三、教学思路说明

1. 以课标对文学作品阅读的要求和奥苏伯尔的认知结构同化论、维果斯基的

"最近发展区"理论为指导，根据课文内容和中等生的实际水平，采用诵读鉴赏、小组合作为主的学习方式，体现选修课合作、探究的特点。

2. 通过三个活动设计，提高学生的课堂参与度，引导学生分别从文言、文学等不同层面由浅入深地自主赏析，进而提升到文化的认识高度，在学习活动中积累文言知识，训练思维，提升审美鉴赏能力。同时完善学生在必修、选修阶段诗歌学习中对李白其诗其人所形成的认知体系。

【教学资源】ppt 多媒体。

【教学课时】1 课时。

四、教学流程

（一）导入

（播放一段优美的古筝曲……创设情境）

优美的古筝乐曲会给人以不同的联想、想象，我们设想一个情境，在一个桃李花开的季节，一个清风明月的春夜，几个才情横溢的文人雅士，游赏于花香四散、春光烂漫的桃花园中，想象一下，在这样一个春风沉醉的晚上，他们会做些什么？

饮酒、赋诗、观花赏月、畅叙幽情……这就是古代的文宴会。

文宴会是古代文人相聚交流和创作作品的一种重要形式。很多优秀的作品都出自文宴会。比如王羲之《兰亭集序》、王勃《滕王阁序》都属于一种宴集序。今天我们展开想象，跨越时空，随一千多年前的李白一同去桃花园宴饮，领略、感受一下《春夜宴从弟桃花园序》的盛况。

这里除交代时间、地点、人物之外，也交代了文体——宴集序。

（设计意图：导入意在以音乐、画面及语言描述创设情境，拉近学生与作品在时空上的距离。）

（二）朗读课文，整体感知

同学读课文，初步感受一下文章的基本格调。

读准字音，读出文章的基本格调。——这个宴饮过程是欢乐的。诗人是如何传递和表现这种宴饮之乐的呢？我们需要首先疏通字面意思，细品文章。

（设计意图：意在通过朗读课文，整体感知。把握住文章的基调，有利于进一步理解作者的深层情感。）

（三）疏通文意（文言层面）

【学生活动一】

问题：你读出了哪些疑难和费解的问题？

1. 读课文，标出你阅读中的疑难之处。

2. 活动：与同桌互译。

3. 集体解疑，师生互动。

注意：三个典故（秉烛夜游、惠连、康乐）；通假字：序—叙；古今异义：几何　大块　文章。

4. 齐读课文。

（设计意图：两人对译的活动设计意在让更多的学生动起来，增加学生参与度；而通过质疑环节给中等生以发言的机会，从而落实文言文的字词知识。）

（四）品读赏析（文学层面）

【学生活动二】

1. 你能从文中读出春夜宴聚的几重快乐？请选取一个角度或是表现美景或乐情的句子，简要赏析。

（设计意图：此活动意在激活和调动学生的思维，在把握内容、品味语言艺术特色的同时，培养学生的文学鉴赏能力。）

明确：其中包括多重的快乐，可能涉及的句子：

①观景之乐——阳春召我以烟景，大块假我以文章。（春色之温暖之绚烂之多情，我对自然之热爱——“我见青山多妩媚，料青山见我应如是”。）

②宴饮之乐——飞羽觞而醉月。（坐在月下，一面饮酒一面欣赏盛开的桃花，何其清雅！羽觞本是死物而竟然能飞，何等神奇！可见酒杯传递之频，饮者欢情之畅，体现出与会者的豪情逸性，飞杯传盏之乐，饮酒兴致之高。“李白斗酒诗百篇，长安市上酒家眠，天子呼来不上船，自称臣是酒中仙。”饮酒的畅快淋漓——罚依金谷酒数。）

③吟诗之乐——不有佳咏，何伸雅怀。（非醉生梦死之寻欢，而是寻求生活的诗意。俊秀之才，自然会是谈吐不俗。不仅是生活的诗人，也是文学的诗人。“未数语，写一觞一咏之乐，与世俗浪游者迥别。”可见李白追求的夜宴之乐，乐在美景可喜，乐在雅怀得申，是精神上的愉悦享受，这样的及时行乐，行得意境高雅，乐得格调明朗。）

④天伦之乐——珍惜亲情，美好的期许与自信。

2. 小结：诗人以诗笔行文，洋溢着诗情画意，洋溢着蓬勃旺盛的气息。李白的文章是天才的文章，饱满的热情、昂扬的兴致都让人受到乐观情绪的感染。仅119个字就把他的才情胸怀展现得淋漓尽致。

3. 同学朗诵。

（五）探究提升（文化层面）

【学生活动三】

1. 问题讨论：李白的《春夜宴从弟桃花园序》与以往的宴集序在格调上有何不同？你从文中读出了一个怎样的李白？

资料：

陶渊明《游斜川诗序》：悲日月之既往，悼吾年之不留。

石　崇《金谷诗序》：感性命之不永，惧凋落之无期。

王羲之《兰亭集序》："仰观天地之大，俯察品类之盛，所以游目骋怀，足以极视听之娱，信可乐也"，结尾"临文嗟悼，不能喻之于怀"，发"悲夫"之叹。

王勃《滕王阁序》：呜呼！胜地不常；兰亭已矣，梓泽丘墟。

（设计意图：通过宴集序的对比看李白的精神特质，激活学生深度的思维和个性化的表达。因为李白的影响已超出文学而上升到文化，是对我们今天产生影响的宝贵精神。读其人其文的目的是感悟、是体会、是传承。此教学环节在于挖掘文章的文化内涵，实现文本价值的最大化。）

2. 明确：前两篇格调伤感，后两篇兴尽悲来。一叹"死生亦大"，一叹"盛筵难再"，都充满着浓浓的悲伤。而李白写游宴，完全摆脱了"喜而复悲""兴尽悲来"的陈套，格调明朗。全文充满着春天的生机，洋溢着健康的欢乐。文章开头"浮生若梦，为欢几何"的人生感慨，只不过是引出下文的一种说辞，并未因此而生出消极情绪。

3. 小结：鲍鹏山《兴高采烈——读李白》有这样一段话：

李白，就其生命过程及其每一个生存状态来说，是生动活泼、生龙活虎、浓墨重彩、寻欢作乐的。……用他自己的话说是"人生得意须尽欢，莫使金樽空对月"，其实呢，他是在"得意"时尽欢，在不"得意"时创造"得意"也要尽欢。李白的人生是兴高采烈的，他的诗文，亦是兴高采烈的——他永远有"高"的兴致，所以他也就有了那么"烈"的文采。

的确，我们不仅读出了李白的绣口锦心，读出了一份诗意和才情，更重要的是从中读出了一种积极乐观，一种珍惜热爱，一份率真洒脱。作为盛唐的骄子，李白的成就和影响已经超越了诗文本身，超越了文学领域，而成为我们最可宝贵的一种精神文化。他的乐观开朗，洒脱豪放，对自然、对亲情、对生活乃至对生命的珍爱都给我们以人生的启示。即使浮生若梦，我们每个人也都可以把这个人生、这个梦做得诗意，做得美丽，做得有意味。

（六）布置作业

1. 背诵全文。

2. 以"我随李白宴桃园"为题，写一篇600—800字的散文。

要求：依据课文内容，展开合理想象，表现出李白特有的个性和情怀。

（设计意图：以读写结合的训练方式，进一步理解文章内容和诗人情感，从而指向"固化知识体系"的课堂教学目标。）

五、教学反思

（一）优点：能够凸显学生主体地位，发挥教师主导作用

1. 整个教学设计是在对教材、课标、学情等综合分析之后确定的。教学目标的设置准确、合理，教法注重活动，体现了对中等生的关注。

在教学设计中以学生的学为主线展开教学活动。教师不是考虑要展示自己的水平和风采，而是从学生的现有水平出发，旨在通过学习，让学生在各个层面都可以获得提高。在教法上，设置了两个活动，其一是与同桌互译全文然后集体解疑；其二是请选取一个角度或是表现美景或乐情的句子，简要赏析。两个活动使所有的同学都参与到文章的学习中，学生的自主学习热情被最大限度地调动起来了。

2. 教学思路符合学生的认知规律。从文言、文章、文学、文化等层面逐层渐进。合理的问题设计为中等生自主学习提供了清晰的支架。

在整个教学过程中，首先创设情境，提出了一个问题：想象一下，在这样一个春风沉醉的晚上，他们会做些什么？在文言层面的教学上，抛出的问题是：你读出了哪些疑难和费解的问题？在文学层面，提供的支架是：你能从文中读出春夜宴聚的几重快乐？在文化层面，提供的支架是：李白的《春夜宴从弟桃花园序》与以往的宴集序在格调上有何不同？你从文中读出了一个怎样的李白？这些问题从学生现有的阅读水平出发，为学生向课文的深度理解搭设了层层递进的支架，为学生很好地开展自主学习提供了有效帮助。

3. 教师点拨与小组合作相结合的教学方法比较合理，较好地达成了学习目标，学生在课堂上有深度参与。

学生在课堂上的深度参与体现在认识层面和情感参与上。在这节课中，学生表现出了对文本对作者的喜爱，能够真正走进课堂中。教师的讲授与提问激起了学生原有的积累，激发了他们的独特思考和个性化表达。这首先体现在质疑环节，有 4 位同学提出了疑问，分别为词语的解释、句子的用意、典故的使用，这些质疑都不停留在同一个层面，体现了学生独特的思考和个性化的表达。其次在“乐事有几层”的交流上，学生从内在、外在的新维度上，结合自己的生活给出了不同的解读，具有鲜明的个性化特色。

（二）困惑与收获

1. 关于学生活动设计。以学生活动为主的教学设计在某种程度上会削弱语文教师情绪感染的气脉，很容易成为纯理性的环节呈现。实事求是地讲，自己感觉在某种程度上削减了语文课的味道。但学生的活动面实现了最大化，尤其是中等生。一节课下来不要超过两个活动环节，这样活动才可展开，表达交流才能更充

分。关注学生参与度是提高中等生学习效率的有效策略。

2. 关于课堂预设和生成。史韶典先生讲：没有预设的教学是不负责任的教学，没有生成的教学是没有生命的。我本人非常赞成这一观点。在以往的公开课中，自己的得意之处往往就是师生互动中的教学生成，因为优等生更具备在紧张状态下被激活的潜质。可惜的是，在本节课中的教学生成环节很少，或许是与中等生的学习特点、心理特质有关，所以，在教学设计的针对性上还有待进一步加强。

（2010 年 5 月教育部“中等生课堂效率提高策略的研究”课题现场课）

《桃花扇·哀江南》教学设计

一、教学指导思想

新课标对诗歌散文教学的要求：培养鉴赏诗歌和散文作品的浓厚兴趣，丰富自己的情感世界，养成健康高尚的审美情趣，提高文学修养。阅读古今中外优秀的诗歌、散文作品，理解作品的思想内涵，探索作品的丰富意蕴，领悟作品的艺术魅力。用历史的眼光和现代的观念审视古代诗文的思想内容，并给予恰当的评价。

二、教学背景分析

1. 教材分析：《哀江南》是著名的传奇剧作《桃花扇》结尾的一套北曲。《桃花扇》是清代戏曲的压卷之作，借李香君和侯方域悲欢离合的爱情故事来抒发兴亡之感。其作者孔尚任和同时代的洪昇，被并称为“南洪北孔”。本文是本剧的最后一出，由戏曲中的人物——苏昆生所唱的七首曲词组成，旨在描写南明灭亡后南京各处的凄凉景象，展现了南京面目全非的变化。文本深刻的思想、高超的艺术达到了完美的统一。

2. 学情分析：《哀江南》安排在高中语文第四册，而第三册里刚学过古典诗词，高二学生完全有能力用诗词鉴赏的方法鉴赏、品评文中的曲词。

三、教学设想

本节课的教学设想立足于两个基本点。一是开放日活动主题——在新课程下的课堂教学中如何关注学生，提高课堂教学的有效性；二是如何利用单元教材自身的特点，挖掘其培养学生思维品质、提高诗歌鉴赏能力的功能。由此确定两个教学目标，教学中设计四个环节，逐层递进。

【教学目标】

1. 领会作品的思想感情，把握主题。

2. 体味情景交融的艺术手法，学习准确、形象、生动的语言。

【教学方法】

诵读——感悟——鉴赏

[课前预习]

1. 概述《桃花扇》的剧情。(略)

2. 了解作者。孔尚任（1648—1718），字聘之，又字季重，号东塘，又号岸堂，尝自称云亭山人。曲阜（今属山东）人，孔子六十四代孙，清代著名戏曲家。少年时就开始收集资料，准备写南明兴亡的戏剧。中年后，曾得到康熙帝的褒奖，被任命为国子监博士，官至户部员外郎，结识了很多著名的明末遗民，感受了浓重的爱国思想。在康熙三十八年（1699），经营十载的《桃花扇》终于“三易稿而书成”，并轰动京城。《桃花扇》的成功，使孔尚任誉满文坛，时人将他与《长生殿》的作者洪昇并论，称作“南洪北孔”。

剧本“借离合之情，写兴亡之感”，以侯、李爱情故事为线索，利用真人真事和大量文献资料，形象而深刻地揭示了明末腐朽、动乱的社会现实，谴责了南明王朝昏王当朝，权奸掌柄，争权夺利，置国家危亡于不顾的腐朽政治。此剧以激动人心的爱国主义情感，富有诗意的文学语言，严谨别致的戏剧结构，与洪昇的《长生殿》并称为清代戏曲的“双璧”。

四、教学步骤

(一) 导入

中国古典戏剧在爱情题材上基本都是大团圆的结局。崔莺莺、张生有情人终成眷属，杜丽娘、柳梦梅生生死死终结百年之好。桃花扇的结局是怎样的呢？当南明王朝灭亡时，侯方域、李香君在栖霞山相遇团圆，请看高人对他们的点拨：

“两个痴虫，你看国在哪里，家在哪里，君在哪里，父在哪里，偏是这点花月情根，割他不断吗？”(《桃花扇·入道》)

孔尚任让这一对历尽艰辛的男女双双入道，可见不是把它当成单纯的爱情戏，而是另有寄托。如何“借离合之情，写兴亡之感”？今天我们通过学习《桃花扇·哀江南》，会更好地理解作者的写作意图。

(二) 诵读感悟

1. 分角色朗读宾白。

了解主要内容，了解人物身份、心情。朗读要注意把握人物情感。

苏昆生：旧院的教曲师傅，李香君、侯方域爱情的见证人，也是南明王朝兴衰的见证人，现在已沦落为打柴人。故地重游，物非人非，自然最能刺激苏的悲悯神经。情感非常哀痛，深沉。

柳敬亭：红极大江南北的说书艺人。如今已沦落为樵夫。性情爽直外向。

礼赞：主持各种仪式的司仪。举止持重，谈吐儒雅。

2. 齐读和轮读曲词，理出文脉。

（男生读1、3、5支曲子，女生读2、4、6支曲子。齐读第7支曲子。）

思考：

（1）课文前六支曲子，苏昆生分别凭吊了南京哪些地方的景象？给你怎样的感受？

明确：

城郊：村郭萧条，城对这夕阳道。

孝陵：鸽翎蝠粪满堂抛，枯枝败叶当阶罩。

故宫：横白玉八根柱倒，堕红泥半堵墙高。

秦淮：罢灯船端阳不闹，收酒旗重九无聊。

长桥：旧红板没一条，秋水长天人过少。

旧院：无非是枯井颓巢，不过些砖苔砌草。

（2）第七曲与前六曲在抒情方式上有什么不同？哪个句子最“哀”？

前六支曲子是寓情于景，第七支则是直抒胸臆，唱出强烈的亡国哀痛，并点明主旨：“放悲声唱到老”。

江南佳丽地，金陵帝王州。当年的江南是钟鸣鼎食之家，富贵繁华之地。而现在在苏昆生的眼里却是满目的萧条、凄凉，满眼的荒芜、破败。在景物描写中蕴涵作者怀念故国的无限哀思。寓情于景，不言情而情自在景中。

（三）品赏曲词

思考：请选自己最欣赏的一支曲子，说说作者是怎样表达这种深切的“哀”情的？

学生可能涉及的鉴赏点如下。

示例一：［北新水令］吊城郊

1.“山松野草带花桃，猛抬头秣陵重到。”此句的重点是“猛抬头”，这三个字不仅可以使人想见苏昆生心怀亡国之痛、低头沉思的情形，而且陡然一转，表现了感情的急剧变化，让人仿佛看到他突然发现“秣陵重到”的情态。“重到”的“重”字提起全篇，表明了南明灭亡之前和灭亡之后，往昔与今日的时间界限，引出苏昆生目睹南明灭亡之后南京城的凄凉景象，定下了全篇今非昔比、怀旧伤今的写景抒情基调。

2.“残军留废垒，瘦马卧空壕。”这是苏昆生第一眼看到的景象，寥寥数字就真切地呈现了南京城郊战后伤痕累累的凄凉景象。四个修饰词“残、废、瘦、空”非常形象，以“残”修饰“军”，使人想见败军溃逃的情形，这是虚写，是因“废垒”这一眼前实景而引起的联想；“残军”与“瘦马”也是虚实相对，前者为眼前之未见，后者为眼前之所见。昔日用于战争的“垒”“壕”如今已“废”

"空"。又衬之以卧躺在空空荡荡的城壕中的瘦弱战马，更显凄凉。这些描写生动具体。

示例二：［驻马听］吊孝陵

这支曲子是写战后孝陵的。古代社会地位最尊贵的是皇帝，皇帝最尊重的人是他的父亲先人，作为开国之君的朱元璋陵墓，明朝皇帝的祖坟，应该是幽静、庄严、肃穆的，可眼前却成了布满鸽翎蝠粪、枯枝败叶、墙倒碑颓的刍牧之场，山羊在这里自由自在地吃草。一个"群"字说明了不是一只偶尔来此，而是经常有许多羊来，"鸽翎蝠粪满堂抛，枯枝败叶当阶罩"中的"抛"，说明鸟儿根本没有忌讳，胆子很大。还有"罩"字，说明枯枝败叶积聚得很厚，可见这里荒无人烟。

孝陵和皇城又是朱明王朝的象征。一个王朝的皇陵和皇城的存亡，标志着王朝的存亡。王朝的彻底倾覆，荒凉衰败，悲切无奈。

示例三：［沉醉东风］吊故宫

而今的皇城破败、荒凉，如何体现这一特点呢？

1. 词语的准确使用产生一种今昔对比的效果。"倒""堕""碎""烂"几个修饰词突现这一特点。"横白玉八根柱倒"一句中，一个"横"字、一个"倒"字写出了景象的凄凉。"横倒"是无顺序地乱倒，可见是遭受战争创伤的见证。由"白玉柱、红泥、翡翠、琉璃"又自然由眼前景联想到当年建筑的皇家气派、当年宫殿的金碧辉煌。由眼前一片废墟想到当年皇城的气势恢弘，自然是悲从中来，亡国之恨顿生。

2. "舞丹墀燕雀常朝"一个"舞"字写出燕雀在丹墀上跳来跳去、自由自在的情形，一个"朝"字，让人想起当年皇城的神圣威严，又把这种情形与臣子拜见天子的庄严礼仪联系起来，以前皇帝和大臣议论军国大事的地方，现在却"舞丹墀燕雀朝"。给人以今昔对比的联想，表现了昔日的神圣宫廷今日却极端衰败的景象。（"舞丹墀燕雀常朝"改成"常跳""常到"，效果如何？——拟人）

3. "直入宫门一路蒿，住几个乞儿饿莩。"樵夫打扮的苏昆生一路行来，直入宫门，再也不会有禁军前来喝问，一个"直"字写出了苏昆生当时的行状，更写出了国家的兴替。如此"直入宫门"，更使人想到当年的皇宫警戒森严，再用"一路蒿"衬之，令人想起"过春风十里，尽荠麦青青"。更加展现出今日的空阔、荒凉、破败、凄清已非一日。当年的六宫粉黛，莺莺燕燕，如今躺卧香榻、龙床的却是几个乞丐，是讽刺，是痛恨？免不了有对权奸误国的责恨，但更多的是"草木无主，家亡国破"的感慨。

示例四：［折桂令］吊秦淮

1. "当年粉黛，何处笙箫"，秦淮河曾经盛极一时，勾栏瓦肆，富商云集。可是现在到哪里找他们啊？（二十四桥仍在，波心荡，冷月无声）（雕栏玉砌应犹在，只是朱颜改）连个完整的雕栏都没有，连个商女都不见。“物非人也非”啊！

2. 还有“罢灯船端阳不闹，收酒旗重九无聊”，由此我们可以想象以前的秦淮河，一定是热闹非凡的。“灯船端阳闹，酒旗重九飘”。

3. “嫩黄花有些蝶飞，新红叶无个人瞧。”黄花遍地，红叶凝枝，正应是游人摩肩接踵，到处莺歌燕舞，笙笛齐奏之时，而眼前却只有几只冷蝶翻飞，冷清清、凄惨惨，越是写花之嫩，叶之新，越是显出“无个人瞧”的凄冷。尤其是“有些”一词，用得极妙，有没有？“有”，有多少？“些”，无心去数，无心去瞧，寥寥黄蝶，索然翻飞，虽有生气，却更显冷凄，几笔淡淡的勾勒，却道出了无限的吊古伤今之情。（念桥边红药，年年知为谁生？）

示例五：［沽美酒］吊长桥

“剩一树柳弯腰”，一个“剩”字，意味深长，表明柳树不仅只有一株，是孤独之柳，而且是昔日众多柳树中的残存之柳、仅存之柳，使人想见当年丝丝绿柳夹岸垂翠的美景，饱含今非昔比，感时伤怀的无限凄凉。（韦庄：江雨霏霏江草齐，六朝如梦鸟空啼，无情最是台城柳，依旧烟笼十里堤。）

示例六：［离亭宴带歇拍煞］总吊南京

1. “眼看他起朱楼，眼看他宴宾客，眼看他楼塌了！”苏昆生好像是一个冷眼旁观的人。他以这样一个局外人的语气来表达，说明他对南明王朝的极端恨和失望。统治者忙着醉生梦死，忙着大兴土木，忙着穷奢极欲，挥霍享乐，也正是这些忙碌，决定了他们必然灭亡，讽刺了南明这个短命王朝的必然命运。三个排比句给人一种很急促的感觉，好像历史盛衰在一瞬间发生。

2. “那乌衣巷不姓王，莫愁湖鬼夜哭，凤凰台栖枭鸟”，三个排比句道尽人间沧桑，让人想起了刘禹锡的古诗“旧时王谢堂前燕，飞入寻常百姓家”。乌衣巷、莫愁湖、凤凰台，当年皆为繁盛之地，“金陵玉殿莺啼晓，秦淮水榭花开早”，如今却是瓦砾遍地、鬼哭枭鸣。今昔景象的变化之大，作者所流露的已不仅仅是亡国之恨，更具有历史巨变的沧桑感和切肤之痛。

3. “残山梦最真，旧境丢难掉”，这一个“梦”字，直抒胸臆，写出了亡国破家者的唯一选择，“故国梦重归，觉来双泪垂”，这“残山梦”中最难解的便是故国情怀，这已不仅仅是对故国的凭吊，更有对权奸误国的不堪回首和一腔怨愤，还包含着对殉难诸臣凭吊的一往情深。

（四）探究主题

问题：苏昆生的一曲悲歌仅仅是对明王朝覆亡的哀叹吗？结合最后一段，请谈谈自己的理解和思考。

讨论明确：历史，总是留给人深沉的、哲理的反思。历史巨变的沧桑之感和切肤之痛，非身历其境者通常很难有切身体味；只有那些山崩地裂之巨变、繁华消歇之倏忽、人生变幻之无常的亲历者和目击者，才有刻骨铭心的体验。苏昆生的悲歌起于对侯、李爱情悲剧和个人遇合的感伤，结于对三百年大明覆亡的慨叹。这其中有历史兴替的失落，更有“江山不管兴亡恨”的无奈。苏昆生一曲曲悲怆的呼喊中，不仅有国破家亡的哀叹；也有对南明的覆亡、权奸误国的哀痛，在某种程度上也揭示了历代封建王朝最终走向灭亡的某种规律。如果说《桃花扇》借离合之情，写兴亡之感。那么这一套《哀江南》则是通过状眼前凄凉之景，慨大明亡国之痛，抒千古兴亡之悲。

（五）拓展练习

作业：由套曲《哀江南》你想到了哪些主题相近的古诗词？请任选一首从内容或手法上进行比较，写一篇不少于500字的鉴赏文字。

五、教学反思

（一）自播篇

1. 问题设计简明精要，体现了清晰的教学思路，有效地激活和引领了学生的情感，对整堂教学起到了积极的推动作用。

2. 核心问题大小适当，有挑战性，使学生思维得到了有效的训练。学生始终饱满着热情，昂扬着兴致，表现出良好的思维品质和精神状态。

3. 能较好地驾驭整个课堂的节奏，巧妙地处理课堂预设和课堂生成的关系。在深钻教材的基础上，注重学生探究性的学习。

（二）吹毛篇

1. 教学情境创设中，悲剧气氛还不够浓，“哀”味还不够足，“哀郢”的曲子没有如愿播放。时间有限不是理由，关键在于有没有放开手脚。

2. 用于搭“脚手架”的引导略显琐碎，在某种程度上降低了学生的思维深度。

3. 学生的小组讨论没能深入，有思维火花，碰撞得还不够亮。

课堂教学往往是一遗憾的艺术。需要解放思想，更新观念，继续实践，不断完善。

（2008 年教学开放日公开课）

《桂枝香·金陵怀古》教学设计

一、选课意图

1. 按题材分类讲解，为高三的诗歌鉴赏在知识、能力上做切实的准备。

每次教高三，总是感觉到高二高三诗歌鉴赏的断层。学生往往是孤立地背下几篇作品，记下几个名句，即使老师们在教学过程中注意到篇目之间的对比，学生也没有形成对某一类诗或词的鉴赏技巧和能力，学生面对新篇目找不到解读的钥匙和基本方法。

2. 为老师们讲课提供点借鉴或者教训，给自己一个挑战。

选一首相对陌生、参考资料相对比较少、老师们在教学中容易从略处理、又属于高考背诵篇目的作品。

二、教学方案

【教学目的】

1. 感受、品味词的意境，体悟作者蕴涵其中的深沉感情。

2. 了解作者“吊古伤今”的写作手法，把握怀古诗词的一般特点。

【教学重点、难点】

体悟词中的深沉情感，归纳怀古诗的一般特点。

【教学课时】1 课时

【教学过程】

（一）复习导入

1. 检查背诵。《念奴娇·赤壁怀古》《永遇乐·京口北固亭怀古》。

2. 三首词都是怀古题材的作品。正如余秋雨先生在《兴亡象牙白》中所说：中国传统文学中最大的抒情主题，不是爱，不是死，而是怀古之情、兴亡之叹。悠长的历史给我们带来了无数的辉煌，同时也留下了无数的伤痛和沉思。古代的诗人在面对千古江山，面对今昔风物时，以独特的方式进行了思索和咏叹，留下了不朽的诗篇。今天我们来学王安石的《桂枝香·金陵怀古》。

（二）整体感知

1. 生读。正音释义。

2. 范读。意在指导朗读节奏，读出诗歌的音乐美。

3. 齐读。整体感知内容。

依着自己的理解，说说这首诗描写了什么景色，表达了诗人怎样的感慨。

（三）研习鉴赏

1. 品词探境

（1）上阕写了哪些景物？你认为哪些诗句写得精彩？

明确：澄江、翠峰、帆棹、酒旗、彩舟、白鹭

①“登临送目”，这句话点出作者写这首词的角度——居高临下，俯瞰六朝古都的景色，一切尽入眼帘。中国文人历来有悲愁的传统，所以这自然气氛中已带上词人的情绪。

②千里澄江似练，翠峰如簇：前者以静写动，后者以动写静。

③“征帆去棹残阳里，背西风，酒旗斜矗”，与之前描摹的自然景物不同，画出了黄昏下江面和江边平凡百姓的生活图景。人文景观的描写给全词增添了生活气息。

④晚秋、残阳、西风在秀丽明朗的图画中，隐隐有冷落萧瑟感。最容易激起一怀愁绪。为下阕的“但寒烟衰草凝绿”相呼相应。

（2）诗人眼中的金陵是怎样一幅画面？用自己的语言进行描述。如果让你拍MTV，你会如何取景、构图？寄寓了词人怎样的情感？

故国正值晚秋，天气清冷。登山临水，金陵古城的风物尽收眼底。奔流在山峦之间澄澈的千里长江，化作凝冻的素练；两岸葱茏的山峦，仿佛争相聚拢而来。残阳余晖里，远远的江面上船只往来如梭；西风乍起处，江岸酒楼上斜插的青旗，迎风飘展。夕阳落山，天高云淡，彩舟徐行，江水溶溶，波光粼粼，一行白鹭迎着绚丽的晚霞飞向远方，隐入空濛的天际。

（3）上阕小结：在壮美明丽的景色中，隐隐的冷落萧瑟映射出词人复杂的情感。眼底收景色之美，心头生感慨之意。赞风物秀美如诗，却是秋色无边之际；叹江山壮美如画，却又是六朝灭亡之都。不由得会念天地之悠悠，感历史之沧桑。（写景抒情意，怀古伤今心）

2. 明典知人

下阕“念往昔”一句，拉开了我们的思绪，由写景进入怀古。

（1）作者用了什么典故？揭示了怎样的道理？

明确：下阕慨叹六朝竞逐繁华，终于亡国。意在讽今。

“叹门外楼头”用的是隋灭陈的典故：当隋朝大将韩擒虎兵临城下时，全无心肝的陈后主还正在和宠妃张丽华歌舞作乐。“门外”指隋将韩擒虎，言大军压境；“楼头”指陈后主的宠妃张丽华，说荒淫无耻。杜牧《台城曲》曾

咏此事："门外韩擒虎，楼头张丽华。"王安石巧妙地只借用"门外楼头"四个字，用艺术夸张的手法勾画出一幅历史画面，极其精练、极其形象地表现了六朝的覆灭。

"悲恨相续"对六朝的历史作了总结。"繁华竞逐"是因，"悲恨相续"是果。揭示了六朝兴亡的因果关系——以骄奢始，以悲恨终。

（2）如何理解"千古凭高对此，漫嗟荣辱"？

任何时代的人登临高处，凭吊这六朝古都，感叹朝代的兴亡，都是枉然。金陵怀古古已有之，从李白的《登金陵凤凰台》到刘禹锡的《石头城》《乌衣巷》《金陵怀古》；从韦庄的"台城柳"到欧阳炯的"水无情"。往往是关心政治的文人墨客凭高而吊，空发嗟叹。金陵古城见证了六朝古都的兴亡，更见证了六朝君王的可悲之处，即哀之却不能鉴之，以致重蹈前朝旧辙。王安石的怀古并没有止于嗟叹。在总结了历史的教训之后，他的思考进一步深入：人们都知道要励精图治，不逐浮华，然而"悲恨相续"，亡国之事从未断绝。

（3）请联系王安石的际遇谈谈对"至今商女，时时犹唱，《后庭》遗曲"的理解。

这里化用了杜牧的诗句。当年杜牧面对宦官专权，战无宁日，国事垂危，朝不保夕的晚唐写出了这样的诗句。这首词是王安石晚年的作品，也就是王安石被二次罢相之后，退居金陵时所写。词人借此表达伤今之意，大有举世皆醉我独醒之感。"至今""时时"意在说明北宋一些人并未吸取南朝灭亡的教训，仍安于现状，仍在粉饰太平，寻欢作乐，表达了词人对时局深深的忧虑。王安石主张变法革新，却备受旧党阻挡，然而政治上的失意并没有改变王安石的忧国忧民之心。显示了王安石作为政治家、思想家、学者和诗人开阔的眼界和襟怀。"居庙堂之高则忧其民，处江湖之远则忧其君"。

3. 评价小结

上阕写登临所见，以雄迈的笔调，描绘了金陵壮丽的景色。写景的技巧：景物有实有虚，色彩有浓有淡，远近交错，动静结合。其旷远、清新的境界，雄健、壮阔的风格，是那些"小园香径""残月落花"之作所无可比拟的。

《桂枝香·金陵怀古》"一洗五代旧习"，《古今词话》记载："金陵怀古，诸公寄调《桂枝香》者三十余家，惟王介甫为绝唱。东坡见之叹曰：'此乃野狐精也。'"（在我国古代，狐曾被视为神兽，苏轼以"野狐精"称王安石，是赞叹他精灵、机敏和聪颖，亦称赞其笔法老练纯熟。）

诵读全词。

（四）综合归类

1. 思考讨论

到目前为止，我们学了《桂枝香·金陵怀古》《念奴娇·赤壁怀古》《永遇乐·京口北固亭怀古》三首怀古词。前人于瞻仰凭吊古迹、咏评历史人物中，或登高怀远，或临景嗟叹。感慨岁月沧桑，喟叹人生悲风。抒难酬之壮志，浇心中之块垒。请对三首怀古词进行综合分析，简要归纳怀古题材词的一般特点。

提示：可以从创作目的、内容、章法结构、表现手法、风格特点等方面考虑。

可能出现的答案：

（1）内容：怀古实为伤今，多将当时的国事身世写入，言志抒怀。

（国运衰微、统治者荒淫奢侈、名地昔盛今衰、个人壮志难酬、孤寂失意、忧国伤时、物是人非）

（2）结构：上阕多为写景起兴，下阕多为抒情议论。

线索上：临古地——思古人——忆其事——抒己志

（3）手法：多用典故，多用对比，借古讽今，吊古伤今，寓情于景，由景入情。

2. 赏读指导

怀古诗是由凭吊古迹而产生联想、想象，引起感慨而抒发情怀抱负的诗。思想大都比较沉重，感情基调一般都比较苍劲悲凉。

（1）找对连接点。读懂怀古诗首先要弄清作品所涉及的历史事实、有关人物等典故，更重要的是要关注这些典故中的人、事与作者际遇的连接点。正是有了这个连接点、相似点，作者与古人、今事与古事才有机地对接起来，进而生发出作者的很多感慨。

（2）借助三条线。怀古诗中透露的作者的情感线索无外乎三条，那就是怀人伤己，怀古伤今，理性反思。

①怀人伤己。作者追念古人一般是古人的身世与际遇和作者有某种相似性，触发点在古人，落脚点在自己。（对比失落型《念奴娇·赤壁怀古》《永遇乐·京口北固亭怀古》，同病相怜型《贾生》）作品多是对于自我人生价值的观照。

②怀古伤今。古代诗人的主流是寒士，济天下拯黎民的念头使他们更多关注在国家政治、社会生活上。诗人们常借写古迹、古事来表达对现实的关切、热情、不满、警戒。怀古尽管触点在古，但实际上表现了对现实的强烈关注。现实不合理想模式的时候就是怀古最有理由的时候，（古胜今衰《越中览古》、物是人非《石头城》《桂枝香·金陵怀古》）作品多是对国家命运、前途的担忧，对社会的观照。

③理性反思。前两类诗歌，作者都身置其中，抒发一己之感慨；此一种，作者跳出来，站在历史的高度，独抒机杼，表达自己对历史事实的独特观点，启迪

世人。

总之，在怀古诗中，咏史怀古是动因，言志抒怀才是最终的旨归。在鉴赏时，要紧扣住诗中“古”“史”的典故，分三个鉴赏步骤：所描写的古人、往事是怎样的？（弄清史实）为什么要写这个古人这段往事？诗人在诗中表现出什么态度？（体悟感情）这种态度运用什么方法表达？（分析技巧）

（五）拓展鉴赏

江城子　　欧阳炯（2004 年全国卷）

晚日金陵岸草平，落霞明，水无情。六代繁华，暗逐逝波声。

空有姑苏台上月，如西子镜照江城。

［注］姑苏台：吴王夫差与宠妃西施长夜作乐之地，原址在苏州市西南姑苏山上。

这首词明写眼前实景，暗寓历史沧桑。词中“水无情”“空有姑苏台上月”两句含有深意。试结合全诗加以赏析。

（六）作业

1. 背诵全词。

2. 以“金陵与怀古诗”为探究专题，写一篇1000 字的小论文。

“江南佳丽地，金陵帝王州。”六朝的悲恨相续的史实中包含极深的历史教训。多愁善感的文人骚客来到金陵胜地，往往兴起满怀愁绪。在国运衰微之际，金陵怀古更成为关心政治的诗人常取的题材。

三、教学反思

1. 以教材为例，教给学生基本的解读和鉴赏思路。

主要体现在前面的三个环节：反复诵读——整体感知——品词探境（展开想象，飞扬思绪）——明典知人（了解典故、了解背景、了解作者的生平）——评价小结（在思想情感、艺术表现上的特色）。

2. 利用教材资源，聚零为整，以一篇带一类。

主要体现在后面的三个教学环节：综合归类（找到怀古题材词作的一般规律——送学生一把解读此类题材诗歌的钥匙）——拓展鉴赏（在基本解读规律的指导下进行拓展训练，小试牛刀）——探究学习。（进而开阔其视野、提升兴趣进入专题的探讨研究。主动学习，在查找资料的过程中，或许哪个故事、哪个名句就会触动他的心灵，可能有人会就此流连于古典诗歌的百花园里。）

（2007 年10 月海淀区高二研究课）

《氓》教学设计

一、教学设计背景

《氓》是《诗经》中一首反映婚姻爱情主题的叙事诗。全诗叙述了一个女子从恋爱、结婚、受虐到被弃的过程，感情悲愤，态度决绝，深刻反映了当时社会男女不平等的婚姻制度对女子的压迫和损害。《高中语文课程标准》指出："学习优秀文学作品，品味语言，感受形象，提高审美能力。"这篇叙事诗，有强烈的感情色彩，《氓》中抒情主人公的感情表达及悲剧意义的分析无疑是本诗鉴赏的重要内容。

《氓》这首诗语言障碍并不大，学生对有情节的叙事诗，尤其是关于爱情主题的诗歌也有兴趣。但对主人公悲剧形象的社会意义的挖掘上需要老师的引领，对诗中赋比兴的手法的运用及效果需要进一步体会。教师需要带领学生去"倾听"那个两千多年前的声音，帮助学生努力感受和理解诗中所要表达的思想感情。

二、教学目标及重点、难点

【教学目标】

1. 梳理情节，体会主人公的感情变化，分析人物形象。
2. 了解叙事、抒情、议论相结合的表达方式，体会赋比兴的手法。
3. 挖掘主题，思考人物形象的悲剧意蕴及在当下的意义。

【重点、难点】

1. 赏析叙事诗中所蕴涵的复杂情感以及赋比兴的手法。
2. 分析主人公人物形象，探究抒情主人公悲剧命运的社会意义。

三、教学过程（共2课时，本设计为第2课时）

（一）导入

《诗经》是古老的辉煌灿烂的东方文明的见证，它开创的文学传统一直滋润着我们的民族文化，它所表现的思想和艺术魅力至今奔涌在我们民族的血脉中。初中已经学过《关雎》《蒹葭》等表达爱情主题的篇章，上节课我们又再次走进《诗经》，聆听发生在三千多年前的一个真实凄婉的爱情故事。本节课对这首诗进行深入的品读和探讨。

（二）梳理情节，问题质疑

1. 这是发生在三千年前的故事，诗中的女主人公在悲吟。她向人们讲述了一个怎样的故事？简要概述情节。你能给这首诗重新命个题吗？

“恋爱——婚变——决绝”。

《一个女子的悲吟》或《一个弃妇的悲歌》。

2. 学生问题归纳：

（1）全诗以女子角度叙写，为何叫《氓》？

（2）第三章用了什么表现手法？叙事中为何要插入这段议论抒情？（写法）

（3）诗中三次写到淇水，有什么作用？

（4）诗的结尾要表达的是对“氓”的绝望还是对“爱情”的失望？（情感）

（5）《氓》的创作意图是什么？（主题）

以上是从同学阅读中收集上来的具有普遍性的问题。有些需要重点研读，有些自己认真想想就可以知道。请同学们带着上面的问题进入文本的赏读。

（三）品味鉴赏，分析形象

1. 诗中女主人公的情感经历了怎样的变化？从情节的变化中你读出“我”是怎样一个女子？请结合具体诗句分析。

1—2 章——回忆恋爱的欢歌。女子表现出纯洁善良、温婉体贴的特点。涉及诗句分析：

（1）将子无怒，秋以为期。

女子被一脸憨厚的氓的直率所打动，说明她纯洁善良，为爱而爱。面对男子的怒气，她安慰他，不惜因此许下婚期，并出主意，可见她温婉体贴。同时冲破了当时“父母之命，媒妁之言”的束缚，表现了她对爱情的自主追求，大胆勇敢。而男子似乎并不像女子认为的那样憨厚，而是显得急躁，还容易发火。但这个女子正处在对未来幸福的无限憧憬中，而丧失了判断力。送别时甚至陪他涉过淇水，直到遥远的“顿丘”，依依不舍，情深无限。

（2）不见复关，泣涕涟涟。既见复关，载笑载言。

可以看出，“复关”是她情感的寄托。她爱得热烈而痴迷，如此真实。最后，这种想念而不能见的痛苦化作对男子的无限信任和对婚姻急切的盼望，也都顺理成章了。我们似乎可以看见，正处花季年华的两个主人公的形象：他如何腼腆地说，她如何婉婉地辞以秋期；他如何依依不舍地走，她如何望眼欲穿地盼。古老的歌谣唱着的仿佛就是今天的故事。

4—5 章——诉说婚姻的悲苦。女主人公勤劳、善良、孤苦、哀怨。涉及诗句分析：

（1）女也不爽，士贰其行。

女子没有过错，男子行为却前后不一致。感情不专一。

(2) 三岁为妇，靡室劳矣；夙兴夜寐，靡有朝矣；言既遂矣，至于暴矣，兄弟不知，咥其笑矣。静言思之，躬自悼矣。

创家立业的艰难，并没有使她失去生活的信心。“三岁为妇，靡室劳矣。夙兴夜寐，靡有朝矣”，多年来的辛勤劳作，她也毫无怨言。为了爱情，为了家庭，她承受了巨大的痛苦，牺牲了自己的青春。多年辛勤换来的却是丈夫日益狰狞的面孔，雪上加霜的是，兄弟不理解的嘲笑更使她内心孤苦无依。在叙述中六个“矣”字，具有强烈的抒情性。有叹息，有顿挫，有悔恨，写出了苦水独吞的“自悼”之情。读起来就像那被压抑的哭声，让人感觉凄苦、哀怨，但又无可奈何。

6 章——决绝的坚强（也可解作无奈的感伤）。涉及诗句分析：

信誓旦旦，不思其反。反是不思，亦已焉哉。

第一种理解：在你信誓旦旦的时候，哪里料到你会像今天这样反复无情。但既然如此，算了算了，我也什么都不说了。（我们从此恩断义绝）。——“反是不思”和“不思其反”句式上的对应，反映的是女子内心的决绝，“亦已焉哉”中三个虚词反映她心中千回百转之后的坚定，从人生的废墟上终于勇敢面对生活的真实。三千年前的那个女子，走得实在是漂亮！

第二种理解：“反是不思，亦已焉哉”，面对这样的爱情，面对这样的婚姻，手无缚鸡之力的她能说些什么呢，又能反抗些什么呢？从来不会有，也永远没有。等待着她的只有无尽的承受、承受，再承受。

2. 作为叙事诗，既具有叙事文学的共性，又兼备诗歌的特点。除通过情节和心理描写分析人物外，还要从诗歌的体裁出发，用解读诗歌的方法——意象、比兴、称谓、虚词等——多角度地去理解诗歌，分析人物。

预设鉴赏角度：

(1) 关于淇水。

这个意象三次出现。求婚时———“送子涉淇”，婚变时———“淇水汤汤”，决绝时———“淇则有岸”。结合自己对课文的理解，以“淇水”或“在淇水”开头说一段话。

送子涉淇，至于顿丘。淇水见证了他们热烈而甜蜜的爱。

淇水汤汤，渐车帷裳。——兴，存在多义性。一可以是写实，是弃妇归途中的实境，当年初议婚约时，她曾“送子涉淇，至于顿丘”，正是渡过了淇水，他们才订下了“秋以为期”的誓约，也才有了以后的一切。

淇则有岸，隰则有泮——淇水再宽也有岸，洼地再大也有边。如果和你白头偕老，我的苦海就没有尽头了。你的行为没有任何的限度，我的愁苦似流不尽的河水一般没有尽头……淇水文中出现三次，是婚姻悲剧的见证者，当初情意绵绵的送别，后来欢喜披着红盖头嫁过去，再后来带着受伤的心痛苦回来。她见证了这一场由美丽爱情开始，最后以悲剧收场的失败婚姻。

（2）比兴手法。

①“桑之未落，其叶沃若。”“桑之落矣，其黄而陨。”

解一：以桑树起兴，以桑叶之润泽有光，喻女子容颜亮丽，以桑叶的枯黄飘落，喻女子的憔悴和被弃。

解二：桑叶之茂而润喻男子情义之盛，桑叶之黄而陨喻男子情义之衰。——欧阳修《毛诗本义》

②“于嗟鸠兮，无食桑葚！于嗟女兮，无与士耽！士之耽兮，犹可说也。女之耽兮，不可说也！”

以斑鸠不要贪吃桑葚，比喻女子不要沉迷于爱情。对比的手法，以自己的教训告诫天下所有的女子不要沉湎爱情之中。是对男子用情不专的控诉。

（3）关于称谓。

全篇以第一人称为叙述主体，故女主人公自称以“我”，一以贯之。而对男主人公的称谓则富于变化。“送子涉淇，至于顿丘。匪我愆期，子无良媒。将子无怒，秋以为期。”这里都用“子”，“子”是对男子的通称、尊称和美称，虽然一见钟情，私订终身，但称谓客气、尊重，表现出女主人公的温柔和认真。“尔卜尔筮，体无咎言，以尔车来，以我贿迁。”这里都用“尔”，“尔”是对对方较随意的称呼，因为他们就要结为夫妇，礼貌过于周到反而显得疏远，所以脱口而出，表现出女主人公的大方和热烈。“女也不爽，士贰其行。士也罔极，二三其德。”这里都用“士”指对方，用“女”指自己。女的如何，男的怎样，似乎不再是“你”“我”之间的事情，而是有了普遍的意义，这样的称谓正好用于反省和议论的所在，就是为了凸显诗歌的主题，并非关乎一人一事。“及尔偕老，老使我怨。”诗歌最后又用到了“尔”“我”，这是补叙，这对离异的夫妻并不是没有“美好”的回忆，“反是不思，亦已焉哉！”方玉润《诗经原始》云：“虽然口纵言已，心岂能忘？”诗歌给读者的感受是直接而又复杂的。

（4）标点解读。

本首诗在不同的选本中标注的标点符号是不同的。《古代汉语》通篇一共有六个感叹号，人教版教材《语文必修2》通篇一共有四个感叹号，粤教版语文教材《氓》只在结尾“亦已焉哉！”中使用了一个感叹号，《先秦诗歌鉴赏辞典》里的《卫风·氓》没有使用一个感叹号。一处标点，就是一种情感，代表的也是一个女子的性格。你们认同哪一种标注？说说理由，并试着把标点的情味读出来。

六个感叹号的标注，更能表现女子的坚强与刚毅，把女子对那个负心男子的怨恨充分表达出来。没有使用一个感叹号的标注，能显示女子的软弱与无助，诗歌仿佛是她在默默诉说，默默追忆。四个感叹号的标注，它可以表现女子由柔弱转变为刚强的过程。粤教版教材和《先秦诗歌鉴赏辞典》里的标注，更能表现中国古代女子的情感特质，就如《论语》里所说的“怨而不怒，哀而不伤”。

小结：女子形象。一个被遗弃的劳动妇女形象，纯真热情、勤劳善良、坚强冷静。从痛苦的生活经历中，她认识到在恋爱、婚姻生活中男女是不平等的。得出了“士之耽兮，犹可说也。女子耽兮，不可说也”的结论，诗中流露出来的感情是悔恨多于哀伤，决绝而不留恋。

（四）思考探究

如此一个集中国传统美德于一身的女子最后被休弃，女主人公反思自己不幸的婚姻得出了这样的感悟：“士之耽兮，犹可说也。女之耽兮，不可说也。”你同意这一观点吗？你认为造成女主人公婚姻悲剧的根源是什么？联系生活实际或自己的阅读经验谈谈你的认识和感悟。（讨论辩论分析）

1. 预设角度如下：

角度一：社会原因———男女经济不平等

这是主人公在生活中得出的痛苦的生活教训和对负心人的强烈愤慨，宛如长歌当哭般的呼号。渡过淇水，回到娘家。她反复考虑，自己并无一点差错，而是那个男子“二三其德”。在这里女子以反省的口气回顾了婚后的生活，找寻被弃的原因，结果得到了一条教训：在以男子为中心的社会里，只有痴心女子负心汉！

女主人公的悲剧具有一定的必然性和普遍性，这是由社会特点决定的。在男权社会中，女性在经济上、政治上都处于附属地位，她们的生活天地都很狭小，生活的幸福与否都维系在丈夫身上，如果遇上一个对感情、对家庭不负责任的丈夫，那她的悲剧是不可避免的。

男主人公“氓”可以说是男权社会里的一个代表性的人物。在求婚时，他对女主人公的感情是真挚的，但是随着时间的流逝，女主人公容颜渐衰，他的爱情也随风而去，全然不念往日恩爱，无情地遗弃了妻子，是一个对家庭不负责任的、始乱终弃的人。

角度二：男子变心——男女不平等

除了单纯记述女性被弃的经历，诗歌还指出了人类感情问题的千古困惑及其难以避免的悲剧性。人类一个难以克服的也是基本的不平等，就是男女两性之间的不平等，诗中写道：“于嗟女兮，无与士耽。士之耽兮，犹可说也。女之耽兮，不可说也。”几千年前的诗中弃妇在对同性的呼告中，触及了这一点，是十分可贵的。（可联系生活。在文学作品和现实生活中，“氓现象”俯拾皆是，当怎样解释？由此打开思路。）

角度三：性格决定命运

也许他们的性格才是导致悲剧的根源。我们不能简单地说，氓当初的蚩蚩——一脸憨笑就是伪装或者别有用心，或者说带有某种卑劣的目的。其实，即便现代找一个借口接近自己心仪的女孩，或是借书，或是看戏，或是雨中送伞，或是雪里问寒，都算不得什么老谋深算，更算不上用心险恶，而只能是可以理解的，可以原谅的，甚至是想起来让人会心一笑的小聪明、小伎俩。歌德说："哪个少年不钟情?"我们更愿意相信，氓最初也是带着美好的情感与少女交往的。你想，在集市上，一个少女令他怦然心动，这应该是真实的吧。也许"氓之蚩蚩"带有一丝狡猾，但在这场自由恋爱中，谁也不会一开始便把恋爱当成一种阴谋。许多流行的《诗经》翻译本都把"氓之蚩蚩"译成了"那个家伙笑嘻嘻"，这是一种误解，"我"对"氓"有谴责有埋怨，但即使如此，她回忆起恋爱的岁月仍然是美好的、留恋的，而不是全面的否定，他最初留在嘴角的笑容仍然是灿烂的富有感染力的。所以《毛传》解释蚩蚩是"敦厚貌"，而《韩诗》释为"美貌"，比起朱熹《诗集传》解释的"无知之貌"，更符合《诗经》的原意，符合当时的社会真实。

但氓的确一开始就存在性格缺陷，婚后因不满对女子施暴是可以预见的。

2. 总结：这首诗为我们讲述了古代一个悲剧的婚姻故事，塑造了一个温柔、善良、勤劳、坚强的妇女形象。她的遭遇值得我们同情，她的人格值得我们尊敬。主人公的悲惨遭遇一方面反映了男尊女卑的社会制度、不合理的婚姻给劳动妇女带来的不幸和痛苦；另一方面也表现了古代劳动妇女对独立人权的追求和对幸福生活的渴望。当我们在以现代文明自居时，穿过三千多年的时光隧道，看到这蕴涵普遍社会意义、揭示人类本性的精神文化遗产时，仍不禁为之震撼。叶嘉莹先生曾经说过："我以为，学习古典诗词最大的好处就是使你的心灵不死。"因为它能使你"养成对于诗词中之感发生命的一种不能自已的深情的共鸣"！

需要特别指出的是：高中教材选编这首诗，绝对不是以女主人公的悲惨遭遇来警示中学生，以防止早恋。经典的价值不仅仅在于文学，而且在于文化，在于常读常新的现实感。其实古老的歌谣今天也仍然在唱。我们需要明白，爱情之路的确幸福而美好，但同样也会有痛苦和伤害。任何美好的东西往往都有等量的苦难。正因为如此，真爱才越发显得美好。不要因为怕受伤就不敢去追求幸福，对未来，对生活还是要勇敢一点。只是，不要随意就开始一段感情，更不能随便放弃一个曾经。懂得珍爱、珍重，才能具备爱的情感能力，才能获得真正的幸福。

3. 朗诵全诗。(可配乐并出示原文及图片)

(五) 作业

1. 背诵全诗。

2. 拓展阅读：比较诗中女主人公与《氓》中的女子有什么不同。

上山采蘼芜，下山逢故夫。
长跪问故夫：新人复何如？
新人虽言好，未若故人姝。
颜色类相似，手爪不相如。
新人从门入，故人从阁去。
新人工织缣，故人工织素。
织缣日一匹，织素五丈余。
将缣来比素，新人不如故。

3. 任选一题。

(1) 以氓为抒情主人公，写一首叙事诗《桑女》。

(2) 评价探究：对《氓》中的女子，历来有不同评价。宋代朱熹：“此淫妇为人所弃，而自叙其事，以道其悔恨之意也。”当代鲍鹏山：“在《诗经》中最完美的女性，我以为便是那位卫国女子。”你是否同意他们的评价？你是如何评价《氓》中女子的？请以《写给桑女的一封信》为题，写一篇 800 字左右的文章。注意自己的性别角度。

四、教学反思

以学生的阅读困惑作为教学起点，问题设计有针对性。另外，在分析人物形象时，除了关注叙事的情节和人物心理之外，能够从诗歌的文体特征出发，抓住意象、比兴等诗歌的特质来分析人物，这是叙事诗教学的一种有益尝试。教学的最佳落脚点还需斟酌。

（2011 年北京大学国培班示范课）

《琵琶行》中的音乐描写（说课稿）

音乐是美妙的，不同的音乐会使不同经历、不同心境的人产生共鸣。据说俄国大文豪托尔斯泰听了柴可夫斯基的《如歌的行板》后，老泪纵横，说“我触摸到了俄罗斯民族的灵魂”。一千多年前，我国唐朝浔阳江头一位琵琶女的真挚深情的演奏也曾使一代诗人白居易潸然泪下，并留下千古名篇。我今天说课的内容就是《琵琶行》中的音乐描写。我将以本教学设计引领学生一起去体会琵琶女的高超演奏技艺，欣赏诗人化琴声为美妙诗句的生花妙笔，探究香山居士泪湿青衫的真正原因。

一、说教材背景

1. 《高中语文课程标准》要求关注学生情感的发展，让学生受到美的熏陶，培养自觉的审美意识和高尚的审美情趣。

2. 教材内容及地位。《琵琶行》选自人教版高中《语文》（必修3）唐代诗歌单元。这首“歌行体”的长篇叙事长诗，是我国叙事诗和音乐描写诗中的“千古绝唱”，具有深刻的思想内容和卓越的表达技巧。

3. 学情特点。进入高中阶段，学生对古典诗歌的鉴赏方法有初步的掌握。本诗用词平易通俗，内容理解上难度不大。但描写音乐的作品在教材中还是第一次出现。《琵琶行》描摹音乐的片段，用比喻的手法描摹音乐，状无形音乐如在眼前，历来被誉为古典诗歌里描写音乐的极品。学生对音乐描写的手法和作用还较陌生，对“同是天涯沦落人”的千古一叹不好理解。

二、说教学目标和重点、难点

【教学目标】

1. 把握《琵琶行》的基本内容，了解并初步掌握描写音乐的手法、赏析技巧。

2. 理解音乐描写的多层含义，领悟诗人“同是天涯沦落人”的深深感慨。

【教学重点、难点】

1. 品味诗句，体会音乐描摹的妙处。

2. 理解诗人通过音乐塑造形象，诗中蕴涵的“同是天涯沦落人”的思想感情。

三、说教法、学法

1. 创设情境法——以声情并茂的配乐朗诵引领学生走进特定意境。

2. 诵读法——诵读不单纯是为了记诵，更重要的是一种鉴赏手段。

3. 比较阅读法——同是描写音乐的诗《李凭箜篌引》。

4. 问题引导与小组合作。

四、教学资源及课时安排

1.《琵琶行》音频朗诵；ppt 多媒体；《李凭箜篌引》资料。

2. 课时安排：共 2 课时。第 1 课时重点鉴赏音乐描写，第 2 课时重点解读“同是天涯沦落人”的情感。本设计为第 1 课时。

五、教学思路

以读贯穿，层层深入地解读音乐描写，通过四个学生活动环节达成教学目标。

1. 诵读，体会音乐的基调和变化，了解描写手法；

2. 品读，音乐变化与琵琶女身世间的联系；

3. 悟读，领悟诗人淋漓尽致地描摹音乐的真正用意；

4. 比读，与《李凭箜篌引》对比阅读，进一步掌握音乐描写的技巧。

六、教学过程

（一）听读、朗读

配乐朗读全诗。

【意图】范读有替代讲解、创造课堂良好氛围、帮助学生记诵等作用。通过声情并茂的朗诵，让学生体会诗中沉郁悲凉的感情基调和人物的情感变化。

问题讨论：

1. 全诗共有几次音乐描写？哪处最详细？找出并朗读描写音乐的诗句。

【意图】整体感知，把握全诗沉郁的感情基调和主要内容。

明确：共三次。首尾两次只是以感觉写声音，侧面描写。

忽闻水上琵琶声，主人忘归客不发。

满座重闻皆掩泣，座中泣下谁最多？江州司马青衫湿。

2. 朗读重点描写琵琶声的诗句，按音乐的变化分出层次，体会描写音乐的手法。

【意图】指导朗读，借助诗人对音乐效果的多种比喻和侧面描写，展开联想和想象，初步感受音乐的妙处和魅力。

明确：比喻的手法——八处比喻写音乐高低缓急和情绪变化：演奏序幕——欢快明朗—低沉幽咽—高亢激越—戛然而止。

侧面描写音乐效果：东船西舫悄无言，唯见江心秋月白。

（二）品读

问题讨论：结合描写音乐的句子，再结合琵琶女身世的自述，说说从音乐的不同变化中流露出琵琶女什么样的感情。要求先诵读再赏析。

【意图】在了解音乐描写手法的基础上对文本作进一步解读，把握音乐中蕴涵的琵琶女身世之感。理解音乐变化与琵琶女身世遭遇的对应性。

琵琶声表达出演奏者内心情感的起伏变化，这乐曲也是演奏者身世遭遇的写照。此部分内容，教师示范一部分后，小组讨论交流，推代表发言。

序曲——音乐的开始

（1）“转轴拨弦三两声，未成曲调先有情。弦弦掩抑声声思，似诉平生不得意。低眉信手续续弹，说尽心中无限事。”—— 情绪：悲凉伤感

[赏析示例] 此时的旋律低沉抑郁，通过弹者和听者的情感交流，将琵琶女悲惨的遭遇和内心的哀愁表达出来：浔阳江边，风寒月冷，琵琶女独守空船，倍感孤独凄凉。

（2）“大弦嘈嘈如急雨，小弦切切如私语。嘈嘈切切错杂弹，大珠小珠落玉盘。”——情绪：欢乐愉快

[赏析示例] 用比喻修辞和拟声词写出了琵琶声的清脆圆润，高低流转，轻快流畅。表现了琵琶女的欢快明朗，唱出了她春风得意的青年时代，那时的她可谓色艺超群，名噪京华，醉酒欢歌构成了她生活的全部。“大珠小珠落玉盘”使人觉得在这里落下的分明是她往日的盈盈笑语，让人过目不忘。

（3）“间关莺语花底滑，幽咽泉流冰下难。”

[赏析示例] 写琵琶声像黄莺在花下啼叫一样，轻快婉转，优美动听，这就更进一步写出了琵琶女的内心欢快。

（4）“冰泉冷涩弦凝绝，凝绝不通声暂歇。别有幽愁暗恨生，此时无声胜有声。”——情绪：幽愁压抑

[赏析示例] 琵琶声渐渐缓慢，仿佛欢快流淌的小溪被寒冰阻塞。发出冷涩的低泣。似是诉说着琵琶女心中难以言表的苦楚。“暮去朝来颜色故，老大嫁作商人妇。”写她年长色衰，门庭冷落，怎能不使她陷入深深的幽怨，“别有幽愁暗恨生，此时无声胜有声”。

（5）“银瓶乍破水浆迸，铁骑突出刀枪鸣。曲终收拨当心画，四弦一声如裂帛。”——情绪：悲愤不平

[赏析示例] 这段音乐情绪高涨起来，绝非柳暗花明，重见天日，而是以刚劲

急促、震撼人心的节奏表达琵琶女对命运不公之感的愤懑之情。她受伤的心灵希望得到爱情的抚慰，但商人重利轻别离，她经常空船独守。高亢激越的旋律正是她对世人重色轻才和丈夫重利寡情的愤怒控诉。

乐为心声，我们分明感受到琵琶女在演奏中融入了自己的身世之诉。白居易“善于通过描写音乐节奏的变化来表现情绪的起伏”。

（三）悟读

本诗浓墨重彩的音乐描写对表现主题有何作用？（弦外之音）

【意图】此题意在对音乐描写的文本价值进行更深入的挖掘。

对于《琵琶行》的音乐描写，人们都能充分地注意到作者描写音乐时的高超笔法；其实《琵琶行》的音乐描写不只是一个独立优秀的审美对象，音乐描写的意义远不限于此，诗人不是为音乐而写音乐，而是为写人而写音乐；不是停留在音乐意境的描摹上，而是通过音乐形象，展现了琵琶女和诗人“同是天涯沦落人”的坎坷遭际以及他们“别有幽愁暗恨生”的满腔不平。

作者用十分精细的笔墨淋漓尽致地描写音乐，其核心目的是表现琵琶女不同凡俗的演技，是为了表现她悲凉的身世，唤起人们深深的同情。而写琵琶女悲凉的身世，又是为了表现自己政治上的失意，抒发郁积在心头的左迁之愁，贬谪之恨。作者面对琵琶女不是一般的触景伤怀，而是一种惺惺相惜的失路悲鸣。试想，如果作者偶遇的是一个才艺平平，仅仅是由于年老色衰、吃尽青春饭的长安故娼，他会如此激动吗？试想，诗人自己如果仅仅是一个江州小吏，不曾有闻世的诗名，也不曾有颇为自负的才干，他会有满腹怨曲吗？诗人浓墨重彩地描写音乐，刻画琵琶女出众的琵琶技艺、超拔的才华，下文的主题句“同是天涯沦落人”才有了更丰富、更明确、更有感染力的内涵，诗人怀才不遇的失志情怀才分外真切感人。

（四）对比阅读

比较李贺《李凭箜篌引》《明湖居听书》与本诗音乐描写的不同之处，体会描写音乐的手法和妙处。（如时间紧，可留为作业）

【意图】进一步掌握古代诗歌中音乐描写的常见手法，理解《琵琶行》音乐描写的弦外之音的高妙之处。

明确：创作方法不同。《李凭箜篌引》的音乐描写极富浪漫主义色彩，着重写乐曲的艺术效应，多用夸张手法，显示了诗人的奇特想象。《琵琶行》的音乐描写着重写的是乐曲的艺术境界，多用比喻手法。

描写目的也不同。《李凭箜篌引》只为表现演奏技艺高超，《琵琶行》在于用音乐塑造形象，为后面抒发“同是天涯沦落人”的情感张本。

小结：《琵琶行》音乐描写的手法：

（1）以声喻声——直接描写。

（2）以感衬声——侧面描写：东船西舫悄无言，唯见江心秋月白。

（3）妙语点睛——直接解声。

奏曲的能手，能够通过演奏表达自己的哀愁或欢乐。听曲的行家，也能够从曲调中领会到奏曲者的情思，受到感染。白居易于琵琶未成曲调时已经感到弦声饱含感情，于演奏的过程中又听出琵琶女有无限心事，于演奏终结时更听到了弦外之音，听到了于无声处表露的哀愁。诗人的直接解说犹如画龙点睛，揭示出乐曲的无穷含蕴。“未成曲调先有情”“此时无声胜有声”，已经成为千古传诵的妙句。所以，他们既是知音，又是知己。

附：板书设计

琵琶行

音乐描写 {直接 / 侧面 / 留白} 以声写人

沦落之感、失意之悲

七、教学反思

（一）优点有三

1. 文本：从多个层面解读文本，层层递进。能够抓住命题的核心概念——音乐，对文本进行深层解读。从音乐描写的本身的妙处、描写的手段和方法来感受文字的魅力为最表层；音乐的变化与琵琶女悲惨身世的呼应（对应）为第二层。音乐的变化融入了琵琶女的命运之叹和身世之悲，琵琶女运用琵琶声哭诉自己的幽怨和悲愤。第三层则是音乐描写的意义，还要进一步拓展到对主旨的作用、对白居易表达“同是天涯沦落人”的千古一叹上。

2. 教法：以读贯穿教学的始终，符合诗歌教学的规律，吟诵不仅帮助记忆，更重要的是理解鉴赏的有效手段。朗读—品读—悟读—比读，每一次读都有不同的用意和指向，并且能够层层递进，作为通向教学目标的支架，最终达成目标。

3. 示例：教师示例作为突破难点的方法，很有示范性。解读音乐与琵琶女的身世关系时，以示例方式进行，既给学生抓手，又显示教师的解读功底及文字语言的表现力。详略得当，恰到好处。偶尔露一点峥嵘。

另外，在说课前面加一个小小的导语，点明说课的中心词和重点，这应该是一种创意，也是我说课比较得意的一笔。

（二）问题有三

1. 对音乐描写部分的欣赏太匆忙，比如如何指导朗诵。“大弦嘈嘈如急雨，小弦切切如私语”如何朗读出轻重缓急？如何通过想象进行画面的描述？此处应该有一示例，或者应该有一完整的音乐过程勾勒。

2. 对教学难点缺少突破方法的指导。比如要和白居易的身世结合起来，顺便教给学生诗歌鉴赏中知人论世的方法。要找到琵琶女的遭遇与白居易的遭遇有哪些相似之处，有哪些契合点？

3. 教学背景分析太粗疏。比如学情分析，还要更具针对性一些；教学目标的表述可以更详细一些；教学的重点、难点则可以用简练文字表述。

（三）关于说课的几点感悟

说课：要通过说课表现教师的基本功底，大致包含以下几个要素。

1. 体现一个教师的阅读功底。文本解读要准确，要深入，要高屋建瓴，要见人之所未见，发人之所未发，有个性化的解读最好。

2. 体现一个教师的理论功底。教学目标的确立是否科学合理，需要在一个立体的坐标系中确立教学目标和教学内容。教师要脑中有课标，心中有教材，眼中有学生。

3. 体现一个教师的教学组织力。当确立了适宜的教学内容后能否采用合适的教学方法和教学节奏来进行课堂学习，在于教师对课堂节奏和流程的掌控，在于问题的设置是否有内在的逻辑，能够激活学生的思维。

4. 体现一个教师的课堂表现力。说课时我们往往只关注目标确立的依据、方法采用的依据、教学流程的清晰、教学活动的组织。其实，教师课堂语言的表现力和感染力本身就是教师基本功的一个重要组成部分。在说教学流程时，在说到某一难点的突破时，不妨有一两处课堂组织环节的示例，展示出你的与众不同之处，展现出你的感染力和表现力。

5. 说课不同于讲课。说课是设计，是预想，说的是你的理解和依据。说课是以教师的整体素质为评价标准，有点像导演说戏，导演就是要把你的理解、你的思路说给演员听。关键的地方不妨作一点示范，表演一下，偶尔露一点峥嵘。但千万不可忘了自已的身份，演起来就忘情，因为这毕竟不是上台。评价导演水平的标准是导而不是演。

讲课有表情，有达意，体现你的感染力、表现力、组织力。讲课是以学生的学习效果为评价标准，有点像演员唱戏，不需要你对观众说明我为何要这样演，只需要你全情投入让观众受到感染。评价演技的高低取决于观众的反应。只是，唱戏不需要演员去成就观众，而讲课需要教师去成就学生。

（2011 年海淀区说课比赛）

《文与可画筼筜谷偃竹记》教学思路及课堂实录

第一部分：教学思路

一、教学设计思路

《文与可画筼筜谷偃竹记》这篇文字对高二的学生来讲具有挑战性。因为内容理解上有难度，尤其是首段关于画论的文字，涉及文艺理论的问题，感悟和思辨的色彩较强，在大学语文教材中把此文当成一篇文艺随笔。选取这个内容来上研究课，其目的和意义在于尝试。

1. 选取文章第一段，突破本文的教学难点。基于学生的认识起点定位，设计教学目标的终点。学生不会的让他学会，学生不喜欢的让他喜欢，学生说不好的让他说好。力图达到有效教学。

2. 通过两个研读讨论题把握文章的情感气脉和行文特点，凸显“散而不乱，气脉中贯”的单元特点，力图体现选修课的专题意识。

3. 力图体现选修课的提升和深化意识。在文言文章的基础上挖掘文化的内涵，提供与本文相关的资料和探究专题，引导并培养学生的合作学习和探究意识，力图贴近选修课的要求。

二、教学目标

1. 掌握重点字、词、句，以及文言句式特征。
2. 通过阅读人物的几个事件，把握人物形象。
3. 感悟文章主题，探索哲理深意。

三、教学重点、难点

1. 第一段的理解及文章的行文思路。
2. 感悟文章主题，探索哲理深意。

四、课前预习

1. 熟读课文，结合注释疏通字词，标出不理解的难点。

2. 感知内容，写出自己对文章主旨、思路方面的疑点。

第 1 课时

课型：学案导读，自主赏析。

内容：疏通文意，掌握重点字、词、句，以及文言句式特征。

学案：略

课后思考：

1. 本文的层次、主旨？简述理由。

2. 第一段逐句翻译，并分层、概括层意。

3. 完成课后思考题。

第 2 课时

课型：问题研讨。

内容：

1. 突破教学难点。以第一段为研讨重点，探讨文章主旨。

2. 凸显单元重点。把握“散而不乱，气脉中贯”的行文思路。

3. 培养探究意识。引导并提供与本文相关的探究专题。

五、教学过程

（一）导入

中国古代有个成语叫“胸有成竹”。字面意思是：画竹子之前胸中已有竹子的完整形象，常用来比喻做事前已经有了全面的设想和安排。这个成语源自苏轼的《文与可画筼筜谷偃竹记》。

（二）感知内容

诵读课文，概括文章三个层次的主要内容。

第一段：简述文与可的绘画理论和自己在艺术实践中的体会；（阐画竹之论）

第二段：叙述作者与文与可交往的三桩趣事；（忆戏笑之言）

第三段：交代写作此文的缘由。（叙为文之由）

（三）问题聚焦

1. 质疑问惑。（略）

2. 思考聚焦：文章的出发点是抒情还是说理？主旨是什么？

（四）思考研讨

问题 1：第一段阐述的画竹理论有几个要点？此段内容与主旨有何关系？

重点理解句：

①故画竹，必先得成竹于胸中，执笔熟视，乃见其所欲画者，急起从之，振笔直遂，以追其所见，如兔起鹘落，少纵则逝矣。(胸有成竹)

②夫既心识其所以然而不能然者，内外不一，心手不相应，不学之过也。(得心应手)

③今夫夫子之托于斯竹也，而予以为有道者，则非耶？(文与可的深邃精妙)

问题2：第二段叙写了与文与可交往的几件趣事？可以看出文与可怎样的性格为人？

问题3："车过腹痛"的典故用意何在？第三段的痛悼之情与前文妙趣横生的诙谐之语是否矛盾？

问题4：阅读最后两个自然段，谈谈哪个地方让你最有感触，最能传情达意？研讨小结。文笔似闲散，意脉却流畅而完整。

（五）拓展延伸（任选其一）

1. 苏轼在谈自己的画竹体会时说："故凡有见于中而操之不熟者，平居自视了然，而临事忽焉丧之，岂独竹乎？"请解释这句话的意思，并结合你的生活体验，谈谈你的理解和感悟。200字左右。

2. 有人说，苏轼与文与可不仅有生活中的共鸣，也有人格上的共鸣。你同意这种观点吗？请简要阐释理由。

（六）探究专题（小组合作）

1. 由《文与可画筼筜谷偃竹记》《赤壁赋》《石钟山记》《记承天寺夜游》看苏轼的散文风格。

2. 由《文与可画筼筜谷偃竹记》《祭妹文》《祭十二郎文》看悼亡作品的共同点。

3. 高山仰止——大师的人格魅力。(或大师留给我们的思考……)

附：补充资料

（一）孰能惇德秉义如与可之和而正乎？孰能养民厚俗如与可之宽而明乎？孰能为诗与楚词如与可之婉而清乎？孰能齐宠辱、忘得丧如与可之安而轻乎？呜呼哀哉。

——苏轼《祭文与可文》

（二）文至东坡，真是不须作文，只是随事记录便是文。

——王圣俞《苏长公小品》

（三）文同在洋州作太守时，在筼筜谷的竹林建造一亭，朝夕游处其间，对竹观察。强调意在笔先，神在法外。他的作品传世不多见。台北故宫博物院藏有《墨竹图》轴，被公认为文同真迹。画倒垂竹一枝，形象真实，笔法谨严，如灯取影，潇洒有质。其叶浓淡相间，所谓"深墨为画，淡墨为背"。

——杨仁恺主编《中国书画》

第二部分：课堂实录（第2课时）

师：同学们好。

生：老师好。

师：请坐。大家知道有一个成语叫“胸有成竹”，这个成语出自我们将要学的一篇文章《文与可画筼筜谷偃竹记》（板书：文与可画筼筜谷偃竹记）。全班同学一起把标题读一下，看能不能把节奏读对。

生：（全班齐读）文与可/画筼筜谷偃竹/记。

师：好像对了。这里有几个要素？第一个要素是文与可，他是这篇文章的——

生：（齐声）主人公。

师：是主人公，是人物。这里的物是一幅画，这幅画的名字叫什么？

生：（齐声）筼筜谷偃竹。

师：还有一个关键字是什么？

生：（齐声）记。

师：记是一种文体，是古代写人或叙事的一种文体。

师：问一个问题，文与可何许人？苏轼为什么要给文与可的一幅画作记？

生：文与可和苏轼是表兄弟，文与可好像比苏轼大18岁。两个人关系特别好，趣味相投，都喜欢画画。大概就了解这些。

师：文章中有没有直接交代写这篇文章的目的的文字？有没有交代给这幅画作记的直接原因？

生：（小声回答）有。

师：说说看。

生：（学生站起）我觉得是——“而予亦载与可畴昔戏笑之言者，以见与可于予亲厚无间如此也。”算是用来纪念文与可的一篇祷文吧。

师：怎么突然就想起来纪念文与可了？

生：因为是“元丰二年正月二十日，文与可没于陈州。是岁七月七日，予在湖州曝书画，见此竹，废卷而哭失声。”就是苏轼曝画的时候，正好看见这幅筼筜谷偃竹图，睹物生情，为文以悼念、纪念。

师：那么我们就知道了，这篇文章的主旨和写作目的就是要抒发一种怎样的情感？

生：抒发怀念之情。

师：请大家关注一下文章的写法。作者写了哪些内容来抒发怀念之情？我们回过头来一起读这篇文章。

生：（齐读）

师：好，先读到这儿（学生读完第一段，叫停）。从刚才读书的节奏来看，预习得非常好，读得比较流畅。但是，朗读是需要情感的，我们是不是找位同学带着情感接着往下读，是推荐还是自己举手？

（一名学生主动举手）

师：好，顾文扬接着往下读，把二段、三段读完。

（学生站起，声情并茂，读二、三段。）

（全班鼓掌）

师：我听得出来，同学的掌声是由衷的。不仅是为他的声音，还是为他传出来的感情和文意。想一想我刚才提出的问题，文章是通过哪些内容来表达怀念之情的？你能不能概括出第一段的主要意思或内容？

生：（一名学生小声回答）画竹之法。

师：画竹之法。是谁的画竹之法？

生：（齐答）文与可。

师：谁能给他做一个补充和修正？只是一个方法吗？

生：（学生站起）文与可画竹的一种才华。

师：你说呢？（点一位学生）

生：（学生站起）还有他的意蕴和思想。

师：噢，还有他的意蕴，还有他的思想，那么这一段文字，你觉得表达方式是叙述还是议论？

生：（略作思考）应该是都有吧。

师：以什么为主？

生：我认为以议论为主。

师：（示意学生坐下）以议论为主。要是论的话，得论一个道理。那就是画竹之法，画竹之理，或者说是他画竹的主张。（板书：说画竹之理）你说谈画竹之论也可以。那么看第二段内容主要写的是什么？

生：（学生站起）我觉得第二段有好几个小事情。

师：把那好几个小事情概括起来，主要写的是什么？

生：主要写的是文与可与苏轼关于画竹方面的一些小故事。

师：这里有很多都是打趣之忆。我们可以说主要是叙写了一些小故事或者说追忆了一些小故事。（板书：忆戏笑之言）最后一段，刚才已经说过了，交代了写这篇文章的原因。（板书：叙为文之由）通过这三个内容来抒发作者对文与可的怀念、悼念之情。

师：那么，你在读这篇文章的时候遇到障碍没有，你觉得哪一段写得比较生动有趣，哪一段读起来比较费解、比较吃力？

生：第二段比较好懂，因为他写的基本像平时的语言，写的是一些小事情，所以就比较好懂一些。第一段比较吃力。（小声）

师：那还得请你站起来，因为你说出了大家共同的感觉。第二段比较好懂，那你读懂了什么，如果我给你一个问题的话，（多媒体呈现：第二段叙写了作者与文与可交往的几件趣事？）能试着和同学们说一说吗？

生：应该是三件趣事。第一件就是——（支吾状）

师：我换个问法，你觉得这一段哪个地方写得有趣？

生：他们的语言比较有趣。

师：比如说——读一读。

生："与可以书遗余曰：'近语士大夫，吾墨竹一派，近在彭城，可往求之。袜材当萃于子矣。'"这句话写得比较有趣。

师：他要把用来画画的绢做袜子。第一件事读出来了。"以绢为袜"写的很有个性，到底什么个性大家都想一下。再往下，你还觉得哪儿写得好？

生："其略曰：'拟将一段鹅溪绢，扫取寒梢万尺长。'予谓与可：'竹长万尺，当用绢二百五十匹，知公倦于笔砚，愿得此绢而已。'"这句话我觉得也比较有趣。

师：有什么趣味？

生：就是感觉他们关系非常好，说话比较随意。文与可比苏轼大 18 岁，在他们之间的交往中没有长幼的礼节拘谨。

师：表明关系非常的好，非常亲密。"寒梢万尺"是第二件事。还有吗？

生：第三件事就是文与可让苏轼作了《洋州三十咏》，苏轼写的《筼筜谷》也比较有趣。

师：你把那首诗给大家读一下。

生："汉川修竹贱如蓬，斤斧何曾赦箨龙。料得清贫馋太守，渭滨千亩在胸中。"这首诗也能体现出他们之间的亲密关系。

师：收到一个什么样的效果？

生：失笑喷饭满案。

师：为什么写了这个就能失笑喷饭满案？

生：因为他正在吃笋。

师：正好巧合了。看来他们的心有灵犀一点都通。请坐。

第二段比较好懂，我们同学找出了三件事，一个是"以绢为袜"；一个是"寒梢万尺"；这是两人之间的打趣、调侃；还有一个"失笑喷饭"，以诗戏太守这么一段有趣之事。那我还想问，通过这个故事追忆，表明了两人之间那种亲密的情感，你能不能看出文与可的某种性格？

（一名学生主动举手）

生：（学生站起）写他“初不自贵重”，表明他的性格不是很看重钱，淡泊名利。他是很率性的一个人。有一段写“与可厌之，投诸地而骂曰：‘吾将以为袜’”。他没有用很委婉的语气表达自己不满，直截了当地说，很率性。

师：很率性，甚至有点狂傲。好，继续补充。

生：我觉得他这个人也很幽默。如那句“近语士大夫，吾墨竹一派，近在彭城，可往求之。袜材当萃于子矣。”这话说得其实挺风趣幽默的。

师：谁还能再补充？

（一名学生举手）

生：（学生站起）我是觉得从第一个故事看，文与可有一种文人的“窜劲儿”。

师：文人的窜劲儿？

生：是这样的，以前有人讲李白说，李白就是那种人。有一句话是没料子不要窜，李白就是很有料，所以李白很窜的呀。文与可这儿也是这个样子（全班笑），因为自己很窜，因为那些人求他的画不是为了欣赏，也不是为了跟他有精神上的沟通，就为了向人炫耀，说你看啊，这是文与可的画。因此，你看不懂我的画，你就不要来求我的画了。所以就说文与可有这种窜劲儿。

（全班笑）

师：谁要赞同谁就给她鼓掌。

（全班鼓掌）

师：可能大家一时还闹不清这个窜字怎么写，但是你能体会到这样一个意思。我记得王开林写了一篇文章叫《佯狂未必不丈夫》，写的都是文人之间那种轻狂、意气。鲁迅回忆他的先生时，写章太炎就拿着勋章做扇坠儿。这可能也就是文人那种内在的窜劲儿。说得特别好，还有谁补充？

（一名学生举手）

生：（学生站起）我觉得这里面表现他很自由 。苏轼写的《洋州三十咏》，说他这一天正好和他的妻子在游玩，一般做官的人还能有时间出来玩，说明他不拘于做官的礼数，就是很自由，特别有文人的雅趣。

师：那大家知道苏轼为什么和文与可能够彼此相赏吗？不单是志趣相投，爱好相投，还有人格上的一些共性。同是有才之士，同是高妙之人，有共同的情趣，都是真性情。同样的风趣，同样的幽默，同样的文人。可以这样讲吧。文与可诗、书、画都非常擅长，他是全才。苏轼也是全才，苏轼喜欢竹子，文与可能把竹子画得这么好肯定是更喜欢竹子。有史料记载，文与可在他的住所附近种了好多好多竹子，无论是冬夏，无论是晨昏，无论是晴雨，他都要去观察竹子的生长。仔细地观察，反复地研究，心中才有竹子的形象，才能画出特别鲜活而完整的竹子。而苏轼也非常喜欢画竹子。苏轼有首诗写道："宁可食无肉，不可居无竹。无肉令人瘦，无竹令人俗。"所以两人有共同的兴趣和爱好。那么在苏轼的笔下，生活中的文与可有怎样的性格？同学们刚才说得非常好。

（多媒体呈现）才情过人，狂放淡泊；率直平易，诚恳宽厚；为官清廉，本色可爱。

师：我用了"为官清廉"一词，你们都没说到，同意这个提法吗？谁能用文中内容印证我这个观点也对？

生：料得清贫馋太守。

师：这个穷太守，又是馋嘴的太守，是不是为官很清廉？在这一段，作者表达的情感很充分，文与可真是苏轼的一个忘年之交，是人生最快乐的挚交挚友。知道这些，文与可的形象还不全面。现在我们再想想，文章除了写和苏轼是朋友的这一面以外，还写了什么内容？

师：我读，你来思考。第一段阐释了文与可怎样的画论或主张？有几层意思？有几个要点？（范读第一段）

师：文与可绘画主张里面包括几个主要内容？文与可教苏轼画竹子，他到底教了几个特别有用的招儿。想一想。

（多媒体呈现第一段文章）

生：我个人觉得第一段主要讲述了三个要点。用比较通俗的话来说，第一点从"竹之始生"到"少纵则逝矣"。我认为是他告诉我们，或者说告诉苏轼作画要有一个大体的观念，不要只关注细节；第二点是从"与可之教予如此"到"岂独竹乎"，告诉苏轼做事情不要眼高手低，要勇于实践；第三点"则非耶"，就是要遵循自然规律。

师：听他这三句通俗的话，第一要有全局观念，第二不能眼高手低，第三作画的时候要遵循规律。我想说，如果是考试答题，你可能不会得满分的。你理解对了。但是，最好用文章里的话来回答。能不能找到各层的关键词，比如说要有大局观念，苏轼在这里用了一个什么词？

生：（小声回答）故画竹，必先得成竹于胸中。

师：那就是说必先成竹于胸。第二个关键词是什么？同学们一起把句子读出来。

生：（小声支吾状）

师：同学们为什么读不出来呢？因为此句是以否定形式出现的，如果我们把它转成肯定的语气就是——

生：（齐声）心手要相应。

师：对，还有最后一个：要遵循规律，怎么论述的？

生：他把文与可和庖丁，还有轮扁做了一个类比。

师：他们都是掌握规律的人，都是能给人启示的人。我觉得同学能够理解到这个份儿上，基本的意思还是懂了。我分的层次（多媒体呈示课件）跟同学们一致。第一层讲到文与可的绘画主张——画竹必先成竹于胸，执笔熟视，乃见其所欲画者，急起从之，振笔直遂，以追其所见，如兔起鹘落，少纵则逝矣。有一个完整的竹子的形象先构思出来，而且要捕捉灵感。第二层是苏轼的实践体会，心里明白，但是做不到，心手不相应。原因是什么？用他自己的话说是什么？

生：不学之过也。

师：而这个学就是实践，就是练习。第三层，子由称文与可为“而予以为有道者，则非耶”，懂得规律，掌握规律，就是得道之人。很好，看来大家已经掌握了文意。我现在又有一个问题，（多媒体呈现）第一段阐发画论，把这段内容放在首段对表现主旨有什么作用？

生：从这段里可以看出，文与可和苏轼是亦师亦友的关系。第二段提到“亦友”，第一段是“亦师”。从文与可作为“师”的角度肯定他的绘画主张，这是一种追忆，也是一种赞美。

师：同学有没有补充？

生：我觉得这里面包含两层意思。一是刚才讲到的亦师亦友的关系，一是苏轼在阐释他自己对画竹理论的理解。而这些理论就是文与可教给他的，他用自己的话表达出来，而且还能给我们很多启示。一方面从侧面表现出文与可作为一个画家对绘画艺术理解的精深，表达对文与可的赞美之情；另一方面写回忆文与可教他这些绘画理论的往事，表达了自己对他的怀念之情。

师：说得好！我特别想表扬你的是，能够回答出“他是从一个画家的高度来肯定他的成就，亦师亦友”。文与可不仅仅是苏轼的一个挚交知己，他还是湖州墨竹派的开山立派之人，那么对这样一个老师，对这样一位朋友，最后的追忆，最好的怀念是肯定他在绘画领域的成就。

师：噢，还有同学要补充。

生：这篇文章主要就是追忆文与可，文与可最擅长画竹，这一段当然要写文与可在画竹上的造诣，肯定文与可的艺术成就。从而引出下文。

师：很好！大家看，那么这段文字不单是怀念文章的应有之义，也是极有分量的。因为对逝者最好的怀念莫过于对他的主张、对他的成就的肯定，这表明了苏轼对文与可的一种赞美、敬服和推崇。

师：（小结）回过头来，我们再一起梳理文章内容。作者怀念文与可写了两个主要内容：一是阐述文与可的画竹理论；二是忆起了他们的戏笑之言，对他们的真诚交往做出一些回想。课后的练习题中有这样一段文字：

（多媒体显示）苏轼的这篇文章信笔挥洒，姿态横生，文笔似闲散，意脉却流畅而完整。如果你初读文章，可能还没有这种感受，我们把二、三段综合起来分析以后，大家再体会一下，是不是有这样一个特点？

师：你们跟着老师一起回想，《文与可画筼筜谷偃竹记》全文的线索是什么？

生：画竹。

师：全文的中心是什么？

生：抒发他的怀念之情。

师：通过怎样闲散的文笔写的？有议论，有叙述，有抒情。有戏笑之言，也有画竹理论。苏轼是从一个画论的高度来表达自己对文与可的一种敬服，从真情的交往中表达文与可和他之间的那种相赏和默契。所以文章最后写文与可斯人离去。作者的感情已经到了一个怎样的地步？

生：废卷而失声。

师：应该理解这个情感吧。从阐画竹之理到忆戏笑之言再到叙为文之由，都是表明两人亲厚无间的情感，可以说，全文的结构紧扣主题，文脉不乱。讲苏轼的散文风格的时候，有人说“文至东坡，真是不须作文，只是随事记录便是文”。这篇文章体现得非常好，要用我们单元教学主题来讲就是——

生：散而不乱，气脉中贯。

师：散是说它的表达形式和取材，而气脉是说它的情感和思路。

师：（小结）第一节课我让同学自己疏通了一下，文言知识掌握了。刚才这个环节我们把文章的思路做了一个梳理，把文章的特点掌握了。除此之外，这篇文章对你还有没有其他启发？比如说文与可胸有成竹的画论对你有什么启发？再比如说，苏轼所说的“心手相应”对你有什么启发？再有，文与可这个人，高明的画论，高妙的画法，还有他高尚的画品，对你有怎样的一种触动，让你想到了谁？大家都可以说说。

生：我觉得文与可的画论不仅仅局限于作画。“故凡有见于中而操之不熟者，平居自视了然，而临事忽焉丧之，岂独竹乎？”生活中也常有这样的事情。感觉有些事情看起来是会的，可是真正去做时却做不好，这就应了作者所说的“心手不相应”。这就是因为我们的理解和学习还没有到位，我们才会“临事忽焉丧之”。

师：噢，就是说，不仅在绘画上有这个道理，我们生活中也有相似的情况，其中有能够引起共鸣的地方。大家再想一想。

生：（学生站起）看文章开头，与文与可画竹方法的对比，我想到节节而为之，叶叶而累之，岂复有竹乎！就是说当时的那些画家画竹子都是一点点模仿的，这样怎能得到活生生的竹子？而文与可呢，执笔熟视，然后振笔直遂，如兔起鹘落。我想到平时学习中，比如说记笔记，我平时记笔记听完一点就赶紧抄上，也不经过思考，其实应该像文与可这样要心里先思考一下。要选择，先理解。

师：还是有思考，有收获。范舟同学说。（点一位举手学生）

生：（学生站起）文与可和苏轼他们两个人在书信交往中，就是互相写信的时候，先用调侃的语气，其实生活中大家也会有这种调侃，因为文与可和苏轼他们都是有内在修养的人，他们平常的这种交流，这种开玩笑说得很高雅、很有趣。还有就是文与可其人，他是一个有本事的人。他知道画竹。

师：他不是知道画竹。

生：他会画竹。

师：他也不是会画竹。

（全班笑）

生：他是擅长画竹？

（全班笑）

师：他是湖州墨竹派的开山之人。

生：（紧张状）我想不起来了。

师：在画竹上面有很高的造诣，这样说行吗？

生：对对对。

师：好，继续。抱歉我打断了，继续。

生：第二个方面，从朋友的角度来说，文与可是一个非常有意思的人。你跟他开玩笑，他也会回复你，之间的交流很有意思。他既是一个有本事的人，也是一个很有意思的人。

师：你说到“是个有意思的人”，我从心里给你鼓掌，因为我们产生共鸣了。

（全班笑）

师：暑假到台北故宫博物院，见到了文与可那幅流传下来的墨竹图。就是课件第一张图。刚开始我看到的时候特别有触动，不是因为我懂画，是因为我知道苏轼笔下的文与可这个人，仰慕这个人。他的成就那么高，名字能留在艺术史册上，可是生活中的他那么的真实，那么的平易，那么的自然，那么的不矫情，这才叫大师。而类似的这样的大师我们还能找到很多，说远了，《茶经》的作者“茶圣”陆羽，淡泊，闭门不出。说近了，知道沈从文吧，文学大师。我这儿是不是有点说偏了。

（全班笑）

师：再比如说，大家都知道在北大校园里给学生看包的那个国学大师，国宝级的人物——

生：季羡林。

师：这是大师。我们再想想，启功，大书法家，大师。当人家都称赞他字写得漂亮的时候，他说我这是大字报体。有一个同事，他是启功的学生。他说去启功家里，别人送给他的红木家具里摆放的都是毛绒玩具，他说很好看。这就是大师的本色，他们不仅在某个领域造诣很深，而且他们的人品，他们的人格像清风，像明月，那样的淡然，那样的清雅。这可能就是他们留给我们心灵的冲击，也是他们人格魅力的所在。

师：很抱歉没有让你们展开活动，因为你们预习得非常充分，超出我的预想。但我们课后需要完成两项作业。（多媒体呈示作业一）

1. 苏轼在谈自己的画竹体会时说："故凡有见于中而操之不熟者，平居自视了然，而临事忽焉丧之，岂独竹乎？"请解释这句话的意思，并结合你的生活体验，谈谈你的理解和感悟。200 字左右。

2. 有人说，苏轼与文与可不仅在生活中有共鸣，也有人格上的共鸣。你同意这种观点吗？请简要阐释理由。

（多媒体呈示作业二）

探究专题。（小组合作）

1. 高山仰止——大师的人格魅力。

2. 由《文与可画筼筜谷偃竹记》《祭妹文》《祭十二郎文》看悼亡作品的共同点。

3. 由《文与可画筼筜谷偃竹记》《赤壁赋》《石钟山记》《记承天寺夜游》看苏轼的散文风格。

师：第二项作业简单说明一下。因为选修课应该有一个专题的走向，两个小组领一个题。回头我们开一个交流展示会。第一，高山仰止——大师的人格魅力。这是从做人的角度、文化的角度谈感悟。第二、第三专题都是从文章写法或风格的角度比较探究。请小组长负责，选一个小题作专题探究。今天课就到这儿。下课。

生：老师再见。

（2010 年 3 月海淀区高二研究课）

《兰亭集序》教学思路及课堂实录

第一部分：教学思路

一、教材分析

《兰亭集序》选自必修教材。这篇序言不仅是书法艺术的瑰宝，而且其文在思想、语言上也具有独特的价值，二者相得益彰，共同确立了它在中国文化史上的重要地位。作为一篇书序，文章由叙事而写景，感物抒怀，从一次普通的游宴活动谈到了作者的生死观，使全文在立意上显得不同凡响。

二、教学目标

1. 品赏文章清丽流畅的语言风格，背诵全文。
2. 理清文章由“乐”到“悲”的感情脉络，认识作者对生命的感悟。
3. 了解序的特点，积累常见的实词、虚词。

三、教学重点、难点

梳理文脉，品读语言，背诵全文。

四、教学方法及思路

1. 上好预习课。通过预习了解作者，结合注解疏通文意，并进行知识点的归类。培养学生的文言文自学能力。

2. 引导学生美文美读。用文学语言讲授美文，并利用多媒体为学生营造一种文学氛围，使学生入情入景，走入文中，走到作者内心中去。诵读训练中采用个人朗读、学生齐读和听读相结合的方法，真正做到“旧书不厌百回读，熟读深思子自知”。

3. 鉴赏分析与知识点交融在一起，通过问题引领的方式，培养学生思维品质以及质疑、析疑、解疑的能力。“因何而乐”？“缘何而痛”？“悲从何来”？构建和谐课堂，及时地给予学生鼓励和信心，使其获得成功感，从而激发他们自我表现的欲望，提高其学习文言文的积极性。

4. 课外延伸思考。课文对人的生死这一问题的议论富有哲理性，由于学生的知识积累和阅历，对其中表达的生死观不能很好地理解，故教学中稍稍避开难点，化繁为简。让学生通过上网查阅资料，了解魏晋时期的社会文化背景，慢慢去理解去感悟，再作评价。得法于课内，得益于课外。

五、课时安排：2 课时

六、教学过程

第 1 课时：自读课文。

要求：结合注解，了解作者，疏通文意，整理字词。（培养自读能力）

第 2 课时：

（一）导入

（二）检查预习

1. 诵读及理解。

2. 词语及常识。

（三）赏读分析，梳理文脉

1. 诵读第一段。

思考：因何而“乐”？

引领思路。（本段交代集会的时间、地点、与会者、环境、活动和乐趣——写景、叙事和抒情。仰看天空，宇宙如此广阔博大，浩渺无比；俯视大地，自然如此繁茂昌盛，生机盎然。王羲之纵展目力，开畅胸怀，使自己的感官得到最大的享受，尽享人生的快乐。于是发出由衷的感叹：信可乐也。这实在是人生的极致。这种乐是对兰亭美景的陶醉，是来自兰亭集会的享受。）

总结：叙写宴集情况——乐

2. 诵读第二段。

思考：缘何而“痛”？

引领思路。（在享受了难得的聚会和快乐后，作者深切地感受到再圆满的团聚终要离散，再自足的幸福终要破灭，再坚强的生命终要走向灭亡。面对这一自然规律，作者不由得感叹“死生亦大矣”，岂不痛哉！）

总结：抒发人生思考——痛

3. 诵读第三段。

思考：为何而“悲”？

引领思路。（承上文“死生亦大矣”之“痛”而来，古人、今人、后者三者都对这同一话题有同样的感慨，都逃避不了生命终将陨灭这一规律，所以王羲之感到悲。但王羲之还说出了一句话，它是整篇文章的亮点所在——“固知一死生为虚诞，齐彭殇为妄作”。作者认为生就是生，死就是死，二者不得等量齐观，其中暗含有生之年应当做点实事，不宜空谈玄理。这也反映了王羲之的旷达性格。）

总结：简述作序缘由——悲

（四）小结

1. 本文的妙处正在这借题发挥上，因而显得立意高远。王羲之用324个字，既写出了兰亭盛会之乐，又抒发了“死生之大”的人生感慨，不愧为千古名篇。

2. 诵读全文。

（五）作业

文章最后一句“后之览者，亦将有感于斯文”，我们今天读他的文章，是“后之览者”，应该有许多新的感悟。结合历史人物，谈谈你是怎样认识王羲之对人生的感悟的，你对人生有什么体验？

第二部分：课堂实录

师：上课。

生：起立！今天是三八妇女节，让我们一起祝老师——

（齐声）节日快乐。

师：谢谢大家，请坐。本来我要告诉大家，今天是一个不寻常的日子，一是三八妇女节，再有，今天是八一中学的教学开放日。来了很多兄弟学校的老师，大家看，不敢说是群贤毕至，少长咸集，至少也是高朋满座，和乐融融。

师：我再告诉你们一个事儿，公元353年……

（学生笑）

师：永和九年，农历的三月初三，也是一个不平常的日子。

（学生笑，一名学生举手）

师：××来说。（手势，请）

生：（站起）王羲之还有他的很多友人就在会稽山的阴之兰亭相会、作诗、饮酒。

师：（重复）会稽山的“阴之兰亭”？

生：会稽山阴的兰亭。

师：会稽山阴是会稽境内的山阴县，在它的兰亭，怎么样？

生：在那里相会，作诗饮酒，然后写了一篇非常有名的集子，叫《兰亭集》，然后王羲之为它作序，叫《兰亭集序》。

（学生笑）

师：写了一篇特别有名的集子？

生：啊，不对，编了一篇特别有名的集子。

师：编了一篇集子？

（学生笑）

生：他们记录了这么一篇集子。

（学生笑）

师：差不多了，他自己认为差不多了，他的意思表达得差不多清楚了。其实，当时与会临流赋诗的名流雅士一共是41位，成诗的一共是37首。后来王羲之在人们酒欢兴浓之后把所有的诗收集在一起，编了一个集子是《兰亭集》，并作序概述其况。从那一天开始，农历的三月初三，就成了中国书法界一个永恒的节日，每年农历的三月初三，中国很多的文学家、书画家，都要云集于兰亭，借古人之地，书今人之思。

师：王羲之的《兰亭集序》真迹你见不到了，见到过摹本吗？

生：见过。

师：在哪儿看到过？

生：书上。看看教材的封面。（举起教材示意）

师：这个是摹本，据说真迹已经被李世民带到坟里去了。前人评价王羲之的这个作品，从书法上来讲，笔势"飘若浮云，矫若惊龙"，飘洒、刚劲。"天机流布，挺然秀出"，被人们誉为天下第一行书。其实，它不单是书苑的瑰宝，也是我们文坛的杰作，它不但是一篇一般的书序，更是一篇文笔很清新、立意非常高远的散文。

师：今天我们一起赏析这篇文章。我布置预习时，要求大家结合注解，把文章读熟、读懂。谁愿意主动来接受检查？

生：我来读（举手）。

（学生笑）

生：（读全文）

师：读的怎么样？

生：（鼓掌，但不够热烈。）

师：如果是我就不鼓掌，因为我还不是特别满意。（对一学生问）你觉得他读的怎么样，我看你刚才鼓掌了，但不是特由衷。你来说说。

生：读得还比较可以，好像就是没感情。

师：那你为何还给他鼓掌？

生：鼓励一下。

师：鼓励一下，勇气可嘉。我觉得你说得特别真实啊。那么，怎么读才叫读得好？刚才这位同学读得也还不错，但要看从哪一个层面上来讲。读准字音，做到了吗？

生：做到了。

师：读清句读，做到了吗？

生：做到了。

师：读出节奏，做到了吗？

生：做到了。

师：读出作者的情感，做到了吗？

生：没有。

师：（对刚才读书的同学）你觉得呢？

生：没想到。

师：没想是吧。那怎样才能读出作者的情感来？你在读文的时候，要身临其境地去联想，去想象，你就是临流赋诗的诗人，你眼前所出现的就是茂林修竹，崇山峻岭，还有……

生：清流急湍。

师：眼前幻化出这个画面来，才可以读好。有没有勇气说，老师，我试试？

（一学生举手）

师：大家看看谁举手了？王一楠，大家都知道是咱们班的……

生：音质男。

师：音质比较好，那王一楠，我为你的勇气鼓鼓劲，给你配点音乐好吗？

生：那，十分感谢。（幽默地）

师：（多媒体图示画面）

这是明朝文徵明画的《兰亭雅集》图。通过这个画面，你能想象一下当时文人墨客相聚兰亭、曲水流觞饮酒的情景。我试着给同学配乐，这是王羲之的《兰亭集序》的摹本。（显示摹本画面，并配《关山月》古筝曲播放）

生：（读文章第一段）

师：刚才王一楠同学读的这一段，大家觉得满意吗？李骁远，你评一下。

生：他有一句一个字读错了。

师：真是细节影响整体的美感，对吧，哪个字读错了？

生：会稽山阴之兰亭。

师：你来再客观地评一下，他读的有感情吗？

生：有感情。

师：哦，有感情，你眼前出现画面了吗？

生：嗯，出现了。

师：跟我们描述一下什么画面？

生：就是像文中描写的一样，高山流水，然后那个一片竹林，然后几个诗人在兰亭中把酒言欢，吟诗作对。

师：他是不是在写：诗人们在那儿觥筹交错，猜拳行令？

生：（齐声）没有。

师：没有这种喧闹对不对？是不是丝竹管弦在那儿热热闹闹？

生：（齐声）没有。

师：他们在那儿干什么？用原文的一句话说。

生：（齐声）一觞一咏。

师：一觞一咏，这就写出了相聚于此地的这些文人雅士那种雅而不俗的情怀。

生：无丝竹之乱。

师：对。那好，咱们一起把全文读一遍。读完以后，我要提一个问题。带着想象，带着联想去读。（起头）永和九年，声音出来，想象出来，一二——

生：（齐读全文）

师：总体还算流畅，个别的句子读错了，要注意一下。读完这篇文章，我问一个问题，这篇文章到底表达了作者怎样的感情？有谁说一下？

生：（站起）我感觉他就是先景色描写，然后……

师：要表达怎样的感情？

生：然后他想到了生死的概念，一种生死的感觉……就是说古人也在考虑生死的问题，他也想到了古人为什么考虑生死……在欢乐的时候却不知道衰老已经来了……他就说也是一种很伤悲的事情。

师：很简单的问题有点复杂化了。听清刚才的问题：文章表达了作者怎样的感情？不是问传递了怎样的思想观点。刚才他回答说，古人也对生死考虑了，我们也要对生死考虑，观点说得非常好，那么用原文的一句话来说是……

生：（齐声）死生亦大矣。

师：看来预习得挺好。但是作者到底要表达什么感情呢？什么是感情？你是应该找写景的句子？还是抒情的句子？还是叙事的句子？

生：（齐声）抒情的句子。

师：哪些句子是最能表现作者强烈感情的，第一段有没有？

生：（小声）信可乐也。

师：这是抒情还是写景啊？

生：（站起）我觉得他是到那个会稽山阴兰亭的地方看到了美好的景色，然后他与同人一起游玩十分快乐，所以说，“信可乐也”表达了他当时一种欢快的心情。

师：对，这就对了，在第一段里“信可乐也”，表明宴聚实在是让人很开心、很快乐的事。那么文章是不是就到此结束了？

生：没有。

师：如果到此结束了，如果“兰亭集”仅仅限于一个兰亭雅士的一个宴聚，它不会成为千古美谈，如果王羲之的笔触仅仅停留在宴饮时人们那种奕奕畅情，它也不会成为千古美文。后面在写什么？

生：后面在写王羲之他本人看到朋友们十分欢乐，想到人们在不知不觉中已经老去了，由此引起了自己对于生死以及时间的一些思考，表达了作者对生死的观点，就是死生亦大矣。

师：死生亦大矣，这是个观点，情感呢？大家给他补一句特别重要的是什么？

生：（齐声）岂不痛哉！

师：对了，其实就是痛。刚才为什么同学们一下把握不住文章的情感，是因为作者的感情是在不断地变化的。为什么一开始说乐而最后是痛呢？怎么反差如此强烈？我们一起品读这篇文章。回过头来看文章的第一段。我提一个问题，在第一段里面写兰亭聚会的盛况，按什么顺序写的？

师：“永和九年，岁在癸丑，暮春之初”，这是写的什么？

生：（齐声）时间。

师：会于会稽山阴之兰亭。

生：（齐声）地点。

师：修禊事也。

生：（齐声）事件。

师：做什么事，那么看看修禊事。“修”当什么讲？

生：（齐声）做。

师：做。那么茂林修竹，“修”当什么讲？

生：（齐声）长，高。

师：长竹子还是高竹子？

生：（齐声）高竹子。

师：那么还有一个，“况修短随化”，“修”当什么讲？

生：（齐声）长。寿命长。

师：再看，何为禊事？

生：（齐声）祈福消灾。

师：（笑）别窃窃私语，大声回答。

生：祈福消灾的一种仪式。

师：祈福消灾的一种仪式，一种祭礼。其实这种祭礼在《论语》里已经提到了。我们原来讲过《子路曾皙冉有公西华侍坐》，“点”当时是怎么说的？

生：（齐声）莫春者，春服既成，冠者五六人，童子六七人，浴乎沂，风乎舞雩，咏而归。

师：这就是修禊事的一种形式。好，我们看，时间、地点、事件有了，再看怎样的一种环境？

生：（齐声）崇山峻岭，茂林修竹，清流激湍，映带左右。

师：我这儿稍微多加一点，注意作者在写景和叙事的时候用的词，其实当时江南已经是花红柳绿，莺飞草长。作者没有写山清水秀，他用了一个——

生：（师生齐说）崇山峻岭。

师：他写竹子没写翠竹碧水，而用了一个——

生：（师生齐说）茂林修竹。

师：你看它的色彩是浓还是淡？

生：（齐声）清淡。

师：用词非常的清浅。应该是说他的志趣非常高雅。

师：接下来看，“又有清流激湍，映带左右，引以为流觞曲水，列坐其次。虽无丝竹管弦之盛，一觞一咏，亦足以畅叙幽情。”“一觞一咏”中“觞”如何解释？

生：（齐声）酒杯。

师：流觞，盛满酒的酒杯在水上漂。那么大家想，咱们现在的酒杯一般能漂起来吗？

生：漂不起来。

师：什么样的酒杯才能？

生：木头的。

师：你还真是有古人之思。想想这个“觞”怎么理解？

生：（齐声）喝酒。名词活用作动词。

师：喝点儿酒，写点儿诗。那就是说，他们的活动就是一觞一咏，亦足以畅叙幽情。接着“是日也，天朗气清，惠风和畅”交代的是什么？

生：当时的天气，春风和暖，和煦。

师：传说勾践在这儿种过兰花。不知道当年的兰花还能不能寻得，如果能寻得的话，我想当时兰花的香味已经飘过来了。春风习习夹杂着兰花的那种香味让人心旷神爽。

师：在面对着此情此景和志趣相投的人时，作者有怎样的感受？

生：仰观宇宙之大，俯察品类之盛，所以游目骋怀，足以极视听之娱，信可乐也。

师：那我的问题马上就来了，作者因何而乐？

生：（齐说）景，人。

师：人，怎么人也能让他乐？

生：因为在一起其乐融融，志同道合。

师：这种乐是一种同道之乐。还有呢，因为什么而乐？

生：春季。气候。

师：暮春之初，天朗气清。知不知道王勃的《滕王阁序》里边有一个词叫“四美具、二难并”，那“四美”是指的什么？我们没学过这篇文章。

生：（纷纷）良辰、美景、赏心、乐事……

师：作者乐的原因就在于同道之乐，环境之乐，气候之乐。更主要的是，作者的心灵已经和大自然——

生：融为一体。

师：他尽兴于山水之间的那种——

生：心旷神怡。

师：（会意，笑）那好，接着，文章写道“仰观宇宙之大，俯察品类之盛”。传说王羲之兰亭聚饮时，旁边有一个水潭，水潭里边有个小亭子，现在如果要咱们给那个亭子命名，有三个方案，第一个方案叫“流觞亭”；第二个方案叫“群贤亭”；第三个方案叫“俯仰亭”。哪一个最好？按照这篇课文的思路来想。

师：你来。（点名一位学生）

生：（站起）应该是俯仰亭。

师：为什么？

生：因为我觉得它前边两个听起来都觉得特别扭，比如说流觞亭，流觞呢，它漂着酒杯……只记叙这件事，没多大意义。

师：如果群贤亭呢？

生：群贤亭就更没什么意义了。更俗气……

师：那俯仰亭呢？

生：俯仰亭，我觉得就是可以体现他的一些精神……

师：是精神吗？可以体现什么？你帮他一把。（让另一名学生回答）

生：就是当时王羲之做的一些事。

师：做的一些事？我提醒一下。比如说你找不到答案的时候，你就在文章里边去找，他说仰观宇宙之大，放眼辽阔的宇宙，俯察品类之盛，低头来观察万事万物生机勃勃的万象，这个时候他有什么感觉，找一个词。

生：足以极视听之娱。

生：游目骋怀。

师：到底是哪个词？

生：游目骋怀。

师：何为游目骋怀？使眼力敞开，骋怀呢？

生：敞开的意思。

师：展开思索，那这篇文章里有思索吗？

生：有。

师：所以用哪个方案最好？

生：俯仰亭。

师：那我们接着来看，作者到底思考了什么内容，到底想到了什么事情。来看文章的第二段、第三段。

师：吴子旭，把二、三两段都读完。

生：（读文）

师：读得特别好。特别用心读，而且特别用情去读。大家知道，在第二段，作者的情感已经发生变化了。一开始他的情感是什么样的？

生：（师生齐说）信可乐也。

师：然后，由乐到第二段表明作者强烈感情的句子是哪句？

生：岂不痛哉！

师：岂不痛哉，他已经到了痛。那么到了第三段你找着表达情感的句子了吗？

生：悲夫！

师：最后就成悲了。我的问题来了：作者缘何而痛？为何而悲？这个问题有点难度，不是正高兴着呢吗？

（沉默）

师：你有过同学欢聚吗？高兴吗？

生：（齐声）有。高兴！

师：什么时候失落？

生：分别的时候。

师：有聚就有散。

师：快乐是……

生：（齐声）短暂的。

师：那离别是……

生：（齐声）伤感的。

师：春光是易逝的，那生命也是短暂的。其实看到良辰美景的时候，尤其是那些情感丰富的文人，更容易引发他对生命的一种伤感。凡夫俗子且不说，就算一些伟人英雄也是如此。比如，毛泽东对人生有过感慨没有啊？

生：天若有情天亦老。

师：人生易老天难老。

师：曹操有没有过感慨？

生：对酒当歌，人生几何。譬如朝露，去日苦多。

师：这首诗我们还没学到。高二、高三都有。那么看看作者是缘何而痛，那肯定是由美景引发了一连串的思考，缘何而痛这个问题，你来。（点名一位学生）

生：作者和他的朋友们看到良辰美景，然后都是畅叙幽情，但是王羲之想到这样的快乐短暂易逝，毕竟不是永远都能这样的，我总有老去的一天，况且情随事迁感慨系之矣，原来的东西随着时间的推移已经变成陈迹了，然后人的短暂的一生终究以死作为终结，他为这种死生亦大矣感到心痛。我觉得他感到悲的原因就是他自己看古人对生死的思考以及文章，感到“未尝不临文嗟悼，不能喻之于怀”，他觉得后人看自己文章可能也是不能理解的，所以他为这个感到可悲。

师：哎呀，要宋丹丹在这儿，肯定会说……

生：（齐声）你太有才了。

师：（笑）没想到你能侃侃而谈那么多。但是有一点，我觉得好多同学思路没跟上，是不是，有没有跟不上的？（观察全体表情）看刘响的表情是没有跟上。刘响没跟上，我就领着刘响往前走。他刚才说的是什么意思呢？“夫人之相与，俯仰一世”中“俯仰”当什么讲？

生：一瞬间，转瞬间。

师：一俯一仰，时间非常短暂，短暂的时间内，人的一生就要过去了。那总又要想到人生苦短，因为盛世不长，胜景难再。想到人生苦短，那么他的这个痛，首先为什么而痛？

生：（师生齐读）向之所欣，俯仰之间，已为陈迹。

师：这说明什么？

生：快乐的短暂。

师：从来都非常喜欢这个东西，追求这个东西。但是时间一长，就觉得不喜欢了，比方说，我喜欢一个人，特别特别喜欢，时间长了我就没有这种感觉了，这就叫……

生：（齐声）审美疲劳。

师：人永远追求新的东西，对吧。这是一种痛，第二个呢？“或放浪形骸之外，或悟言一室之内”是不是这样讲的？那作者在兰亭聚会是悟言一室还是放浪形骸之外？

生：（齐声）放浪形骸之外。

师：获得快乐没有？

生：（齐声）获得了。

师：那么人在这种快乐中不知不觉地就——

生：（师生齐读）老之将至。

师：所以说，人生苦短，苦在哪儿了？从时间上来讲不知不觉——老之将至，从情感上来讲，不可能永远没有倦怠，兴之将倦，由快乐的短暂到兴趣的将倦，又想到了生命，有个特别重要的句子叫什么？

生：（齐声）况修短随化，终期于尽。

师：什么叫“修短随化”？

生：寿命的长短听凭自然规律。

师：听凭自然规律，你再顽强的生命，再牛的人，在自然规律面前也变得那么的渺小，你再有情的生命，也得被无情的自然规律所吞噬。想到这些，人生这么美好，生命不能永恒，这岂不痛哉！知道痛的缘由了吧。其实古人有很多都发这种感慨，再如王勃写的《滕王阁序》里的句子是怎么说的？

生：（沉默）

师：我的课代表是不是救助一下？

生：（语文课代表紧张状）对不起，老师，我没想起来。

师：想不起来，没关系。我提醒你一下：天高地迥……

生：（坐着回答）天高地迥，觉宇宙之无穷；兴尽悲来，识盈虚之有数。

师：（幽默）呦，他一紧张，忘了站起来。

生：噢噢（站起）……不好意思，老师。

（全班笑）

师：（笑）请坐。说得特别好，真是如此。咱没讲这篇文章，但课代表还是有这方面的知识。接着思考，这个“悲”应该如何理解？

师：对了，刘响刚才我说这么多，你懂点了吗？跟上了吗？还有什么疑问吗？

（刘响点头微笑）

师：（老师笑）那接着往下看，对于这个“悲”我们应该如何理解，“我”看古人的文章，古人对生死发出了怎样的感慨？

生：（齐声）若合一契。

师：那“我”也断定后人看“我”的文章也发出感慨，哪句话这样说的？

生：（齐声）亦将有感于斯文。

师：亦将有感于斯文，还有什么？

生：（齐声）后之视今，亦尤今之视昔。

师：既然这样，“我”就应该把记载着“我”思想的东西留下来，这是交代了作序的目的，而且，生命自古以来都不可控制，这是把千古之悲给沟通了。

师：“一死生，齐彭殇”是谁的观点？谁讲讲这句话的意思？（点名一位学生）

生：庄子。把生和死看得一样，齐彭殇就是把长寿和短命等同。

师：等同起来，那作者认为这是什么样的？

生：这是荒诞的。

师：那孔子的生死观是什么？

生：死生亦大矣。

师：书下注解有误，注解说“死生亦大矣”出自庄子的什么文章，这儿没错，它少了一句是庄子引用孔子的话。

师：孔子的生死观明确了，庄子的生死观也有了，王羲之的也有了。我现在设一个想法，假如他们三个一直活到现在，我们告诉他，你们每个人的生命只剩下三天了，他们会有什么样的反应？什么样的行为举动？

生：（开始回答）

师：我们分成三个小组讨论回答吧。这边（右边一组同学）你们是孔子组，只想孔子的事儿，（中间一组同学）你们都想庄子的事儿，那边（左边一组同学）是王羲之组，好吧。愿意商量就商量，愿意自己想就自己想。

生：（开始热烈讨论）

师：停。现在分组回答。庄子会如何，谁是庄子这一组的？你要了半天庄子，你说。（点名一位同学）

生：（站起）庄子，他就会非常消极，然后他就……

（全班学生异口同声：“消极？”）

师：他会很消极？反正要死了，坐着等死吧。是这样吗？

生：对。

（集体表示反对）

师：对呀？（让学生坐下）你们反对不反对她（指刚才那位同学）？

生：反对。

师：你来说。（点另一位同学）

生：庄子认为死和生是一样的。

师：对呀！庄子没有什么事儿，他会处之泰然，处之淡然，处之恬然，甚至处之欣然。会这样吧？

生：会。

师：对呀，妻子死了还要击盆而歌呢，他认为生和死只是生命存在的两种形式。然后孔子组回答。（右边一组同学）谁来说？王一楠来说。

生：（站起）我是一种猜测，我觉得孔子可能会召集他的学生过来，然后考问一下。

师：赶紧召集学生来干吗？

生：给他们传授知识，然后告诉他们怎么办怎么办怎么办，（学生笑）然后办一个比较大一点儿的丧礼，他不是死生亦大矣吗？大事儿嘛，然后就可能要……

师：噢……还要办一个大点儿的丧礼，这个我还真没有考证过。回头查查看孔子是不是这么嘱咐的啊。（学生笑）至少我觉得他前边说的有道理，前边说的是赶紧召集学生过来，我得给你传授知识，然后他还要到全中国去游说，（学生笑）积极的人生态度。要是王羲之呢？比方说生命只剩三天了怎么办？来（点名一位同学），你来说。

生：（站起）我觉得就是游览世界，他说“仰观宇宙之大，俯察品类之盛”，就是游览那些世界美好的东西，极视听之娱。

师：极视听之娱，我会宴饮，我会吟诗作赋，我会尽情于山水，忘情于自然。是这样讲吗，他说的对还是不对？

师：其实，王羲之对生命悲的本质后面，大家想一想隐藏着什么？

生：对生命的热爱。

师：是对生命的热爱和眷恋。而在魏晋时期整个的社会文化风气是崇尚老庄，崇尚玄学。我们可以看一个资料。

（多媒体出示前人评价）通篇着眼在“死生”二字。只为当时士大夫务清谈，鲜实效，一死生而齐彭殇，无经济大略，故触景兴怀，俯仰若有余痛，但逸少旷达人，故虽苍凉感叹之中，自有无穷逸趣。

那么究竟如何评价王羲之这篇文章中所表达的生死观，不是我们今天能够解决的问题，因为我们的社会阅历太浅了，人生经历太少了。留给同学们做认真的思考，我布置一个作业：你如何评价作者的生死观，到底是消极还是积极，你对人生有什么样的感悟，写一篇600字的短文。

师：再有，必须得全文熟读。文章写得很美。首先它留了很多特别宝贵的语文材料，我一提，你能说出好多成语来。比如游目骋怀、群贤毕至、少长咸集、崇山峻岭……再有，语言很清新，另外，它不是一般的书序，它的立意非常高远。

（教师板书）

师：王羲之离我们已经有一千六百多年了。星汉迢迢，岁月悠悠，他的美文依然被我们传颂，他的书法依然被我们欣赏，他对人生的感慨依然对我们今天所有的人有一种启迪，是不是如此？接下来咱们是不是应该全文读一遍？到时间了吧。那好，课下读书，再完成书面作业。能完成吗？

生：（齐声）能完成。

师：一定要完成，好吧。那今天课到这儿，下课。

生：（班长）起立，老师再见。

（2007年3月北京市八一中学教学开放日公开课）

《杜十娘怒沉百宝箱》教学思路

【教学目标】

1. 复述情节，分析杜十娘的人物形象。

2. 分析杜十娘悲剧的根源，感受杜十娘悲剧的独特魅力。

【教学重点】

人物形象及刻画方法。

【教学难点】

理解杜十娘悲剧的实质。

【课时安排】

2 课时。

一、教学导入

小学二年级的时候很迷恋听广播，一台老式的半导体收音机送给我精神大餐，《杜十娘》的开头至今记忆犹新。在舒缓而悲切的音乐声中，有一段朗诵词特别抓人，至今记忆犹新。

杜十娘啊杜十娘，
你是风尘中无瑕的白玉，
你是污泥中不染的莲花。
虽然是红颜薄命，连遭恶风雨，
却能够宁为玉碎，节操不屈……

杜十娘怒沉百宝箱到底讲述了怎样一个故事呢?

二、梳理情节

1. 复述：请同学概述小说情节。

京城名妓杜十娘与南京李布政的公子李甲相识，两人情投意合。李公子将银两散尽仍不舍离去，引来父亲的愤怒、老鸨的不满。幸亏十娘暗中接济，加上同乡柳公子代筹银两，十娘得以赎身随李从良。夫妻二人携手归乡，途经瓜州遇风雪阻塞，偶遇盐商孙富。孙富垂涎于十娘的美色，心生邪念，利用李甲身无分文而畏惧父亲的心理，从中挑拨，怂恿李甲将十娘以千金转让。十娘得知后万念俱灰，悲愤难抑，当众将随身携带的百宝箱中价值万金的珠宝全部投入江中，随后自沉江流，留下悔恨不已的李甲。原本可以成为一段佳话的美好姻缘，却沦为一桩令人欷歔不已的悲剧。

2. 朗读：最震撼你的情节是什么？

十娘沉江一段。

3. 质疑：读完全文，你有哪些触动？有哪些想法？有哪些不解的问题？

学生问题呈现：

为什么杜十娘要积攒百宝箱？杜十娘自己有银两，为什么不早告诉李甲？李甲筹集到银两赎出她后，她为什么还是不把实情告诉他？杜十娘为什么不选择别的路，非要选择自杀？杜十娘是爱李甲的，为什么不在把百宝箱送给李甲之后，才投江而死？……

三、分析人物形象

问题聚焦：杜十娘是怎样一个人？从哪些地方可以看出来？（细节、对比手法塑造人物）

思路提示：

1. 请同学从文本中找出表现杜十娘性格的句子并加以分析。

明确："浑身雅艳，遍体娇香"写出了杜十娘姿容的美丽；"杜十娘与李甲真情相好，见他手头愈短，心头愈热"可看出她的轻财好义、热情和善良；"用计赎身"可见其机智、聪明、颇有心计；"怒沉百宝箱，投江自尽"是杜十娘绝望之时的表现，用死进行反抗，可见她的刚强、坚定。

2. 文中几次写到"百宝箱"？请分别找出来。为何十娘投江前才说出百宝箱的秘密？

讨论明确：共出现 4 次。

第 1 次：当李甲为十娘赎身时，四处奔波借债，十娘拿出了"私藏碎银一百五十两"。第 2 次：当十娘与李甲告别众姊妹上路时，"姊妹"送一描金文具至前，封锁甚固。……十娘也不开看，也不推辞，只殷勤作谢而已。第 3 次：当李甲用完那二十两白银，为盘缠愁闷时，十娘又开箱拿出白银五十两。但李甲在旁自觉惭愧，也不敢窥觑箱中虚实。第 4 次：十娘得知被卖后，悲愤交加，将箱中宝物一一投入江中，最后"抱持宝匣"投江自尽。

十娘没有说出百宝箱的秘密，在于试探李甲的诚意。这八年的风尘生活，她见过太多达官贵人的虚情假意，甜言蜜语，也见过太多王孙公子、朱门豪富的薄情寡义、挥金如土，她把这次爱情看成脱离苦海的孤注一掷，她能不小心谨慎吗？她不愿在爱情的天平上增加一颗金钱的砝码，她呼唤一种不为物欲和利害关系所左右的人际关系。"百宝箱"的意义不仅是财产，而且是杜十娘价值的象征、希望的寄托。当杜十娘"做人"的希望破灭时，百宝箱也"消失"了。

由此确立教学重点：人物形象和社会意义。

3. 杜十娘在“沉江”之前有哪些表现，说明了她怎样的心理状态？

讨论明确：当十娘知道李甲将自己出卖给他人时，便醒悟到自己选错了人，也清楚地看到了自己的前途，不能摆脱被侮辱的地位。她万分痛苦、失望，但又刚强而冷静地对待自己即将到来的命运。她故意装扮得那样整齐，然后当着孙富、李甲及两船之人打开描金文具，先后将其中的各种珍宝珠玉投入江中，指斥李甲的“见利忘义”，痛骂孙富的“破人姻缘”，愤慨自己“中道见弃”，最后“向江中一跳”，不惜以死来表示对恶势力的反抗。

杜十娘处于封建制度、封建礼教压迫的最底层，凭着自己的智慧和勇气，执著追求纯洁真挚的爱情。当她的爱情理想在封建礼教和门第观念的重重压迫下破灭后，她宁死也不妥协，以自己的死发出了追求纯真爱情的宣言，铮铮傲骨，荡气回肠。

四、探究杜十娘悲剧的社会根源和意义

（媒体片段播放杜十娘投江的镜头）

“苍天啊，苍天，天地如此广阔，难道就没有我杜十娘咫尺存身之地吗？”

“苍天啊苍天，让我杜十娘这一片真心，满腔真情，和我这无价的百宝箱都随着滚滚的江流一起去吧。”太多的感慨，太多的惋惜：一是百宝箱蕴藏百宝，不下万金，杜十娘让它就这样沉入江底了，可惜，太可惜了；二是浑身雅艳，遍体娇香的如花似玉的一代名姬就这样随波而去了！

我们对十娘决意沉江的那一幕印象深刻、触目惊心。作者使用的墨色极其浓重，也极其哀丽。滚滚江水，义愤人心，怀抱宝箱的女子服饰华丽，面容悲艳，如花似玉的一代名姬葬身江水的悲剧，是谁的过错？

探究一：谁之过？——孙富？李甲？……

参考角度：

（1）李甲的负心。（启发：李甲的负心为何对杜十娘的打击如此沉重？）

李甲：怯懦自私、背信弃义，是个愚蠢、懦弱的纨绔子弟，他所贪恋的不过是十娘的姿色。对于十娘的从良，他一直采取消极态度。在李甲心里的天平上，一头是封建礼教、门第观念，一头是十娘的爱情。李甲在这“礼”与“情”的抉择中，他的天平最终倒向了“礼”的一边，这绝不仅仅因为狡猾诡诈的孙富的出现和酒楼上一番“高明”的“心腹之谈”，重要的是李甲对杜十娘最终是“发于情，止于礼”。遵从礼教，遗弃十娘，这是他的必然选择。

（2）孙富的挑拨。（启发：孙富为何要挑拨？为何能轻易成功？）

孙富：阴险狡诈，卑鄙无耻。孙富垂涎于十娘的美貌，用计来结识李甲，玩弄伎俩，抓住李甲的弱点（慑于严父，慑于社会舆论，苦于盘缠）攻破其防线，诱使李甲以区区千金出卖了自己的情人，破坏了别人的姻缘。

（3）父亲的反对或传统社会观念——门第观念，封建礼教中的贞洁意识。（父亲为什么反对，他的思想代表着什么？）

李布政：封建势力的代表。杜十娘并非败于孙富对李甲的诱惑，而是败在李甲恐惧来自伦理与礼法的可能威胁。从孙富的话语中“尊大人位居方面，必严帷薄之嫌，平日怪兄游非礼之地，今日岂容兄娶不洁之人”，告诉我们，李父之所以反对儿子的婚事，一是两人门不当、户不对，二是十娘乃不洁之人。说明封建社会不允许有身份的人去娶这种“娼妓贱妾”，不能“为妾触父，因妓而离家”。相反，买卖妇女的行为却是允许的，李甲、孙富的性格，正是这种道德观的产物，杜十娘成了传统观念的牺牲品。没有实现真正意义上的社会观念的解放，女性对人生美好理想的追求在当时社会里只能是一个悲剧。

（4）杜十娘的错判。

杜十娘高估了自身决心所起的效力，这便是她的错误。在一年多的欢爱时光里，她或许没有机会见识李甲的决断能力，单筹银一事，流露出来的懦弱，已见端倪，他的自私、对金钱的渴望，“视十娘为轻，视银子为重”以及震慑于父亲的惶恐，十娘不会全无察觉，即使认识到了也无动于衷，这便是她悲剧命运之所在，这只能怪她眼内无珠，不能充分认识到这原本就是不公平的畸形爱情。

小结：

杜十娘身份的低微，对美好感情的执著追求与封建礼教和门第观念发生了强烈的冲突。在社会封建势力的挤压下，李布政发号，众亲朋摇旗，孙富呐喊，李甲实施——封建礼教和门第观念的压迫是导致杜十娘悲剧的根本原因。

探究二：杜十娘悲剧的社会意义何在？

杜十娘抱匣沉江的那一幕，很容易让我们想起中国古代许多爱情悲剧故事的女主人公。她们都在追求爱情的道路上付出了惨重的代价。“举身赴清池”的刘兰芝，“翩然化蝶”的祝英台，咯血死去的林黛玉……与她们相比，杜十娘的悲剧色彩就更显浓烈。因为不仅仅是诸如以李布政为代表的封建势力那无形的血盆大口吞噬了她，更有在这种势力摆布下的富豪子弟李甲的负心和孙富的奸诈用心，他们合伙把这一为纯真爱情而付出的女子推向了绝路，那悲壮的一幕是凄惨的，更是美的——留给了人间一份至真至纯的情感美。

小结：

鲁迅曾言：悲剧是将人生有价值的东西毁灭给人看。杜十娘的悲剧意义不仅在于对黑暗的社会进行揭露，对人性中丑恶自私的成分进行挞伐，更在于对人性中真善美的呼唤和歌颂。今天我们学习这篇小说，可以惊诧于她那旷古绝今的坚毅，可以赞叹她那惊世骇俗的壮举，可以震撼于悲情傲骨的凄美，但绝不是鼓励大家去模仿她的刚烈。文学家创作悲剧一是源于他的社会责任，更重要的是点醒人们不再制造更多的悲剧，更不能去做悲剧式的人物。一旦我们在生活中遇到情感上的伤害，应该正确对待。

杜十娘已经随着滚滚的江水而去，但她的美丽会留在我们的心中。

五、作业

以《杜十娘的选择》为题，写一篇读后感。

附：板书设计

杜十娘怒沉百宝箱

	美丽　聪慧
杜十娘	热情　善良——毁灭——悲剧美
	坚贞　刚烈

教学反思

本次公开课有幸得到了北京市教科院语文教研中心两位专家的指导和点拨，得到了高中语文组全体同人的帮助和支持。我有几点较深刻的认识和体会。

1. 对于篇幅较长的课文，整体把握，找准切入点。这是一个语文教师应该具备的基本功。本课就是从情节发展的高潮入手，直接切入杜十娘的人物形象和悲剧意义。使得课堂有节奏，知识有落实，思维有密度。刘宇新老师讲到了一个观点：一节好的语文课，教师对课文整体的驾驭能力应该做到三个层面，第一是能拎得起来；第二是要抡起来；第三是甩一甩，还要甩得圆。他认为这节课大致上是甩圆了。

2. 对教材把握准确，理解到位。马雪鸿专家充分肯定了本节课的教学个性，即教师本身对教材独到的理解和感悟。他提倡一种教学目标定位法是，一篇教材，老师授课前至少要读五六遍。对文章内容的理解首先是教师本身对教材的理解，而不是首先想到查阅教参，把教参提供的观点移交给学生。教师本身对教材的最初理解和感悟体验是教学目标生成的一个重要因素。教学个性不仅仅体现在风格语言，还体现在教师的思想和见地。

3. 眼中有教材，心中有学生，问题从学生中来。教学的第一个环节，不是老师预先设计问题，而是从学生的阅读中发现问题。通过质疑、交流、讨论，老师能够巧妙地、有指向地把分析的重点引领到对人物形象的分析和作品主题的理解上。课堂气氛活跃，学生的思维得到了切实的训练，也体现了新课程的基本理念。

4. 语文课要解决的问题应该是侧重词句篇章，强化文本意识，这一点是本节课的一个薄弱环节。比如，复述故事梗概的环节，如果仅仅流于形式，流于公开课的表演节奏，对学生的文字训练、概括能力的训练必然落不到实处。另外，对高潮部分能够表现杜十娘人物性格的几处细节描写，处理得太过简单粗糙。

5. 学生的朗读水平还不过关。加强朗读教学应该引起语文教师足够的重视。让语文课堂“响亮”起来，这应该是语文教学永远的追求。

（2004 年北京教科院专家调研指导课）

《我若为王》教学思路

《我若为王》是聂绀弩先生的一篇杂文，首次选入中学语文教材。2004年的第一学期，我选取此文做了一节全校的公开课，在备课和授课的过程中，自己尝试着融入新的教学理念，使用新的教学手段，取得了不错的教学效果，但也存在不少缺憾。我想以本课为案例，谈谈自己在教学中的感悟和收获。

一、选课的原因

聂绀弩先生是我国现代杂文史上继鲁迅、瞿秋白之后影响最大的杂文家。《我若为王》以巧妙的构思和犀利的语言表达了消灭王权、铲除奴性的深刻的思想，是一篇假想式杂文的成功典范。选此篇课文做公开课基于两点原因：

一是在中国，有王权意识的普通人多，有奴才思想的人更多。未来社会的文明，关键在于我们是否教育出具有民主、平等思想的新一代公民。《我若为王》是一篇抨击王权、批判奴性的力作，其深刻、尖锐的思想足以成为培养学生民主、平等思想的文本典范。哪怕在学生心中种下一点点民主的种子，也是语文教学的无量功德了。

二是想挑战自我，做一个尝试。从我个人的角度更喜欢或者说更擅长讲授文学作品。而杂文这种像投枪，像匕首，思想深刻、战斗性强的文章，讲起来往往显得激情不够，文弱有余，力不从心。学期伊始，教研组订计划的时候，我对语文组的老师说：4月1日我来讲《我若为王》，反正是愚人节，索性我也尝试着“狂一把”。选取这篇教材讲公开课，的确是一次战战兢兢的尝试。

二、总体设想

依照师生互动的新的教学理念，针对本课的内容及杂文的特点，教学设计的基本思路是设置三个层面的对话平台。

1. 第一个层面：与文本对话——理解课文的内容和写法。

这里包括两个步骤：

第一步是朗读全文，理清思路，对课文进行整体感知。

第二步是研读课文，以问题的形式设计三个思考讨论题，分别涉及文章的主题、写法和语言。

① 聂先生到底想不想为王？试在文中找出根据。（把握文意）

② 作者对王权和奴性持怎样的态度？你认为哪些句段写得精彩？或形象或深刻。请指出并说说理由。（分析主题，品味语言）

③ 作者花了大量的笔墨写他为王之后的好处，这样行文有何妙处？（体会写法）

2. 第二个层面：与作者对话。以探究作者观点为切入点，激活学生思维的主动性，以期对文章的内容有更深入的理解。

作者说“我将变成一个暴君，或者反而正是明君：我将把我的臣民一齐杀死，连同尊长和师友，不准一个奴种留在人间”。你是否赞成作者的做法？你认为是先消灭王权，还是先消灭奴才？

其实，这个问法本身就是一个圈套，讨论的最终结果是：

要消灭王权和奴性，最根本的是要解决制度问题。

3. 第三个层面：师生对话。阐述自己的观点与学生交流，以提升学生的认识，培养学生的民主意识、健康个性和健全人格。

（关于对话的提法，评课时专家认为此提法有失妥当，不够科学，不够朴素。窃以为，其实也未尝不可。从与时俱进的角度看，当今“对话”一词的外延已经大大地扩展了，已经从“面对面交流”的本义引申出一种抽象义和文学意义。我们经常听到“与自然对话”“与历史对话”的提法。教委胡新懿主任曾非常赞赏二十中校长在学生课间操验收时的一句回答：我们让学生与地球对话。不过，作为语文老师，在教学词语的使用上还是稳妥一些为好。）

三、课后反思

总体感受：教学思路清晰，课堂进展较流畅，重点、难点突出。整个教学设计体现出教学的新理念。三个对话平台的设计分别从“知识与能力”“过程与方法”“情感态度与价值观”等方面体现了新的教学思想和目标。教学手段的灵活性、教学的互动性、课堂的开放性都得到了不同程度的体现。在从知识课堂转向生命课堂的探索中迈出了可喜的一步，得到了课改中心专家的充分肯定。北师大的肖川教授在听课过程中做了精彩的即兴发言。反思整个教学过程，我收获的不仅是自信和信心，同时也认识到了自身在教学中的不足。

1. 对课文的内容理解和思想深度有待提升。教师对教材的理解，很大程度上影响到学生对教材的理解。作为语文教师，只设计几个合理的教学环节是远远不够的。不仅需要多方面地修炼驾驭课堂的能力，还要不断提升自己的思想认识水平。就本课来说，与作者对话环节的设计可以说激活了学生思维的主动性。但是当各持观点，学生相持不下的时候，我的点拨就显得苍白无力。我没能从历史的高度信手拈来一个强有力的论据来佐证自己的观点。专家在课堂上的发言就十分精当，的确显示出专家的理论高度和思想深度以及知识厚度。可见高瞻远瞩的教育眼光和渊博的学识，必须在实实在在的教学工作中培养。

2. 不能够超越课堂，超越自我。不能够超越课堂，表现在局限于传统课堂的教学模式，在整理思路时显得拖沓；不能超越自我，表现在被定式思维所左右，造成判断失误。当专家站起来发言时，听完第一句我误解为是要评课，所以打断了他，是因为一是对方专家的身份，二是他发言的时机，在临近下课的前一分钟，并且是在一个小小的结束语、一阵掌声之后。不过这个失误恰恰反映出一个问题，那就是课堂驾驭不够灵活，反应不够机敏。

一个优秀的教师一定要学会超越，只有学会超越，才能发展自我；只有学会超越，才能使学生发展；只有学会超越，教育事业才能大踏步前进。

（2003 年海淀区研究课）

《致橡树》教学思路

一、总体构思

诗歌是文学的骄子，也是文学的最高形式。高一语文新教材编选了中外诗歌名篇精品近20首，充分渗透了新的教学理念，即语文学科的性质已经远远超出了单纯的工具性，而更强调人文性、文学性。提高文学鉴赏水平成为提高学生语文素养的一个重要组成部分。学生时代正是青春勃发、诗情洋溢的时期，对诗歌的热爱无异于对青春的拥抱。精品名作的阅读鉴赏，不仅能引发他们学习诗歌的兴趣，点燃青春的激情，还能提高文学修养，提高审美情趣。

《致橡树》是一首爱情诗，意象新奇，思想深邃，诗味隽永，是当代诗坛朦胧诗人舒婷的代表作之一。长期以来，爱情主题在中学语文教学中一直是一个禁区。而处在青春期的中学生，一方面对这个话题讳莫如深，另一方面又对这个话题极度的敏感和兴奋。但是表现形式又是那么遮遮掩掩、躲躲闪闪，甚至于羞羞答答。如何引导他们正确地面对这个敏感的话题，如何引导他们树立正确的人生观、爱情观，舒婷的《致橡树》便是一篇很好的教材。从艺术上讲，这首诗虽谈不上多么经典，多么精美，不可能讲出《再别康桥》的飘逸和轻盈，也不具备《雨巷》的朦胧和诗意，或许还可能引起个别学生的哄笑，但是我们可以借助诗歌的阅读、鉴赏，渗透对学生人生观、价值观、爱情观的教育。

基于上面的设想来确立本课的教学目标、教学方法。课型属于“接受加探究模式”。

二、教学目标、教学方法设计

1. 了解朦胧诗的特点，从诗歌的鉴赏中得到一种审美享受。

2. 理解诗歌的意象和象征手法，体会诗中的形象。

3. 引导学生树立正确的爱情观。

前两个目标侧重知识和能力的培养，使学生在欣赏过程中对本诗的内容和艺术手法进行理解和鉴赏；第三个目标则侧重关注学生的情感、态度和价值观。

基于诗歌教学的基本特点，采用“诵读——导引——感悟”的教学方法，并辅助多媒体的教学手段。通过朗诵、配乐和画面充分诠释本诗的内容，使学生获

得思想和审美上的双重体验。（课时安排：1 课时）

三、教学步骤实施

（一）检查背诵，导入新课

通过检查《错误》一诗的背诵，引入新课。《错误》和《致橡树》两首现代诗都属于爱情主题。但两首诗的风格、表现手法和表达的爱情观迥异。可以通过检查《错误》一诗的背诵，以对比的手法引出新课的主题。此环节设计两个小问题来导引、过渡。

1. 妆楼上的思妇为什么活得这般痛苦，这般无奈？

2. 现代社会中这样的女性形象还多吗？怎样才能使她摆脱愁苦的情绪？中国当代诗坛上的一名女诗人帮她找到了答案。我们今天一起来学习舒婷的爱情宣言《致橡树》。

（二）介绍作者，朗诵全诗

教师简要介绍作者后，学生朗诵全诗，初步感悟诗人表达的情感。之后，通过检查朗读中语调能否准确转换，检查学生对此诗在第一个层面上的理解。

设计思考题：你认为在朗读时，情感和语调应该在什么地方发生明显的变化？说明理由。（由此可以解决层次的划分）

（三）揣摩诗句，赏读全诗

抓住诗歌的意象，通过对诗句的赏析，体会两棵树形象的象征意义，了解朦胧诗的特点，进一步领会此诗的深层内涵以及所表达的主题，完成对此诗第二个层面的理解。可通过朗诵和设计思考题的方式赏读。

诵读可以分三种方式进行：①自由读。②请同学示范朗诵。③男女生轮读。男生读出你们坚毅、刚强的阳刚之音，女生读出你们温柔、真挚的阴柔之美。

1. 在诗歌的第一部分中，诗人选取了哪些意象？这几种意象各有何特点？

2. 诗中连用六种意象、六个比喻句，表明了诗人怎样的态度？你觉得在朗诵第一部分时应如何把握语气？

3. 请同学们找出描写橡树和木棉的诗句，分析木棉和橡树的形象，并指出其象征意义。

4. 找出你最喜欢的诗句，并说说喜欢的理由。（可以从思想内容和表达技巧两方面来谈）

5. 如何理解“像沉重的叹息，又像英勇的火炬”？（这是本诗的难点）

6. 谈谈你对朦胧诗的认识。（教师补充介绍有关朦胧诗的知识）

（四）比较鉴赏（小组讨论）

通过比较阅读，结合自己对爱情的认识，更加深入地理解该诗的主题。课堂

（或扩展）训练题目：比较《我愿意是急流》和《致橡树》在思想感情和写法上的异同，说说你更喜欢哪一首诗。教师在总结中对学生的观点进行及时、正确的引导，并布置作业，要求学生将课堂上的比较鉴赏整理成文字。

（五）小结：中学生要树立正确的爱情观

爱情是美好的，是人类永恒的主题。爱人是美妙的，被人爱更是幸福的，中学生就不乏"早恋"的现象；但是爱又是苦涩的、艰难的。过早涉猎这个禁区，只会品尝到一杯苦辣的酒、一颗酸涩的果。倘若一个人自身的思想尚未定型，经济还未独立，心理还未成熟，他的事业还未确定方向，他还不能恰到好处地把握自己的理智与情感，那么，我想他还不能轻率地向爱情靠拢。

我们中学生还是成长中的幼苗，要意识到，其实我们身边已经拥有很多的关爱：父母之爱、师长之爱、朋友之爱都包围着我们。我们每天都在父母的呵护下呼吸着幸福的空气；我们每天都在师长的关爱里品尝着知识的甘露；我们每天都可以从同学、朋友的微笑中感受到阳光般的温暖。我们现在首要的是学习科学文化知识，学会如何不断完善自己。当我们真正成长为一棵棵挺拔的、枝繁叶茂的参天大树时，真正的爱情才会悄悄向你走来。

（六）展示课件：配音配画诗朗诵《致橡树》

利用多媒体让学生体味诗的节奏、韵律和画面美。从审美的角度领略全诗所创造的意境，从而进入诗歌鉴赏的第三个层面，使学生的审美感受得以全面提升。

四、教学反思

诗歌是一种给人以美感的文学体裁，诗歌教学也要讲究给学生以美的风格和美的感受。完成本课的教学后，尤其是在多媒体课件以音、画、诗的形式立体地在学生眼前展示后，学生表情上表现出的是陶醉和神往，他们不仅感受到了诗歌的美，也了解了新时代正确的爱情观。这无疑为他们今后人生爱情观的确立涂上了一抹鲜亮的底色。

本案例给我的最大感悟：语文教学，尤其是诗歌教学，它是师生间一种特殊而平等的心灵对话。只有教师用心教诲，学生才会用心感悟。

（2005 年海淀区公开课）

我的教学语录

1. 语文与我们的生活密切相关，它伴随你一生的成长。语文修养和能力的高下不仅更关乎你的生活，你的情趣，还关乎你的生命质量。

2. 语文是高考的纳税大户，语文不仅有高考的语文，文学的语文，更有生活的语文，生命的语文。知识的语文让你顺利地工作、交流，而诗意的、渗透文化的语文是用来滋润生命，涵养心灵的。

3. 对语文的爱源于对生活的爱，心贴在语文上，就会发现生活中更多的真善与美好。亲近语文，享受语文，你会因为它的回眸而赢得一生的灿烂。

4. 学好语文，不仅要付出时间，付出精力，更要付出情感。因为语文学科是最有灵性的，你喜欢它，它才会喜欢你。

5. 良好的学习习惯是你终身享用不尽的财富。让朗读背诵成为我们的必修课，让阅读积累成为自己的心灵鸡汤，让语文学习成为全面提高成绩，终身滋养生命的脑白金。

6. 千万别躲老师。当你开始躲着语文老师时，语文这门课就已经开始躲你了。

7. 没了阅读，你的语文就成了一潭死水，而且是一潭会随着时间的推移日渐减少变质的死水，那结果一定是语文学习的失败，你的语文最终会成为你前进道路上的绊脚石。

8. 语文学科承载着中华五千年的璀璨文化，是引领学生继承优秀的民族精神、超越功利和迷茫而飞向未来的隐形翅膀。千万不可以学习紧张为理由而放弃阅读。你放弃了阅读，也就放弃了语文。

9. 语文学科有自己特殊的生长期，当语文素养积累达到一定程度时，某一天，你会发现自己的语文成绩突然好起来了。

10. 语文教学要重视学生活动，让学生在活动中涵养底蕴，提升能力。底蕴厚实了，能力提升了，还担心成绩上不去吗？

11. 一定要关注学生的学习状况，只有建立在把握学情之上的教学，才是最有效的教学。

12. 语文教学不仅要培养学生的语文素养和语文能力，更要在教学中提升他们的审美能力，健全他们的人格。

13. 创造性地组织语文活动，才能把外在的要求变成学生的内在需求。

14. 理解母爱，要引导学生从史铁生身上寻找自己的影子，从史铁生的车辙后面寻找自己母亲的影子。

15. 语文老师书要读厚，功要练实，讲台才能站稳。

16. 一个优秀的语文老师，不在于教给了学生多少知识，而在于你对他语文兴趣的激发，在于你对善良、美好、人性的唤醒和对生命的引领。

17. 语文老师就是为学生涂亮人生底色，引领他们追梦的人。

18. 教师职业的确是一个从读书到教书，又从教书到读书，不断循环、交替推进的过程。在读书中教书，在教书中读书，是教师职业的根本需求。

19. 一个优秀的教师只读课本、只看教案、只学教参是远远不够的。因为再好的现成教案，再高水平的名师，你都不可能真正地克隆它。教学实践活动是一个人内在文化素养的外化，功夫在“书”外。

20. 教师读书在丰富生命、滋润心灵的精神需求之外，能以自己的阅读行为激活学生的阅读兴趣，以自己对读书的热情、痴迷、感悟去影响熏陶学生，才是教师阅读更高层面上的意义。

21. 但凡涉及工艺技巧的传授，很多高明的技师工匠或艺人，或为生计所虑，或为保住自己权威的地位，往往保留最关键的一手。就像艺高的绣工为保住刺绣的秘籍，绣出的鸳鸯可以让人尽情欣赏，而绣鸳鸯之金针技法是不会告诉别人的。元好问的“鸳鸯绣出从教看，莫把金针度与人”正是道出了此情。但作教育、做教师的人往往是反其道而行之。

22. 在教学中文本意义的实现，是以学生的最终接受为标志的，学生的每一种无错误的理解都是对文本意义的一次创造，这种理解或许不深刻，却是自主获得的。从这个意义上看，学生的理解越是有个性和独创性，教师越应该加以肯定和鼓励。

23. 激励作用就在于激发、调动学生学习积极性，提高学生学习兴趣，它是教师为取得教学成功而实施的重要策略之一。

24. 现代散文教学一定要通过品味语言来感知作家风格的独特性，从而读出文章的“这一个”。

25. 高考现代文学作品阅读有三层瓶颈：读不懂；读得懂，答不对；读得懂，答不好。三个突破对策分别是：理清思路，把握主旨；增强审题意识和主旨意识；强化要点意识和原文意识。

26. 诗歌教学一定要重视诵读。因为诗歌本身是有韵律，有节奏的，只有诵读才能体会到它独有的美感。诵读是诗歌教学应遵循的基本规律。

27. 文言文要重视字词教学，但也要关注教学的落脚点。要实现文本价值最大化，就需从文言层面走向文章层面、文学层面，最后指向文化层面。

28. 高中文言文所选录的每一篇流传至今的作品，都是经历了千百年锤炼、凝聚着中国古代文化精华的精品。其用语之凝练、结构之精巧非寻常文章可及，而其中所蕴涵的思想性、审美性和变幻多端的表现技巧更是令人叹为观止。学习文言文是提高学生的思想认识水平、文学鉴赏能力、审美能力和综合素质的一个重要途径。

29. 进行文言文教学时，教师更应该侧重于欣赏，想象文中之景，体味文中之情，感悟文中之道，传承文中之“雅”。在掌握字面意义的基础上，理解思想内容，学习表现形式，使学生从中受到教育熏陶，学到语言表达技巧，提高读写能力。

30. 文言文教学不能脱离其文学的内涵，引导学生通过文学角度来进行文言文的学习无论如何都是一种很有必要的尝试。

31. 如果我们继续将文言文作为语法的例句支离割裂，我们对母语的感情的研究将越来越趋于空白；如果我们的课堂教学正在偏离“美”的原则，我们的心灵也就正在向粗糙和肤浅、丑陋和病态的深渊滑落。

32. 在文言文中实施文学教育不是要把学生都培养成诗人或者散文家，但是，我们至少可以让他们爱古文、爱读古文，让他们在古典的海洋中吟咏性情，在文学的殿堂里徜徉精神，在民族文化的深厚土壤中放飞心灵。

33. 文言文的文学教育就是要让学生自由出入古今，获得语文学习的解放，把学生培养成具有民族情感、懂得民族表达方式的人，让我们的语文教学带上一层文化的色彩和诗性的光辉。

34. 文言文承载着泱泱华夏文明，每一篇文言课文相对于它所依赖的文化积淀，都只是冰山一角。通过对文章所具有的丰富文化内涵的讲析，当然可以追溯无限丰富的冰山主体。然而教学时间有限，进入宝山而只能取其一二，弱水三千而只能取饮一瓢，这就需要选择最佳教学突破口。

35. 高三生活尤其是高考是我们人生中的一次重要经历，我们在获得知识和思维能力的同时，获得抗挫、抗骄、抗忧等心理品质。我们从中可以得到远远超出分数本身的东西。这份经历将成为我们享用一生的财富。

36. 生活的积淀越厚，思考的积累越多，思维就扩散得越广，灵感产生的概率也就越大。

37. 我们常说，语文的外延与生活等同。而就作文而言，对生活的敬意则表现为对生活的关注和思考。作文写作呼唤的是活的语文，能用的语文，用来过日子的语文。

38. 在长期与应试打交道的语文教学中，丧失思想的是不是恰恰是教师自己？失去教育理想的同时，教师是否也丧失了指导作文教学的高度？当我埋怨学生思想越来越贫乏、越来越耽溺于华词丽句的追逐时，自己是否也失去了对他们进行引领的力量？

39. 在当今的语文教育环境下，只要我们教师不在功利之下匍匐爬行，完全可以教给学生用正大的思想武装独立的心灵。

40. 作为一名教育工作者，需要与大师对话，需要大师在思想上的引领和点拨，需要大师的精神滋养和人格支撑。

41. 校本课程的建设不仅有利于学校办学特色的形成，有利于学生的个性发展，也是深化校本教研，促进教师专业水平的一个重要途径。

42. 抓好校本课程，不仅需要具备专业的知识、清醒的头脑，更需要敢于创新的勇气。

43. 宋代诗人杨万里曾以“接天莲叶无穷碧，映日荷花别样红”来盛赞西湖夏日的美丽风光。湖中的荷花妩媚而娇艳，是六月的阳光给了它特别的温度和光照。这“别样红的荷花”正如新课程背景下的校本教研，鲜活、灵动，闪烁着生命的活力，有着不同于专业研究的别样风致与姿态。之所以能够被广泛开展，正是因为有了新课程的理念和思想，有了新课程的温度和光亮。

44. 语文老师应该追求的境界：站在讲台上，我就是语文。

45. 不要忽略现代诗歌教学。中学生正处在诗意般的年龄，诗的美感能够唤醒他们花季雨季的诗意和青春生命的激情，诗的意蕴能让他们身上滋长出高品位生活所必需的最优秀的生命元素。

46. 如果一个学生真正爱上诗歌，就可以说他是一个热爱生活的人。